平凡社新書

1027

憲法九条論争

幣原《しではら》喜重郎《きじゅうろう》発案の証明

笠原十九司

KASAHARA TOKUSHI

JN099815

HEIBONSHA

憲法九条論争●目次

第6章　幣原内閣、GHQ憲法草案受け入れ

はじめに

なぜ論争に結着がついていないのか

日本国憲法が一九四六（昭和二一）年一一月三日（以下、西暦年は下二桁のみで表記）に公布されてからあと四半世紀で一世紀となるが、人類史上最初に戦争の放棄、戦力の不保持、交戦権の否認を定めた日本国憲法第九条（本書では憲法九条と略称）の発案者が誰であったかをめぐっての論争にはまだ結着がつけられていない。「永遠の謎である」という論者もいるが、そのようなことはあり得ない。当時は大日本帝国憲法改正案といういいかたをしたが、憲法九条の構想を発案して提案した人は間違いなく存在したのである。そしてそれを憲法九条の条項と条文とすることを決定した人も必ず存在したのである。それが「謎」であるかのようにされてきた理由は簡単である。

当時、憲法九条の発案者、同意者、承認者となった当事者がいずれもその当事者であることを公表できない内外の政治的立場と政治的環境におり、意図的に公式証言や公式記録を残さないようにしていたからである。そうせざるを得なかった時代状況については本書で詳述する。

　憲法九条の発案者は誰かをめぐっては、日本国憲法発布当初から長期にわたって、憲法学者、政治学者、歴史学者、ジャーナリスト、弁護士さらには民間の憲法問題研究愛好者もふくめて、整理できないほどのさまざまな論争が展開されてきた。ただし、最終的には、当時首相であった幣原喜重郎か、連合国軍最高司令官であったマッカーサーであったかに集約されてきている。[1]

憲法九条の発案、同意、承認の「三人の当事者」

　憲法九条の発案者、同意者、承認者となった「当事者」は誰であったかについては、容易に特定できる。

　四六年三月七日の朝の各新聞は第一面に、「主権在民、戦争放棄」の大見出しで、「憲法改正草案要綱」を掲載し、この要綱とともに昭和天皇の勅語、幣原喜重郎《しではらきじゅうろう》総理大臣談話、連合国軍最高司令官ダグラス・マッカーサー元帥の全面的支持声明が掲載された（本書二五二頁の新聞3参照）。本書でいう「当事者」とは、勅語を出した昭和天皇、談話を発表した幣原首相、支持を声明したマッカーサー元帥の三人である。この三人のなかに憲法九条の発案者がおり、同意者と承認者がいるのであるが、さらにはこの三人がいなければ、日本国憲法は作成されなかったといえる。

当時、「三人の当事者」が憲法九条発案に関する証言を公的な場では発言できず、また公式記録を残すことができなかったため、これまで発案者が「謎」とされてきたのである。ただし、マッカーサーだけは、日本国憲法が公布されて以後、公的な場での証言や演説、回想録のなかで「憲法九条の発案者は幣原首相であった」ことを述べている。いっぽう、幣原首相と昭和天皇（以下、単に天皇とも記す）は公的な場での証言や公的記録を残していない。

ここで、これまでの憲法九条発案論争において、正面きって論じられることのなかった昭和天皇がなぜ「三人の当事者」の一人であるといえるのかについて述べておきたい。

天皇はマッカーサーと四五年九月二七日に最初の会見をしてから、最後となった五一（昭和二六）年四月一五日まで合計一一回会見している。[2] しかし、会見の内容は秘密とされ、担当通訳者にも守秘義務が課せられた。第四回（四七年五月六日）の会見内容が外電に流れたために、通訳を担当した外務省の通訳御用掛の奥村勝蔵は即日、免職にされたほどである。[3] ところが、第三回の会見記録だけは例外的に国会図書館憲政資料室に所蔵されていて閲覧できる。[4]

天皇とマッカーサーの第二回会見（四六年五月三一日）は、「憲法改正草案」がまだ枢密院で審議中のときに、アメリカ大使館においておこなわれた。約二時間にわたり「気軽で機嫌よく、会談進んだ」なかで、天皇の方からマッカーサーへ「憲法作成ご助力ありがとう」と謝辞を述べている。これは侍従の徳川義寛が通訳御用掛の寺崎英成から聞いたことを日記に書いていた。[5]

天皇がマッカーサーに日本国憲法草案が帝国議会の審議にかけられ、やがて公布されることへの感謝を述べたのであるが、このことは、会見内容の記録を見ることができる第三回（四六年一〇月一六日）においてはさらに明瞭となる。帝国憲法改正案は、衆議院でも貴族院でも修正を加えられて審議、可決され、確定していたときである。天皇とマッカーサーとの間で以下のような会話が交わされた。[6]

陛下　今回憲法が成立し民主的新日本建設の基礎が確立せられた事は、喜びに堪えない所であります。この憲法成立に際し貴将軍に於て一方ならぬ御指導を与えられた事に感謝いたします。

元帥　陛下の御蔭にて憲法は出来上ったのであります（微笑しながら）。陛下なくんば憲法も無かったでありましょう。

陛下　戦争放棄の大理想を掲げた新憲法に日本は何処までも忠実でありましょう。世界の国際情勢を注視しますと、この理想よりは未だに遠い様であります。その国際情勢の下に、戦争放棄を決意実行する日本が危険にさらさ《ママ》せる事のない様な世界の到来を、一日も早く見られる様に念願せずに居れません。

元帥　最も驚く可きことは世界の人々が、戦争は世界を破滅に導くという事を、充分認識して居らぬことであります。戦争は最早不可能であります。戦争を無くするには、戦争を放棄する以外には方法はありませぬ。それを日本が実行されました。五十年後に於て、私は予言致します。日本が道徳的に勇敢且賢明であった事が立証されましょう。百年後に日本は世界の道徳的指導者となったことが悟られるでありましょう。世界も米国も未だに日本に対して復讐的気分が濃厚でありますから、この憲法も受く可き賞賛を受けないのでありますが、凡ては歴史が証明するでありましょう。

会見記録の最後に「寺崎御用掛謹記」と記され、通訳をした寺崎英成が「付記」として「元帥は終始慇懃を極め且最も打解けたる態度を持せられたる点特記すべく、御会見の状は正に尊敬と親愛の交流にして、戦敗国の元首と戦勝国の将軍との会談とは察し難き状況なり」と書いているように、天皇がマッカーサーに日本国憲法草案の作成を感謝し、マッカーサーも天皇が全面的に受け入れ、大日本帝国憲法改正の手順を踏んでくれたことを喜んでいたのである。天皇は憲法九条も遵守することを約束している。この会見から、昭和天皇にとっては、改憲論者が主張するような、憲法九条ならびに日本国憲法はマッカーサーとGHQ（連合国軍最高司令官総司令部）からの「押しつけ論」とは無縁であったことが理解されよう。

ここで筆者（笠原、以下同じ）がいきなり、天皇とマッカーサーの会見内容を紹介したのは、天皇が大日本帝国憲法改正の経緯に深く関与しており、前述した「三人の当事者」の一人であったことを証明するためであった。

次に、幣原首相側の史料から、昭和天皇が「三人の当事者」であった事実を紹介しておきたい。史料は本書で幣原喜重郎の言説を聞き取って記録した史料として重視する「平野三郎文書」（以下、「平野文書」と略称）である。「平野文書」の史料的価値については本書であらためて述べるので、ここでは、引用のみにしておく。

平野三郎の「天皇陛下は憲法についてどう考えておかれるのですか」という問いにたいして、幣原は以下のように答えている。[7]

僕は天皇陛下は実に偉い人だと今もしみじみと思っている。マッカーサーの草案を持って天皇の御意見を伺いに行った時、実は陛下に反対されたらどうしようかと内心不安でならなかった。（中略）しかし心配は無用だった。陛下は言下に、徹底した改革案を作れ、その結果天皇がどうなってもかまわぬ、と言われた。この英断で閣議も納まった。（中略）正直に言って憲法は天皇と元帥の聡明と勇断によって出来たと言ってよい。たとえ象徴とは言え、天皇と元帥が一致しなかったら天皇制は存続しなかったろう。危機一髪であったと言えるが、結果において僕は満足し喜んでいる。

先のマッカーサーの発言と重なるが、昭和天皇はGHQ民政局が作成した日本国憲法草案を、憲法九条もふくめて積極的に受け入れようとしたことが知れる。昭和天皇の積極的な同意がなければ、日本国憲法は成立しなかったという幣原首相の証言からも昭和天皇が「三人の当事者」であったことが裏付けられよう。

天皇とマッカーサーとの秘密を公表しない「男子の約束」

時代は飛んで、七一（昭和四六）年一二月四日の須崎御用邸での記者会見において、天皇の退位問題に関連して、記者団からマッカーサーとの会見の内容について質問された天皇は、「司令官と会話することについては、秘密を守るということを約束しましたから、信義の上、この問題についてはは話すことはできないと思っています」と答えている。[8]

さらに、七七年八月二三日の那須御用邸での記者会見において、「マッカーサー元帥との初ご会見の内容などをお話ししていただけませんか」という質問にたいして、「マッカーサー司令官と当時、内容は外にもらさないと約束しました。男子の一言は守らねばなるまい。世界に信頼を失うことにもなるので話せません」と答えている。[9]

昭和天皇は、マッカーサーとの「男子の約束」として、マッカーサーとの会見の内容はいっさい口外しない固い約束を守りとおしたのである。

侍従次長であった木下道雄の『側近日誌』の解説を書いた高橋紘は、天皇とマッカーサーが会見の内容を秘密にして公開しないことを約束した理由の一つを、「GHQが『天皇は実際政治より分離して存続せしむ』と方針を決め、憲法で『象徴』としておきながら、二人ともこれを無視し、戦前のように『統治権の総攬』者として会談をし続け」、記録を見ることができる前述の第三回の会談（四六年一〇月一六日）では、「憲法改正、食糧確保、外地からの引き揚げ、ストライキ批判など」が話され、二人の間では、政治、外交、軍事問題などが「かなり頻繁に話題になっており、『憲法の条規』を逸脱した発言があった」からではないか、と推測している。[10]

いっぽうマッカーサーも天皇との「男子の約束」を守り、天皇との会見の内容については語らず、天皇が日本帝国憲法改正に関与したことを具体的には語っていない。それは、本書で述べる時代状況から、連合国軍最高司令官のマッカーサーが、東京裁判で戦争犯罪者（戦犯）として訴追される可能性が検討されていた昭和天皇と、象徴天皇制と憲法九条をセットにした日本国憲法構想で「合意」したことは、連合国側にはもちろん、日本国内でも知られてはならなかった。

自由民主党の岸信介内閣のもと、改憲を目指して五六（昭和三一）年に設置された憲法調査会の高柳賢三会長（成蹊大学学長）は、日本国憲法成立過程の歴史的調査のため、調査団の団長として五八年末に訪米、マッカーサーと側近だったホイットニー（GHQ民政局長）との会見を切望したが、拒絶された。[11]

なぜ、マッカーサーとホイットニーは会見取材を拒否したのか、高柳賢三が、前述の「平野文書」の平野三郎にその理由を語っている。憲法調査会の審議が大詰めを迎えたある日、高柳が「平野文書」の作成依頼に訪れたのである（この件はあらためて後述）。そのとき、高柳は平野にこう話したという。[12]

私はアメリカへ行って〔マッカーサーに――引用者〕けんもほろろの扱いを受けた。ホイットニーにさえも相手にされなかった。そのとき私は気がつきました。天皇陛下だということです。

天皇は何度も元帥を訪問されている。恐らく二人の間には不思議な友情が芽生えていた。固いつながりができていた。天皇は提言された。むしろ懇請だったかもしれない。決して日本のためだけでない。世界のため、人類のために、戦争放棄という世界史の扉を開く大宣言を日本にやらせて欲しい。こんな機会はまたとない。今こそ日本をして歴史的使命を果たさせる秋ではないか。天皇のこの熱意が元帥を動かした。もちろん幣原首相を通じて口火を切ったのですが、源泉は天皇から出ています。いくら幣原さんでも、天皇をでくの坊にするといっただいそれたことが一存でできる訳はありませんよ。だから元帥は私から逃げたのです。うっかり話が真実にふれる恐れがある。私たちはそのためだけでアメリカまで行ったのですから。そうなると天皇に及ぶことになる。天皇は政治から超越するということになったのですから、元帥はその御立場を顧慮してのことでしょう。天皇とマッカーサーはそれほどまで深い同志的結合があった。私にはそう思われた。天皇陛下という人は、何も知らないような顔をされているが、実に偉い人ですよ。

高柳賢三が平野三郎に語った内容は、たまたま会見内容を知ることができた前述の第三回会見から、天皇とマッカーサーが日本国憲法の世界的意義を語って意気投合していたことがわかるので、事実と思ってよかろう。マッカーサーは幣原首相が憲法九条を提案したことは語っても、天皇が憲法九条と日本国憲法に関与していたことについては、固く口を閉ざしたままだったのである。

高柳賢三が「いくら幣原さんでも、天皇をでくの坊にするといったただいそれたことが一存でできる訳はありませんよ」と話したことも重要で、大日本帝国憲法の改正は天皇の大権であり、天皇の大権を輔弼《ほひつ》する立場の内閣総理大臣が、天皇を「木偶の坊」のように差し置いて蚊帳の外に置き、帝国憲法を改正するという「だいそれたことを一存でできる」はずはなかった。本書で詳述するように、幣原内閣は、マッカーサー・GHQの占領下に占領政策、戦後改革を実行した「表の政府」であったいっぽうで、連合国軍の間接統治方式により帝国憲法体制が継続されていたので、総理大臣以下各国務大臣が元首である天皇の政治を輔弼する「裏の政府」でもあった。つまり幣原内閣は「表の政府」と「裏の政府」という二重構造を持った政府だったのである。幣原は天皇政治を輔弼する総理大臣として天皇に頻繁に拝謁して、重要な政治問題について上奏（報告）し、裁可（天皇の決裁・認可）を得ていたのである。しかし、天皇は公的な場では「何も知らないような顔」をしていたのである。

以上が、天皇が憲法九条の発案、同意、承認の「三人の当事者」のキーパーソン的な役割を担いながら、公的な証言や記録を残せなかったために、それが解明されてこなかった理由である。

「幣原さんは一世一代の大芝居を打たれましたね」

高柳賢三憲法調査会会長が平野三郎に面会した折に、「幣原さんは一世一代の大芝居を打たれましたね」という言葉につづけてこう言ったという。[13]

幣原さんとマッカーサーの話し合いは三時間に及んだそうですが、通訳抜きだから正味ですよね。それは憲法などを飛び越えて、世界の将来、人間の運命にまで及んだのでしょう。そうでなかったら、「百年後の予言者」と言った言葉は出てきませんからね。（中略）とにかく第三次大戦は絶対にやってはならない。これは物理的に明らかです。やったら人間の歴史は一巻の終わりだ。理屈もへちまもない。これほどはっきりした現実はない。このことはみんなわかっている。わかってはいるが、さてどうしたらとなると誰もわからない。

その絶望の底から第九条は生まれた。直接には天皇を残すためのギリギリの限界状況の中で生じた発想でしょうが、とにかくこうなれば誰かが自発的に戦争をやめると言い出すしかない。それが突破口です。幣原さんは天皇を救い、同時に世界を救った。マッカーサーの命令という形でなかったら、あんなことができる訳はありませんが、それをさせたのは幣原さんです。巧みにこの絶好のタイミングを捉えたのは、たいしたものです。

幣原とマッカーサーの三時間に及んだ会談というのは拙著『憲法九条と幣原喜重郎——日本国憲法の原点の解明』（以下『憲法九条と幣原喜重郎』と記す）の「第7章　マッカーサーとの『秘密会談』における幣原の憲法九条発案と『秘密合意』」において詳述した四六年一月二四日の二人だけの会談のことで、幣原が発案し、マッカーサーが同意した決定的に重要な会談のことである。この会談の段階で幣原が憲法九条の発案をしていたのかが、憲法九条発案論争の争点になっており、本書第Ⅱ部で詳述するように否定論者はこれを否定することで共通している。

この会談のなかで、幣原が「世界はわれわれを嘲笑し、非現実的な空想家であるといって、ばかにするでしょうけれども、今から百年後には、われわれは予言者とよばれるに至るでありましょう」と言ったとマッカーサーは後のロスアンゼルスでの演説において語っている（本書一八一頁）。前述の天皇との第三回会見においてマッカーサーも「五十年後」「百年後」と語っている。この「秘密会談」については、本書であらためて検討する。

高柳賢三が幣原が「大芝居を打った」と言ったことは、首相であった幣原が、自分がマッカーサーと憲法九条の「秘密合意」を得ていたことを公表せず、閣議では素知らぬ顔をしていたことにも当てはまる。幣原はマッカーサーとの「秘密会談」と「秘密合意」について記録は残さず、「けっして口外するな」と釘を刺して、平野三郎と親友の大平駒槌《おおだいらこまつち》（本書七九頁）だけに語っていたのである。

「平野文書」には、「なお念のためだが、君も知っている通り、去年金森君からきかれた時も僕が断わったように、このいきさつは僕の胸の中だけに留めておかねばならないことだから、その積もりでいてくれ給え」と幣原が口外することを禁じたことが記されている。

金森君から聞かれたというのは、五〇年晩秋、金森徳次郎国立国会図書館長が幣原衆議院議長に向かって「最近アメリカで〝日本の政治再編成〟という総司令部の報告書が発表せられ、そのうちに当時の幣原首相始め関係者の名前が出て来たり、活動の状態が記述されているのみならず、随分機微に亙ることも書かれている。これに対し、日本側でも一つ正確な記録を作っておかなければならないと考えるが、そのことになると、あなた御自身しか知らないことが随分多いから、この際是非お話を伺っておきたい」と希望したことがある。ところがその時、幣原は「そのことをお話するのはまだ時機が早い」といって、何も語らなかった事実を指している。[14]

金森徳次郎は、吉田茂内閣で憲法制定問題担当の国務大臣として、憲法議会といわれた第九〇回帝国議会で憲法草案の質問の答弁で大活躍をし、新憲法誕生の〝産婆役〟をつとめたといわれた。憲法公布と同時に大臣を辞め、四八年に初代国立国会図書館長に就任していた。

「平野文書」には、幣原内閣の憲法改正問題担当の国務大臣として、ＧＨＱに拒否された憲法改正案を作成した松本烝治《じょうじ》にたいして「私としては松本君らに打明けることのできなかったことは忍び難いものがあったが、それは止むを得ないことであった」とも書かれている（「平野文書」四九頁）。

松本烝治は幣原とマッカーサーが憲法九条の「秘密合意」をしたとも知らず、憲法改正「松本私案」をＧＨＱに承認させるべく、空しい奮闘をしたのであった。松本はマッカーサーと内通した幣原に「大芝居を打たれた」のであった。幣原は、松本にたいして、マッカーサーとの「秘密合意」のことは「独り肚《はら》の中に納めて、何食わぬ顔をしているほかはなかった」のであるが、「松本君にはすまない事をした。気の毒をかけた」と独り言のように言ったのを平野三郎は聞いている。[15]

松本烝治は最後まで幣原に「大芝居を打たれた」ことには気づかないで、憲法九条と日本国憲法は、マッカーサー・ＧＨＱに「押しつけられた論」を主張し続けたのであった。

幣原内閣の閣僚は、幣原の「芝居」を感知した者と気づかなかった者とに分かれた。気づかなかった閣僚の典型が厚生大臣だった芦田均で、『芦田均日記』が憲法九条幣原発案否定の基本的資料とされていることは、本書第Ⅱ部で詳述する。

幣原喜重郎『外交五十年』は、幣原が死の前年に、読売新聞社の記者に口述し、それを同社で速記して五〇（昭和二五）年九月五日から一一月一四日にかけて『読売新聞』に連載されたものを、幣原が死の八日前に序を書いて出版したものである。その最後は「軍備全廃の決意」「難航した憲法の起草」と題して、「戦争放棄」と「象徴天皇制」をセットにすることを幣原が発案した動機だけを語って終わっている。「公人としての私の回顧の記録は、ここで一応打切ることとする。（中略）回顧談としては余りに生々しいので、それは後の機会に譲ることとし」と注記が付され、幣原が発案し、マッカーサーが「秘密会談」で「秘密合意」し、それを天皇が承認した「余りに生々しい」事実は語らなかった。時代状況がまだ語れなかったのである。幣原にも昭和天皇のことが念頭にあったと思われる。

幣原も「三人の当事者」が関係した憲法九条の発案、同意、承認によって「憲法改正草案要綱」が作成された経緯については公表せず、記録させなかったのである。

傍証史料による証明

憲法九条の発案者、同意者、承認者をめぐる「三人の当事者」が、公的な直接資料を意図的に残さなかった事由は理解していただけたと思うが、だからといって「真相は謎」「歴史の闇」で済ますことはできない。裁判においても、直接の物的証拠や証言がなくても、間接的な証拠や証言、状況証拠などを集約した豊富な「傍証」によって、事件や事実、犯人の犯行などが「否定し得ない」ものとして明らかにされた場合、有罪の判決が下された判例が存在する。

歴史研究においても、謀略や秘密事件や機密事項を解明する手段として「傍証史料」による歴史事実の証明はとくに戦争史研究にとっては重要である。敗戦時の日本においては、軍部や部隊だけでなく外務省や内務省など諸官庁では、記録文書・資料の焼却、隠匿を組織をあげて徹底的におこなった。そのため、間接的になるが、「傍証史料」を駆使した歴史事実の証明が重要な意味を持ってくる。[16]

本書では、「傍証史料」を検討することによって、憲法九条は幣原喜重郎が発案し（以下、本書では幣原発案とのみ略す）、マッカーサーが同意、昭和天皇が承認した事実を明らかにする。もっとも前掲拙著『憲法九条と幣原喜重郎』で紹介したように、マッカーサーは幣原が憲法九条を発案したという直接証言や記録を残しているので、本書ではそれを幣原の側と天皇の側の傍証史料によって裏付けてみたい。

本書で用いる昭和天皇側の傍証史料は、宮内庁編修の『昭和天皇実録』の第九巻・第十巻ならびに内大臣、侍従長、侍従などの天皇の側近をつとめた人たちの日記、日誌類である。これらの史料から、昭和天皇が公表、記録しなかった天皇の行為や言説を断片的ではあるが明らかにすることができた。

「平野文書」について

幣原側については、すでに言及した平野三郎の「平野文書」を傍証史料として引用するが、幣原発案説を否定する論者は、史料としての価値そのものを否定している。また、幣原発案説をとる論著のなかでも、本書のように「平野文書」を歴史史料として評価して、引用している論著は多いとはいえない。そこで、「平野文書」の問題点も指摘しながら、どう利用するかについて、述べておきたい。

「平野文書」の正式な名称は、憲法調査会事務局「昭和三十九年二月　幣原先生から聴取した戦争放棄条項等の生まれた事情について――平野三郎氏記」（国立国会図書館憲政資料室所蔵）である。「はしがき」に「この資料は、元衆議院議員平野三郎氏が、故幣原喜重郎氏から聴取した、戦争放棄条項等の生まれた事情を記したものを、当調査会事務局において印刷に付したものである」と記されている。「平野文書」は第一部と第二部に分かれ、第一部の冒頭に以下のように書いている。

私が幣原先生から憲法についてお話を伺ったのは、昭和二十六年二月下旬である。同年三月十日、先生が急逝される旬日ほど前のことであった。場所は世田谷区岡本町の幣原邸であり、時間は二時間ぐらいであった。側近にあった私は、常に謦咳《けいがい》にふれる機会はあったが、まとまったお話を承ったのは当日だけであり、当日は、私が戦争放棄条項や天皇の地位について日頃疑問に思っていた点を中心にお尋ねし、これについて幣原先生にお答え願ったのである。

その内容については、その後間もなくメモを作成したのであるが、以下は、そのメモのうち、これらの条項の生まれた事情に関する部分を整理したものである。

つづいて、当日の話は「幣原先生から口外しないようにいわれたのであるが、昨今〔六四年当時─引用者〕の憲法制定の経緯に関する論議の状況にかんがみてあえて公にすることにしたのである」と書いている。

第二部では幣原との質疑応答形式の記述ではなく、「先生の世界観で記憶に残るものをも加えて、当日伺った戦争放棄条項の生まれた事情を一文にまとめたものである」と記され、幣原から他の日に聞いていたことを記したと書いている。

「平野文書」の問題点は、五一（昭和二六）年二月下旬に幣原邸をたずねて、戦争放棄条項や天皇の地位についてまとまった話を聞いたのはその日だけ、とあるのは事実ではないことである。[17]平野は著書のなかで「幣原先生が議長時代、世田谷区岡本町のお邸の庭は割と広く、その庭に面した廊下に椅子を持ちだしよく日向ぼっこをされていた。そんな閑なとき、私は憲法について色々お話を承ったものである」と書いている。[18]平野の家は幣原の邸宅の近くにあったので、衆議院議長時代の幣原の秘書役をつとめていた平野は、暇なときに（秘書役をしていたからそれがわかっていたと思われる）幣原邸を訪ねて、いろいろと憲法について話を聞いたのである。「平野文書」に書かれているような一日ではなかったことは明瞭である。

平野三郎『平和憲法の水源――昭和天皇の決断』には、前述のように高柳賢三憲法調査会会長が平野と会見し、長時間にわたり話をした際に「平野文書」の作成を依頼されたことが書かれている。[19]

最後に高柳会長は、「ところで、あんた、幣原さんから聞いた話を一つ書いてくれませんか」と言われた。これは困った。たしかに話は聞いてはいるが、ただ聞いたというだけで具体的な資料は何もない。私はお断りした。

それに対し、博士は、「いや、あなたが幣原さんの秘書だったことは確かな事実だ。秘書なら話を聞く機会があって当然である。だからあなたの話なら、根拠がない訳ではない。実は調査会もそろそろ結論を出さねばならない。問題は、米国製か、日本製かということだが、幸い日本製だというマッカーサーの証言がある。しかし、アメリカの話である。どうしても日本側の証拠が必要だが、それがないので困っている。ついてはぜひ、あんたにお願いします」というのであった。

そこで、『幣原先生から聴取した戦争放棄条項等の生まれた事情について』という報告書を私は提出した。当時、新聞に大きく報ぜられ、「平野文書」と呼ばれた。

憲法調査会は六四（昭和三九）年七月に七年間にわたった審議の最終報告書を池田勇人首相

に提出しているから、高柳と平野の会見は六〇年代のことである。「平野文書」は、六〇年代前半において、高柳賢三会長から依頼されて、幣原から聞いていたことを思い出して（メモ類はあったと思われる）、幣原の死の一〇日ほど前に、平野が幣原邸を訪れて聴取したかたちにして憲法調査会へ提出したものだった。

平野三郎は、幣原から聞いた天皇の話などをふくめて何冊か回想録の類の本を出版している。[20] これらの本を読むと、平野三郎は幣原喜重郎に私淑するかたちで秘書役をつとめ、幣原の平和思想、政治思想、世界観さらに天皇との交流や天皇観などさまざまなことを聞いていたことがわかる。さらに幣原は死が遠くないことの予感もあってか、「口外するな」という条件で、本書で引用するような、憲法九条発案に関係した多くの話を語っている。「平野文書」の第二部には、幣原が憲法九条すなわち戦争放棄条項を発案するにいたった幣原の世界観、歴史観を唯物史観や観念論にも分けて述べ、戦争と平和論、さらに核兵器の開発と核軍拡競争の果ての核戦争による人類滅亡の危機と、それを阻止するために、軍備全廃、戦争放棄を掲げた憲法九条の世界史的、人類史的意義まで、幣原が平野に語ったことが多岐にわたって書かれている。

高柳賢三が、幣原が公表せず、記録に残さなかった憲法九条幣原発案を裏付ける「日本側の証拠」として平野に報告書の作成を依頼したのは正しかったのである。高柳が言うように、憲法九条を幣原が発案したというアメリカ側のマッカーサーの証言はあるが、それを裏付ける日本側の明確な証言は、後述する「羽室メモ」を例外としてなかったのである。本書で「平野文書」を使うのは、日本側に「平野文書」のように幣原発案を全面的に証明する史料はないからである。

ただし、聞き取り史料(オーラルドキュメント)として、そのまま利用するには問題がある。本書では、「平野文書」を憲法九条幣原発案の傍証史料として使うが、それは「幣原でなければ言えない事実」が記録されているからである。本書は「平野文書」ならびに本章の注20に列挙した平野が出版した多くの回想録の記述から、「幣原が言った」と書いている箇所から「幣原でなければ言えなかった事実」、つまり「平野には創作できなかった事実」を引用していく。当然ながら他の史料と照合するなど史料批判を厳密にしたうえでである。さらに本書全体にかかわることであるが、傍証史料にもとづく歴史展開の叙述に矛盾がなく、辻褄があって、納得できるものになっていることも強調しておきたい。

ここで、「平野文書」を書いた平野三郎はどんな人物か、どうして幣原から憲法九条発案について「秘密の話」を聞ける立場にあったのか、記しておきたい。

平野三郎の人物

平野三郎の著書の「著者略歴」や平野の本に書かれていることから整理すると、以下のようである。

一九一二（明治四五）年、岐阜県郡上郡八幡町（現郡上市）に生まれる。三郎という名であるが長男。東京高等師範学校附属中学校を卒業して慶応義塾大学高等部在学中に、左翼運動に加わり、治安維持法違反で逮捕され投獄された。平野は「青春時代、マルクスに傾倒し、小林多喜二の影響などもあって、作家を志していた」という。[21] 平野は当時非合法の共産党員となり、資金調達グループ「テク」で活動していたが、小林多喜二が逮捕されたのと偶然同じ日の三三（昭和八）年二月二〇日に逮捕され、麹町署で「連絡者を吐け！」と拷問を受けた。丸裸にされて、丸めた新聞紙に火をつけて、股から局所まであぶられて下半身の皮膚は焼けただれ、最後は失神した。その後、谷中署に移され、合わせて半年間、拘留された。さいわい「秋山太郎」という党名を持った共産党員であることは知られることなく、父の実弟で叔父の平野力三[22]の運動が効を奏して、起訴猶予となり、処分保留のまま釈放された。[23]

徴兵検査は第二乙種合格だったので、兵隊にとられることはあるまいと思っていたが、危険分子は戦地へ送れという政府の方針により、四〇（昭和一五）年に召集されて中国戦場へ送られた。当初から監視つきであった。配属された部隊は第三師団（名古屋）第六八連隊（岐阜）だった。[24]

最後は大陸打通作戦に従軍し、敗戦は江西省の九江でむかえた。国民党軍に降伏後、南京東方にある江蘇省鎮江で約一年間捕虜収容所生活を送り、帰還した。中国戦場で虐殺、略奪、破壊、放火とあらゆる残虐行為をおこなった日本兵は「敗戦の結果、殺されると思った。誰もがそう思った」が、捕虜生活のなかで中国住民との交流を経験し、「中国人に感謝の念をいだき」「生涯を日中国交回復に捧げる誓いをした」のであった。[25]

平野三郎は、その誓いを忘れることなく、戦後国会議員となったとき、日中友好議員連盟副会長をつとめ、岐阜県知事になってからも、日中国交回復運動に力を入れた。[26]七四年には県内の各種団体の代表者を糾合して、「岐阜県訪中友好団」を結成し、団長として、北京・杭州・上海などを訪問した。七六（昭和五二）年には、岐阜県下各団体の代表一三〇名を集めて中国訪問団体「日中友好の翼」を結成して、自ら団長として、中国各地を訪問した。

日中戦争時に岐阜県に強制連行され、強制労働に従事させられた一六八九人の中国人のうち、七三人が亡くなった歴史がある。戦後、岐阜県では松尾国松岐阜市長らが中心になって、中国人俘虜殉難者慰霊実行委員会が結成され、県内各地の旧日本軍の軍事施設建設現場を回り、中国人殉難者の遺骨を掘り起こし、中国へ送り返す活動がおこなわれた。その結果、五六年に七〇余柱の遺骨や位牌が天津市の抗日烈士の墓へ届けられた。

写真1　平野三郎。岐阜県知事時代

平野知事は、日中国交回復を前に「日中不再戦」の思いを新たにするために、岐阜県中国人殉難慰霊事業実行委員会会長となって、「中国人殉難者之碑」を岐阜公園外苑に建立した。碑文は平野が揮毫し、碑文につづいて中国人受難者七三人の氏名が刻まれた[27]。

平野三郎は、帰還して郷里にもどってまもなく、四七（昭和二二）年に三五歳で八幡町長になった。平野家が郡上で酒醸造業をいとなんでいた名家であったことと、父の平野増吉が衆議院議員をつとめ、庄川事件[28]で活躍した反権力の政治家として知られていたこと、さらに前述のように叔父の平野力三が戦前は農民運動指導者で戦後社会党片山内閣の農林大臣をつとめた人物であったことなどから平野一族の知名度が高かったのが、平野三郎が若くして町長になれた理由であろう。

平野三郎は四九年一月の第二四回衆議院総選挙で、岐阜県第二区から民主自由党で立候補、父や叔父の選挙基盤を受け継ぐかたちで初当選した[29]。同じ総選挙で、幣原は郷里の大阪府第三区から民主自由党で立候補して当選、選挙後の国会で衆議院議長に選ばれた。同じ国会で吉田茂が指名選挙で総理大臣に当選、第三次吉田内閣が成立した。

初めて国会議員となった平野は「かねて尊敬していた幣原先生の門下に入った。先生は幣原派といった派閥を作る気持ちはないようだったが、何となく先生に私淑する議員が相当数あった。当時三十代で最若輩の私は秘書役の形で先生の側近にあった」と書いている[30]。

国会議員一年生の平野三郎が私淑する幣原衆議院議長の秘書役、現在でいうボランティアの私設秘書として、幣原の周辺にあって、雑務をサポートしたのではないかと思われる。これまでに紹介した平野三郎の人物や生き方を幣原も評価し、前述のように、幣原邸と平野の家が近いこともあって、平野が幣原の家を訪れて、幣原の外交思想や政権、政治家としての信条など、いろいろな話を親しく聞いたと思われる。幣原も平野の経歴や政治思想に好感を抱き、話をしたのではないか。

「私は秘書だったので幣原首相を先生と呼ぶ」という平野は、「居室は純日本風でいつも畳に正座し、机上には硯が置かれており、揮毫を頼まれると、『落日心猶壮』の漢詩を好んで書かれた。書斎兼用の十畳間には自筆の『水流任心境常静落花雖頻意自閑』という掛軸がかかっていた。先生は酒豪であった。日本酒がお好きで、常に灘の生一本が手許にあり静かに独り酒を愛するタイプであった[31]」と書いている。平野がよく幣原邸を訪れていたことがわかる。

以下、幣原が亡くなって以後の平野の経歴を簡単に記しておきたい。

平野は五二(昭和二七)年一〇月の第二五回衆議院総選挙では自由党公認で衆議院議員に当選、五五年の自由党と民主党の保守合同成立後の五八年五月の第二八回衆議院総選挙で自由民主党(自民党)公認で当選、連続五期国会議員をつとめた。五六年一二月の自民党総裁選では、岸信介に対抗した石橋湛山を推して運動、石橋内閣の成立に貢献した[32]。

しかし平野は、六〇年一一月の第二九回と六三年一一月の第三〇回衆議院議員総選挙で連続して落選した。国会議員の道をあきらめ、六六年九月におこなわれた岐阜県知事選挙に自民党公認で出馬、現職を破って初当選、以後、三期つとめた。

天皇への「県政奏上」といって、天皇が一〇人の知事を集めてそれぞれの県の事情を聞く行事があり、知事一人の持ち時間は一〇分で、知事の奏上が四分、天皇の御下問が六分となっていた。知事となった平野は、第一回が六八年、二回目が七二年で、直接天皇に岐阜県政を報告し、天皇からの質問に応答する経験をした。奏上のあと、天皇、皇后、皇太子夫妻も同席して宴会がもたれ、平野は天皇の仕草や言動をつぶさに観察する機会に浴したのである。そこから「私は、天皇の信頼が厚かった幣原喜重郎先生の秘書官を勤めた関係で、先生から『天皇は大変に偉い人だ』と聞いてはいたが、これほど博覧強記だとは、この時はじめて知ったのである」[33]と、昭和天皇に大変興味を持ち、平野の著書一覧を見ればわかるように、昭和天皇に関する本を何冊も書いている。これらを読むと、本書ともかかわるが、幣原からよく聞いていたこととして、天皇が象徴天皇制と憲法九条をセットにした日本国憲法の制定を喜び、その旨を幣原に伝えていたことがわかる。

ところが、平野知事は、七六年に直属の部下がおこした収賄事件に連座させられ、同年末に知事を辞任、一〇年におよんだ知事生活に終止符をうった。[34]

平野は岐阜県知事を辞職したあと、若いとき、「小林多喜二の影響などもあって、作家を志していた」（前述）こともあって、回想録がほとんどであるが著述に専念した。ただし、回想であっても創作ではないところが、本書で傍証史料として引用できる所以である。

以下に本書の構成を紹介しておきたい。

「第Ⅰ部　憲法九条幣原喜重郎発案の証明」において、ポツダム宣言を受諾して連合国に降伏した日本が、マッカーサー連合国軍最高司令官とGHQの占領政策、戦後改革の柱となった、戦前の軍国主義的天皇制から戦後の国民主権下の象徴天皇制へ移行していく経緯を叙述した。それは、幣原の憲法九条発案は象徴天皇制の成立とセットになっていたからである。幣原の発案に共感し、合意したマッカーサーによって、日本国憲法は「第一章　天皇」において象徴天皇制を規定し、「第二章　戦争の放棄」において憲法九条を定めた。

幣原が戦争放棄・軍備全廃と象徴天皇制をセットにして憲法九条を発案し、マッカーサーとの「秘密会談」で提案して、マッカーサーと「秘密合意」が成立し、それを受けて、マッカーサーが「マッカーサー・ノート」をGHQ民政局へ指示し、GHQ民政局の帝国憲法改正案が作成されたのであった。

この背景には、「ポツダム宣言」を受諾した昭和天皇が、「ポツダム体制下」に国体（天皇制）を護持するために、ポツダム宣言の主旨にある「民主化された国民の意思」によって支持される天皇制、すなわち象徴天皇制への移行を決断したことがあった。したがって、幣原首相の象徴天皇制をセットにした憲法九条発案とマッカーサーへの提案は、天皇にも奏上され、承認を得ていたのである。幣原首相がGHQ民政局の憲法改正草案を持って、天皇に上奏したとき、天皇は内内の「裁可」（天皇の認可）を与えたのである。憲法九条成立の「三人の当事者」が幣原、マッカーサー、天皇といえる所以である。

第Ⅰ部において、憲法九条幣原発案を証明するために明らかにしていくのは、マッカーサー・GHQ占領下に、戦前の軍国主義的天皇制が戦後の国民主権下の象徴天皇制へと移行、天皇も「国体護持」の方途として、積極的に「国民に愛される天皇」「国民の中の天皇」に「変身」していく歴史過程である。新たな象徴天皇制への模索と移行の大きな歴史変動を解明することによって、帝国憲法下に天皇を輔弼する総理大臣であった幣原が、象徴天皇制とセットにした憲法九条をなぜ発案したかが証明されるのである。

「第Ⅱ部　憲法九条幣原喜重郎発案否定説への批判」においては、幣原発案を証明するために、否定論を主張している主要な著書を取り上げて、その誤りを指摘して批判した。

憲法九条発案に関係する公式証言や公式記録が残せなかった時代状況にあったので、研究者が多く依拠したのは、幣原内閣の閣僚の日記や回想録、口述記録であった。

ところが、前述のように、幣原首相は閣議において、あるいは閣僚にたいして「芝居」を打っていたので、「芝居」に気づいていた閣僚と気づかなかった閣僚に分かれた。気づいていた閣僚は幣原発案説に立ち、気づかなかった閣僚は否定説に立っている。第Ⅱ部では最初に幣原の「芝居」に気づいて憲法九条幣原発案を書いている閣僚と、気づかないで幣原発案否定を書いている閣僚を分けて整理した。当然ながら憲法九条幣原発案を否定する論者は気づかなかった閣僚の記録に依拠している。

第Ⅱ部においてはつづいて、「平野文書」の価値を全面的に否定した佐々木高雄『戦争放棄条項の成立経緯』を批判するかたちで、「平野文書」の成り立ちと、それが憲法九条幣原発案を証明する重要な傍証史料であることを明らかにした。「平野文書」を傍証史料として評価すれば、憲法九条発案者をめぐる「謎」は解消することになる。

さらに、憲法九条幣原発案を否定する一一人の著書（三〇四、三〇五頁の表3）を取り上げて、否定根拠の誤りを指摘して批判した。

本書においては、引用文献資料のカタカナはひら仮名に、旧漢字、旧仮名づかいは現代漢字、新仮名づかいに改め、また適宜句読点を入れたり、当て字の漢字などをひら仮名にしたりして、読みやすいようにした。引用文中の難読と思われる漢字にはルビを付した。年号は西暦に統一し、必要な場合は元号を使用した。西暦は明瞭な場合は下二桁のみを表記した。引用文中の筆者の注や解説は［　］で記した。

また、言及する政治家、研究者、著者などが多数におよぶため、煩雑をさけるために、現役の人もふくめてすべての人名に敬称を省略したことをお断りしておきたい。

第Ⅰ部　憲法九条幣原喜重郎発案の証明

第1章　「国体護持」に執着した天皇

1　ポツダム会談——原爆投下とソ連参戦

一九四五（昭和二〇）年七月一七日から八月二日まで、独ソ戦で廃墟と化したベルリン郊外ポツダムの辛うじて戦火を免れたツェツィーリェンホーフ宮殿において、アメリカ大統領トルーマン、イギリスのチャーチル首相、ソ連の指導者スターリンが会同してポツダム会談が開かれた。ポツダム会談の中心議題は、五月七日に連合国に無条件降伏したドイツとヨーロッパの戦後処理の問題であったが、唯一の枢軸国として交戦をつづける日本にたいする無条件降伏の勧告と戦後処理の問題も重要な議題とされた。

ポツダム宣言として発表されることになる対日降伏勧告声明案の作成は、ほとんどアメリカ代表のペースによって進められた。連合国軍のなかで、アメリカ軍が日本を降伏させる本土上陸作戦を遂行していたことが主な理由である。対日戦において最大規模の日本軍と対峙し、最大の犠牲と被害を出した中国は、ポツダム会談に呼ばれていなかった。チャーチルは、ポツダム会談中の総選挙で労働党が勝利してアトリー内閣が成立したため、会談の後半はアトリーと交代するはめになり、発言力は弱かった。

ソ連のスターリンも、ルーズベルト、チャーチルとクリミア半島のヤルタで開かれたヤルタ会談（四五年二月四日〜二月一一日）で、ドイツ降伏後二、三カ月で対日参戦をすることを密約したが（ヤルタ密約）、まだ日本と交戦していなかったので、ポツダム宣言には直接関与できない立場にあった。

以上のような理由からポツダム宣言草案はアメリカ代表のペースで作成されたが、アメリカ代表内にも対立があった。

ポツダム宣言として発表されることになる対日降伏勧告声明案はアメリカのジョセフ・グルー国務次官やスティムソン陸軍長官らアメリカ政府の知日派が中心になって準備した。詳細は拙著『憲法九条と幣原喜重郎』の「第3章　アメリカの日本占領政策　5　象徴天皇制への道」を参照していただきたい。

グルーはドイツ降伏後の五月二六日、日本の降伏を早めるために、戦後にも天皇制の存続を許容する声明を発表するように、国務長官代理（四五年に就任）の立場を利用して、トルーマン大統領に直接、次のような主旨の進言をおこなった[1]。

無条件降伏に対する日本人にとっての最大の障害は、それが天皇および皇室制度の破壊ないし恒久的な除去を必然的にもたらすという彼らの懸念にある。もし、いま、日本が徹底的に敗北し、将来戦争を引き起こす能力を喪失した暁には、自ら将来の政治構造を決定することが許されるというなんらかの示唆が与えられるならば、日本人にとっては、面子を立てる方法が与えられ、降伏がずっとたやすくなるだろう。（中略）

日本人から天皇と天皇制を剝奪しようという考えは、不合理である、なぜなら（我々は永久に日本を占領することはできないのだから）我々が背を向けた時には、日本人は天皇や天皇制を必ず元に戻すであろうからである。長期的な観点からいえば、我々が日本で期待できる最大のことは、立憲君主制の成長であり、経験によれば、日本では民主制は決して機能しないことを示しているのである。

グルーの主張は、将来の政治体制は日本人自身の決定に任されると保証して、天皇制を「象徴天皇制」に改造して残置することを約束してやれば、日本の降伏を早めることができるということにあった。グルーは、日本の早期降伏により、米兵の人的損害を軽減することを強調したが、戦後における米ソ対決を予期した国際戦略の文脈で、ソ連の参戦前に対日戦を終了させたいと考えていた。

グルーの天皇制残置案にたいして、一九三〇年代前半に国務長官をつとめたアメリカ政界長老のスティムソン陸軍長官は賛同し、ポツダム宣言草案作成に積極的にかかわった。しかし、国務省内でも反対は多く、七月三日に国務長官に就任したジェームズ・F・バーンズは、アジア太平洋戦争開戦にいたる最後通牒にあたる「ハル・ノート」を日本に突きつけたことで知られるハル元国務長官の進言にそって共同宣言案の発表にも反対であった。そのため、グルーとスティムソンが起案し、海軍省の検討も経た共同宣言案は、最終的に未決定の部分を残してポツダム会談に携行され、会談中でもスティムソンと新国務長官のバーンズの対立がつづいた。

アメリカにおいて、第二次世界大戦の連合国の最高指導者であったルーズベルト大統領が四五年四月一二日に突然死去し、選挙によって選ばれたのではない、国際政治舞台の経験もないトルーマンが大統領になったことは、アメリカの対日降伏政策さらに対日戦後政策にも大きな影響をおよぼすことになった。ルーズベルトは対日戦終結の先を見据えて、米ソ共存体制を基軸にして戦後構想を考えていた。そのために、ヤルタ密約を結ぶことまでして、ソ連の対日参戦を引き出したのであった。トルーマンは反共主義者であり、戦後構想は米ソ共存ではなく、ソ連をいかに抑え込むかを重視していた。

ポツダム会談が開催される前日の七月一六日にアメリカのニューメキシコ州でおこなわれた原爆実験が成功した。成功の知らせはすぐにポツダム会談に臨むトルーマンに届いた。トルーマンは、日本の早期降伏を目指したグルーやスティムソンと異なり、ポツダム会談の開催を遅らせ、わざわざ原爆実験に合わせたのであった。[2]

原爆実験の成功を知ったトルーマンは、ソ連が対日参戦をおこなう前に、原爆投下により日本を降伏させ、さらに原子爆弾を強力な切り札にして、スターリン体制下のソ連に対抗して、戦後に予想される米ソ対決の国際政治における指導権をアメリカが掌握できると考えた。

スティムソンが七月二日にトルーマンに「対日計画提案」と題して手交した覚書には、ポツダム宣言の一二条となることがこう書かれていた。[3]

上記（占領）目的が達成されたらすぐに、また日本人民の大多数を代表する性格をもち、平和的傾向の政府が樹立されたらすぐに、日本国から撤兵すること。もしこのことを言う際に、われわれが現在の皇統の下における立憲君主制を排除しないということを付けくわえるならば、それは実質的に受諾の機会を増大させることになるだろう。

ところが、原爆投下以前に日本が降伏し、戦争が終結することを恐れたトルーマンは、条件つきで天皇制の保持を認めることを明言したスティムソン作成のポツダム宣言草案一二条を変更させた。トルーマンの決定により、発表されたポツダム宣言一二条は後述のようにスティムソンの草案にあった、戦後の政府は「現在の皇統の下における立憲君主制を排除しない」という天皇制の存続を認める後半部が削除されたのである。

ポツダム宣言案はチャーチル首相と蔣介石中国総統に回付され同意を得て、アメリカ・イギリス・中国による対日共同宣言のポツダム宣言として七月二六日に公表された（チャーチル保守党内閣はこの日に総辞職）。

ポツダム宣言は、日本を無条件降伏させた連合国軍の対日占領政策の指針が掲げられている重要な宣言なので、計一三条からなる宣言のうち、対日降伏条件を述べた六条以下の要点を抜粋で紹介しておきたい。[4]

六条 日本国民を欺瞞し、その道を誤らせ、あえて世界征服の挙に引き入れた徒輩の権力および勢力を永久に除去する。
七条 日本国の戦争遂行能力が破砕された確証が得られるまでは、日本国領域は連合国軍に占領される。
八条 日本国の主権は、本州、北海道、九州、四国および諸小島に局限される。
九条 日本国軍隊は完全に武装解除されたのち、各自の家庭に復帰し、平和的・生産的な生活を認められる。
一〇条 日本人民を民族として奴隷化し、また国民として滅亡させる意図はないが、連合国の俘虜を虐待した者を含むすべての戦争犯罪人に対しては厳重な処罰を加える。日本国政府は、日本国民の間における民主主義的傾向の復活強化に対するいっさいの障害を除去しなければならない。基本的人権の尊重のみならず、言論、信教および思想の自由は確立されなければならない。
一一条 日本国は、その経済を維持し、適正な現物賠償の取り立てを可能ならしめる産業を保持することを許容される。ただし日本国が戦争のために再軍備をすることを可能にする産業はのぞく。日本国は最終的に世界の通商関係に参加することを認められる。
一二条 前記の諸目的が達成され、かつ自由に表明される日本国民の意思にもとづいて、平和的志向を有し、かつ責任ある政府が樹立されたときは、連合国の占領軍はただちに日本国から撤収されるものとする［本条は原文のとおり―引用者］。

一三条　日本国政府がただちに日本国軍隊の無条件降伏を宣言し、かつ右の措置を誠実に講ずる適切にして十分な保証を提供するよう要求する。日本国が右以外を選択するときは、即時かつ完全な壊滅があるのみである。

一九四五年七月二六日　ポツダム

ポツダム宣言の内容を知った日本政府は、七月二七日の最高戦争指導会議（首相、陸相、海相、外相、陸軍参謀本部総長、海軍軍令部総長を構成員とする）を開催し、東郷茂徳外相の提案に従い、しばらく意思表示を避け、いっぽうでソ連を通じて進めていた和平交渉を見定めたうえで措置をとることに一致した。

東郷外相が言及した対ソ和平交渉というのは、ドイツ降伏直後の最高戦争指導会議で決定された方針だった。それは、ソ連軍の極東方面への移動が活発化しているのに対応し、アメリカ軍の太平洋方面からの攻撃に加えて満州からのソ連軍の攻撃には対処できないので、ソ連の参戦を外交によって阻止し、ソ連の好意的中立を獲得するとともに、戦争終結への有利な仲介を依頼するというものだった。七月一〇日の最高戦争指導会議では、ソ連に終戦斡旋依頼のため、近衛文麿の派遣を決定して、ソ連に申し入れていた。ソ連からは七月一八日に拒否回答があったが、それでも七月三〇日、佐藤尚武駐ソ大使は、東郷外相の懇請を受けて、ソ連に条件つき和平の斡旋を依頼した。

七月二八日、戦前最後の首相となった鈴木貫太郎は、最高戦争指導会議の決定を受けて、国体（天皇制）の護持が保証されていないとして、ポツダム宣言を「黙殺」し、戦争を邁進するという談話を記者団に発表した。軍の一部の強い要求によるものだった。首相談話はたちまち、日本政府の宣言拒否として外字紙が大々的に報道し、連合国ではこれをポツダム宣言の「無視」または拒否と解釈した。[5]

ポツダム会談の最中トルーマンは、ソ連の対日参戦前に日本を降伏させることを企図し、八月一〇日までに原子爆弾を投下するよう密かに命令した。いっぽう、スターリンは、ソ連は八月一五日に対日参戦をすることをトルーマンに通告した。スターリンは、ヤルタ密約で対日参戦の代償として認められた、南樺太と千島列島の割譲、満州におけるソ連権益の獲得が画餅に帰することを恐れたのである。スターリンはさらに、独ソ戦で荒廃した国内産業復興のための産業資産と労働力を確保するために、無傷のまま残されている「満州国」の産業設備の接収と膨大な日本兵捕虜のシベリア抑留を考えていた。[6]

ポツダム宣言発表以後、アメリカの原爆投下とソ連の対日参戦のせめぎ合いが繰り広げられるなかで、アメリカは八月六日に広島に原爆を投下した。それでも日本では、ポツダム宣言の受諾をめぐって、とくに陸軍側から国体（天皇制）の護持が明確に保証されていない、戦争犯

写真2　御前会議

罪人、武装解除の範囲などについて条件をつけるべきだなどと強い反対が出され、御前会議が繰り返された。
　御前会議は、大本営から陸軍参謀総長、海軍軍令部総長、内閣から総理大臣、外務大臣、陸軍大臣、海軍大臣、大蔵大臣などが天皇臨席のもとに集まり、宮中で開催された会議のことである。最高戦争指導会議は四四（昭和一九）年八月に小磯国昭内閣のときに大本営政府連絡会議が改称されたもので、首相と内閣の権限が強かったのにたいし、このときの御前会議は天皇の統帥権を補翼する大本営としての参謀本部・軍令部が、天皇の臨席を得て主導して開いていた。
　アメリカの原爆投下を知ったスターリンは、日本が投降する前に対日参戦を果たすことを決定した。八月八日、和平工作は無駄と承知のうえで、ソ連の回答を待ち続けていた佐藤尚武駐ソ大使に、モロトフ外相から午後五時（日本時間午後一一時）にクレムリンにくるよう連絡があった。和平工作の回答かと思ってやってきた佐藤にたいしてモロトフは、世界平和を求めたポツダム宣言を拒否した日本は平和の敵であるから、翌九日から戦争状態に入ると、一方的に宣戦布告を通告した。このソ連の参戦とポツダム宣言への参加は、米英中三国の了解のないままおこなわれた押しかけ参戦であった。[7]

八月九日午前零時、極東のソ連軍は、満州、朝鮮半島北部、南樺太への侵攻を開始した。ソ連・満州東部国境においてソ連軍の一斉攻撃が開始され、ソ連軍の侵攻は、沿海州と接する東部から、ついでバイカル・モンゴル西部、さらにアムール川北岸の北部とソ連・満州国境全域に広がった。ソ連の参戦によってポツダム宣言は、米英中ソの四大国による共同宣言となった。

ソ連の参戦と同日に長崎に原子爆弾が投下されたことは、日本の政府・軍部に大きな衝撃を与え、ポツダム宣言を受諾するかどうかの決断の瀬戸際に立たされた。

2　ポツダム宣言の受諾——遅すぎた〝聖断〟

八月一〇日に、最高戦争指導会議が天皇臨席のもとに開催され、ポツダム宣言の受諾の条件が論議された。東郷外務大臣が、天皇の国際法上の地位存続のみを条件とする案を提案、これにたいし、阿南陸軍大臣が、天皇の国際法上の地位存続、在外軍隊の自主的撤兵および内地における武装解除、戦争責任の自国における処理、保障占領の拒否の四点を条件とする案を主張して対立し、決定をみなかった。そこで、議長の鈴木首相が天皇の聖断を仰ぎたい旨の奏請をすると、天皇は外務大臣案を採用したいと述べた。最初の「聖断」である。

平沼騏一郎枢密院議長の主張で「天皇の国際法上の地位」は「天皇の国家統治の大権」と修正された後、さらに閣議決定を経て、日本政府の申し入れとして、外務大臣から次のような至急電報が米・英・中・ソ（ソ連の参戦によって追加）の各国政府へ送付された。[8]

> （前略）対本邦共同宣言（「ポツダム宣言」）に挙げられたる条件中には天皇の国家統治の大権を変更するの要求を包含し居らざることの了解の下に帝国政府は右宣言を受諾す。

日本政府は、最後の最後まで「国体（天皇制）護持」にこだわり、それをアメリカやイギリス、中国、ソ連が認めるかどうかを照会のかたちで打診したのである。「国体護持」は昭和天皇の執念でもあった。

藤原彰編著『沖縄戦と天皇制』が明らかにしたように、四五年四月から沖縄本島で開始された沖縄戦にたいして、天皇はアメリカ軍の本土上陸作戦を引き延ばし、その間に、「もう一度戦果をあげてから」連合国に天皇制護持の保証を得ることに執着し、「沖縄作戦に対する御軫《ごしん》念《ねん》（陛下の心配）」を現地軍に伝達させ、玉砕覚悟の徹底抗戦を要請したのである。そこには「五十万県民の生命や生活については、それを憂慮していた言葉は聞かれない」のであった。[9]

昭和天皇は、近衛文麿ら和平派の重臣にたいして「全面的武装解除と（戦争）責任者の処罰は絶対と譲れぬ、それをやる様なら最後まで戦うとのお言葉」を述べていたが、ドイツの降伏、沖縄戦の敗北以後、「国体護持の一条件だけで早期終戦を計る心境になっていた」。[10]

日本政府の照会にたいする米英中ソの回答がバーンズ国務長官の正式文（バーンズ回答）としてスイス経由で八月一二日に外務省に届いた。それは次のようになっていた。[11]

（前略）降伏の時より天皇および日本国政府の国家統治の権限は、降伏条項の実施のため、その必要と認むる措置を執る連合軍最高司令官の制限の下に置かるるものとす。

天皇は日本国政府および日本帝国大本営に対し「ポツダム」宣言の諸条項を実施するため必要なる降伏条項署名の権限を与えかつこれを保障することを要請せられ、また天皇は一切の日本国陸、海、空軍官憲および何れの地域にあるを問わず、右官憲の指揮下にある一切の軍隊に対し戦闘行為を終止し、武器を引渡しおよび降伏条項実施のため、最高司令官の要求することあるべき命令を発することを命ずべきものとす。（中略）

最終的の日本国政府の形態は「ポツダム」宣言に遵い日本国国民の自由に表明する意思に依り決定せらるべきものとす。

連合国軍隊は「ポツダム」宣言に掲げられたる諸目的が完遂せらるるまで日本国内に留まるべし。

バーンズの回答文は、前述したトルーマンが原爆投下をおこなうために変更させたスティムソンのポツダム宣言草案の一二条の内容を復活させたのである。昭和天皇は「天皇の地位を認めた」というシグナルであることを理解した。天皇は一二日の午後三時過ぎに御文庫付属室に高松宮宣仁《のぶひと》、三笠宮崇仁《たかひと》など皇族一三人を集め、去る一〇日の御前会議の最後に自らポツダム宣言受諾の決心を下したことと、その理由について説明し、以後、皇族が一致協力して、受諾処理に対応していくための意思統一を図った。[12]

八月一三日、最高戦争指導会議を開き、バーンズの回答文をめぐって議論したが、外相・首相・海相が即時受諾論に、参謀総長・軍令部総長・陸相が再照会論に対立して結論にいたらなかった。[13]

バーンズ回答文でアメリカ政府が日本側に天皇制を保持しうるという見通しを伝えたのは、天皇制の保持を認めることは、日本軍の降伏をスムーズに進めるというばかりでなく、さらに進んで、ソ連と対抗するうえで、戦後の日本をアメリカの同盟国として獲得する道を明確に進めようとしたからであった。アメリカは原爆の独占を背景にして、対日参戦をした対ソ連外交を強め、朝鮮半島を三八度線で分けて日本の関東軍が防衛する北部はソ連軍が進駐、占領し、日本の朝鮮軍が駐屯する南部は日本本土と同様にアメリカ軍が進駐、占領する作戦を国務・陸軍・海軍三省調整委員会で決定してソ連に認めさせた。いっぽう、スターリンが提案したソ連軍による北海道の釧路と留萌を結ぶ線以北への進駐、占領案をトルーマンは拒否した。アメリカ軍による日本の単独占領を企図したのである。[14]

八月一四日、陸海軍両総長が御前会議開催を求める文書に署名しなかったので、天皇招集という異例のかたちで御前会議が開かれた。議論は前日と同じに参謀総長・軍令部総長・陸相が連合国回答（バーンズ回答）への再照会論を主張した。ここにおいて、鈴木首相は天皇の「聖断」を仰いで決することにした。

そこで天皇は、「国体問題についていろいろ疑義があるとのことであるが、私はこの回答文の文意を通じて、先方は悪意をもって、この返答を書いたとは思えない。先方の態度に一抹の不安があるというのも、一応はもっともだが、私はそう疑いたくない。要はわが国民全体の信念と、覚悟の問題であると思うから、この際先方の申し入れを受諾してよろしいと考える。どうか皆もそう考えて貰いたい」とあらためて「聖断」を下したのであった。[15]

そして陸海軍の統制の困難さを予想して、自らラジオで「終戦の詔書」を放送すると述べた。同日午後一一時、「天皇陛下は日本のポツダム宣言受諾に関する詔書を発した」という電報がスイスに向けて打電され、米英ソ中政府に緊急電報として送信された。[16]

翌一五日は常にまして蒸し暑い日であったが、正午にポツダム宣言を受諾した「終戦の詔書」を天皇が読んだ「玉音放送」が重大放送として全国はもちろん、海外の日本占領地においても流された。「終戦の詔書」の最後の段落に「朕はここに国体を護持し得て忠良なる爾臣民の赤誠に信倚《しんき》し常に爾臣民と共に在り」とあるように、天皇は日本政府とアメリカ政府や連合国とのやりとりのなかの「最終的の日本国政府の形態は『ポツダム』宣言に遵い日本国国民の自由に表明する意思に依り決定せらるべきものとす」というメッセージがわかったのである。「爾臣民」すなわち日本国民が天皇制を「最終的な日本政府の形態」として決定してくれるという「赤誠」（真心）を「信倚」（信じて頼る）して「国体」（天皇制）は護持できると判断して「聖断」を下したのである。

昭和天皇の「聖断」は、陸軍・海軍を統帥して戦争を指導した大元帥昭和天皇から、アジア太平洋戦争に敗北し、ポツダム宣言を受諾して連合国に降伏した現実を受け止め、同宣言に唯一認められた国体護持の道である、戦後民主化された日本国民の自由に表明された意思によって樹立された平和的傾向を有しかつ責任ある立憲君主制の政府の樹立を目指すことへの「切り替え」の「聖断」であった。

この「聖断」は、本書で詳述するように、昭和天皇が象徴天皇制を規定した日本国憲法を、憲法九条をふくめて積極的に支持していく重要な契機になるので、ここで指摘しておきたい。端的に言えば、大日本帝国憲法に規定され、陸海軍を統帥した大元帥昭和天皇から、日本国憲法に規定された、国民主権下に「日本国の象徴」「日本国民統合の象徴」の昭和天皇となる

「象徴天皇制」への「切り替え」の「聖断」であった。

しかし、この「聖断」が下るまでに広島へ原子爆弾が投下されて、年末までに推定死者一五万人、長崎への原爆投下によって年末までに推定死者八万人が犠牲となった。広島、長崎以外の都市でもこの間に、B29の大編隊による無差別爆撃が継続され、八月一四日夜から一五日早暁においてさえも、B29二五〇機が七都市を焼夷弾攻撃し、高崎・熊谷などが灰燼に帰し、数千名の死傷者が出たのであった。

いっぽう、満州(中国東北)の関東軍は、ドイツ降伏前後から極東ソ連軍の増強の事実を把握していたが、対ソ作戦の根幹をなす精鋭部隊の六割が南方戦線に抽出されていたので、対ソ攻勢作戦をおこなうのは不可能と判断した。関東軍が作成した最終の「対ソ作戦計画」(四五年七月五日)は、関東軍主力は全満州の四分の三を放棄して、朝鮮との国境にそった「満州国」東南部と朝鮮北部において持久戦を展開する、撤退に際して、交通要衝、重要施設を適時破壊するとした[17]。ついで七月一〇日、関東軍は満州国在住の成年男子の「根こそぎ動員」をおこなって二五万人を召集、武器も不十分な二四個師団・九混成旅団を、侵攻してくるソ連軍七〇個師団に立ち向かわせたのである。関東軍の満州開拓団員や日本人居留民の置き去り作戦は、現地日本人の動揺を招くとして秘密にされた。

ソ連の対日参戦によって、三一万八〇〇〇人を数えた満州開拓移民の人たちがソ連軍の満州侵攻に巻き込まれて、戦死や集団自決、さらに八月一五日以降、ソ連軍占領下の満州から日本へ引き揚げてくる間の集団自決、病死・餓死などの悲劇により、約七万八五〇〇人が犠牲となって死亡した。また総数八万六五三〇人にたっした満蒙開拓青少年義勇軍は、日本軍に召集され、朝鮮北部に撤退した関東軍主力部隊に代わって、侵攻してくるソ連軍の矢面に立たされ、約二万四二〇〇人が死亡した。四五年に満州に居住していた日本人の全体数は約一五五万人であったが、そのうち約一七万六〇〇〇人が犠牲になって死亡した。[18]

他にも絶望的な戦況に置かれたアジア太平洋戦争の戦場で、「国体護持」にこだわった「聖断」の遅れによって、膨大な数の日本兵が、玉砕、病死、餓死などの犠牲になり、命を失った。

こうして、日本は日本に迫られた戦争終結条件および戦後処理に関する米英中ソの共同宣言であるポツダム宣言を受諾して、無条件降伏をしたのである。

3　皇族内閣によるポツダム宣言の履行

八月一五日正午に「玉音放送」として内外に流された昭和天皇の「終戦の詔書」の最後は「宜しく挙国一家子孫相伝え確く神州の不滅を信じ、任重くして道遠きを念《おも》い、総力を将来の建設に傾け、道義を篤くし、志操を鞏《かた》くし、誓って国体の精華を発揚し、世界の進運に後れざらむことを期すべし。爾《なんじ》臣民それ克く朕が意を体せよ」と結ばれていた。

昭和天皇は、ポツダム宣言が「国体の護持」を認めただけでなく、ポツダム宣言の条件を誠実に履行することによって、民主化され、平和的志向を持った日本社会の戦後復興と国際社会への復帰が可能となることを理解したのである。それによってのみ「国体（天皇制）の精華」が発揚できるので、「神州（神国日本）の不滅」を信じて、敗戦日本の復興と将来の建設のために、奮闘するように国民に呼びかけたのだった。

昭和天皇は大日本帝国憲法に「第一三条 天皇は戦を宣し和を講じ」とある大日本帝国の元首として、八月一五日に「戦争終結」の詔書を放送すると同時に、「大東亜戦争終結に関する詔書」の主旨を完遂するために、積極侵攻作戦を中止すべき旨の大陸命（大本営が置かれた際に天皇が発し陸軍参謀総長が伝旨する天皇の命令）と大海命（同じく天皇が発し、海軍軍令部総長が伝旨する天皇の命令）を発した。

困難な終戦工作をおこなって降伏を決定し、八月一五日に「終戦の詔書」を発表したのち鈴木貫太郎内閣は総辞職した。後継首班は、恒例の重臣会議を開かずに、昭和天皇と木戸幸一内大臣、平沼騏一郎枢密院議長の三人だけの協議で決めることにした。その結果、皇族で軍人（陸軍大将）であった東久邇宮稔彦王《ひがしくにのみやなるひこ》を推挙すること、近衛文麿を副首相役で国務大臣とすることで意見が一致した。[19] 日本の憲政史上最初で最後の皇族内閣だった。ポツダム宣言を受諾し、敗戦と連合国軍の日本本土進駐を受け入れるにあたって、「天皇の軍隊」であった陸海軍部隊の反乱や不穏の動きを封じるには、皇族内閣が一番無難であるという天皇の判断が強くはたらいていた。

それは、東久邇宮内閣の外相となった重光葵《しげみつまもる》が九月三日にマッカーサー連合国軍総司令官と会見した際に（後述）、「戦敗国たる日本の天皇は、その受諾したるポツダム宣言を最も忠実に履行することを決意し、そのために特に史上最初の試みである皇族内閣を任命し、ポツダム宣言履行に違算なきを期せられている」と説明したとおりであった。[20]

昭和天皇はポツダム宣言で要求された日本国政府による「日本国軍隊の無条件降伏の宣言」（一三条）を八月一五日の「終戦の詔書」により実行し、ついで、日本の「戦争遂行能力の破砕」（七条）と日本国軍隊の完全な「武装解除」（九条）を履行するため、翌八月一六日、御文庫（宮城内の天皇の執務室）に三人の皇族軍人を呼び、ポツダム宣言受諾を戦地の日本軍総司令部に伝達するため外地に赴くよう命じた。翌日、朝香宮鳩彦王《あさかのみややすひこ》は中国の南京へ、閑院宮春仁王《かんいんのみやはるひと》は南方のサイゴン、昭南（シンガポール）へ、竹田宮恒徳王《たけだのみやつねよし》は満州の新京・奉天ならびに朝鮮の京城（ソウル）へ赴き、それぞれ支那派遣軍、南方軍、関東軍の司令部へ勅語「国家永年の礎を遺さんことを期せよ」を下賜し、「軽挙妄動せざるよう」訓戒する措置をとった。[21] 天皇は外地だけでなく内地の軍隊へも総勢六名の皇族軍人を派遣して、ポツダム宣言受諾と終戦の伝達を徹底させた。[22]

昭和天皇が、八月一二日に皇族一三人を宮中に集め、自分はすでにポツダム宣言受諾の決心を下したので、以後、皇族が一致協力して、受諾処理に対応していくための意思統一を図ったことはすでに述べた。八月一七日に発足した東久邇宮内閣が全日本軍の戦闘行為停止、現地における連合国軍への降伏と武装解除、日本への復員など矢継ぎ早にポツダム宣言にしたがった敗戦処置を履行していったが、『昭和天皇実録　第九』を読むと、昭和天皇が東久邇宮首相にさまざまな指示、指針を与えていたことがうかがえる。

4　軍政（直接統治）から間接統治への変更

東久邇宮内閣のもと、日本軍の降伏、武装解除もほぼ抵抗なく進められ、連合国軍の日本占領を迎えることになった。八月一八日にマニラのダグラス・マッカーサー連合国軍最高司令官より、天皇・日本政府・大本営に対し、日本軍による戦闘の即時停止、降伏条件遂行の要求を受領するための日本側代表者のマニラへの派遣の指令が届き、翌日、河辺虎四郎中将が天皇の委任状を携えてマニラに飛んだ。マッカーサーと連合国軍参謀長リチャード・K・サザランドから降伏条項実施の要求事項と日本国天皇布告案、降伏文書などを受理した河辺は二一日に帰国した。河辺の報告を受けて、日本側は厚木飛行場と横須賀軍港を連合国軍先遣隊上陸、進駐の基地として紛争生起防止の態勢を築いた。[23]

八月三〇日、マッカーサーが愛機バターン号に乗って厚木飛行場に到着、宿舎の横浜ホテル・ニューグランドに入り、横浜税関庁舎が連合国軍最高司令部に充当された。

九月二日、横須賀沖停泊のアメリカ軍艦ミズーリ号上で日本の降伏文書の調印式がおこなわれた。調印は日本側全権として、重光葵外相が「大日本帝国天皇陛下及日本国政府の命により」、梅津美治郎《うめづよしじろう》参謀総長が「日本帝国大本営の命により」署名した。

調印式当日、連合国最高司令部の以下の布告文三通が手交された。布告文は翌九月三日の日付で、直接日本国民に命令する形式になっていた。[24]

第一号　連合国最高司令官が日本国全領域並びにその住民に対して軍政を含む軍事管理を設定する
第二号　占領政策違反者を占領軍裁判所において処罰する
第三号　占領軍発行の軍票を以って一切の公私の円貨債務の支払いをなし得る日本法貨とする

右の布告文はポツダム宣言の一三条の「日本国政府はただちに日本国軍隊の無条件降伏を宣言し」とあったのを受けて、無条件降伏をした日本に「軍政」（直接統治）を実施するというものであった。これは、占領軍司令部が日本に軍政を布き、行政各部門を統治するというものであった。驚いた重光外相は即日に横浜の連合国軍総司令部に赴いて、マッカーサーとサザランド参謀長と会談し、軍政は日本の現状に適さないので撤回するよう申し入れた。

重光外相の申し入れは、マッカーサーを納得させる説得力があり、マッカーサー、サザランドも即座に軍政（直接統治）を撤回し、天皇と天皇制を利用する間接統治に変更することに同意したので、重要な意味を持った。本書の意図とも密接にかかわるので、『重光葵手記』からその詳細を紹介しておきたい。[25]

（1）戦敗国たる日本の天皇は、その受諾したるポツダム宣言を最も忠実に履行することを決意し、そのために特に史上最初の試みである皇族内閣を任命し、ポツダム宣言履行に違算なきを期せられていること。元来日本天皇は戦争に反対し、平和維持に終始熱意を示されていた実情で、今回も戦争を終結せしむるために決定的役割を演ぜられたのも陛下である。陛下はポツダム宣言を誠実に履行することが日本国民のため最も幸福をもたらすものであることを最も好く了解されていること。

（2）占領軍としては、日本国民の絶対崇拝する天皇の特に指命する日本政府を通じて、占領政策すなわちポツダム宣言を実行すること最も簡易な方法なり。もし然らずして日本国民の信念である天皇制を排撃し、日本の政治組織を蹂躙するにおいては、あるいは日本は混乱に陥るやも計られず。何となれば、天皇の命令せる終戦に対して、心窃かに反対せし勢力も少なからず存在した状態であったからである。

（3）もし占領軍が軍政を布くとせば、それより生ずる困難なる事態は総て占領軍において処理し、その責任は当然占領軍に帰すべし。もし然らずして日本政府が占領軍の意を承けてポツダム宣言の実行に当たるとせば、いかなる困難あるも日本政府はこれを克復して必ずその責任を果たすべし。一切の責任は日本政府の負う所なり。
（4）日本の降伏したるはポツダム宣言を受諾したるを意味し、それ以上を意味せず。ポツダム宣言には明らかに日本政府の存在、すなわち日本の主権の存在を前提としている。軍政を布くことはすなわちポツダム宣言を超ゆるものにして、日本の受諾したことなき所なり。この点は独逸の場合と全然趣を異にする。
（5）占領軍として占領政策を遂行するには、日本政府を利用するという最も安易にして効果的なる方法を選ぶ事を最も利益とせらるべし。それにも拘わらずこの方法によらずとせば、占領軍としてはポツダム宣言以上の事を考慮し、これが実施を日本に要求せらるる次第なりや。

会談が進むにつれて、マッカーサーの態度もしだいにほころびて、最後は「能く了解せり」と簡潔に一語を発し、重光が話した解決案を作成して参考にもらいたいと注文した。サザランド参謀長はマッカーサーの意を汲んで「直ぐ命令を取り消しましょう」と言って、片隅の机上電話を取って、必要の命令を発したと重光は書いている。

マッカーサーも、天皇が日本軍の降伏に際して軍の反乱を防止した権威と威力を事実として認識しており、彼の軍事秘書のボナー・F・フェラーズが、「無血侵攻を果たすにさいして、われわれは天皇の尽力を要求した。天皇の命令により、七〇〇万の兵士が武器を放棄し、すみやかに動員解除されつつある。天皇の措置によって何万何十万もの米国人の死傷が避けられ、戦争は予定よりもはるかに早く終結した。（中略）日本国民は、ポツダム宣言にあらまし示されたとおりの無条件降伏とは、天皇を含む国家機構の存続を意味するものと考えている」と「最高司令官宛覚書」に記しているように、占領政策も天皇の権威を利用すればスムーズにいくと認識するにいたったのである。[26]

重光との会談で、天皇と天皇制を利用した占領政策の結論を得たマッカーサーは「非常にご機嫌で」「何時にても連絡して来られたし」と堅い握手をして重光を部屋の戸口から送り出したという。天皇も、遅くても差し支えないから、マッカーサーとの会談の模様を直接聴取したいとの思し召しで、重光は午後七時半に皇居を訪れ、木戸内大臣同席で天皇に会談の詳細を報告した。天皇は「それは誠によかったね！」と何度も言い、安堵の様子だったという。[27]

昭和天皇にとって、ポツダム宣言を受諾し、誠実な履行をアメリカや連合国へアピールすることによって「国体を護持」しようとした努力が報われた思いが「それは誠によかったね！」の安堵の言葉になったと思われる。

重光外相は、九月四日、横浜の連合国軍総司令部にサザランド参謀長を訪れてマッカーサーから依頼された重光が前日の会談で申し入れた解決案の文書を手交した。サザランドからは九月二日手交の布告文三通は撤回し、今後連合国軍最高司令部は一般命令（general order）を取りやめて、指令（directive）により日本政府に指示する、指令は公表の必要はないが、必ずそのとおり実行すべきであると言い渡された。「直接統治」の「軍政」は正式に撤回されたのである。[28]

マッカーサーは、重光とのこの会談によって「軍政」を取り消し、「間接統治」に変更し、天皇と天皇制ならびに大日本帝国憲法下の日本政府と官僚機構を利用しながら占領政策、民主化政策を遂行、いっぽうで戦争犯罪人の摘発を推進する方針を固めたのである。

ところで、米軍はすでに、軍政に必要な法規等を印刷して準備してきており、軍票三億円も連合国軍将兵に配布済みなので使用させ、日本側で適宜回収することになった。[29]

九月四日、第八八回帝国議会開院式が一年ぶりに復活され、昭和天皇は戦前と同様に勅語を奉読した。ただし、内容は以下のように戦前とは異なっていた。[30]

朕すでに戦争終結の詔命を下し、さらに使臣を派して関係文書に調印せしめたり。朕は終戦に伴う幾多の艱苦を克服し国体の精華を発揮して信義を世界に布き平和国家を確立して人類の文化に寄与せんことを冀い（中略）、外は盟約を守り和親を敦くし内は力を各般の建設に傾け、挙国一心自彊息《じきょうや》まず以て国本を培養せざるべからず（後略）

本章で述べてきたように、受諾したポツダム宣言を誠実に履行して、日本が平和国家として再生することが、国体を護持できる道であり、さらに国体の精華を発揮できる道であるという天皇の信念が表明されていた。

第2章　天皇が望んだ大日本帝国憲法改正

1　天皇、マッカーサーと会見

アメリカ占領軍（日本占領をした連合国軍の実態はアメリカ軍だったのでこう称する）は九月から一〇月にかけて日本全土に進駐、各都道府県に軍政部を設置した。四五年末までに占領軍の数は約四三万人に達した。日本全土に進駐を終えた占領軍は、ただちに占領政策の実施にとりかかった。九月一七日にアメリカ太平洋陸軍総司令部を横浜から東京に移し、お堀端の第一生命ビルを本拠とした。一〇月二日、マッカーサーは同ビルに連合国軍最高司令官総司令部（General Headquarters：GHQ）を設置し、執務を開始した。

GHQがさっそく着手したのは、「連合国の俘虜を虐待した者を含むすべての戦争犯罪人に対しては厳重な処罰を加える」（ポツダム宣言一〇条）ことであった。九月一一日にGHQから東条英機ら三〇人を戦争犯罪人として指名、その日に米国憲兵（Military Police：MP）が東条の自宅に逮捕に行くと、東条はピストル自殺を図ったが未遂に終わり、横浜の米軍病院に運ばれた。

衝撃を受けた東久邇宮内閣は、九月一二日、戦前の最高戦争指導会議を廃止して代わって設置した終戦処理会議において、戦争犯罪人の処罰実施は日本側で自主的におこなうことを決定し、連合国軍側に申し入れることにした。これにたいして昭和天皇は「昨日まで朕の信頼していた臣僚を朕の名において処刑することは、朕においては出来ぬ」「再考の余地なきや」との御下問があった。終戦処理会議は「我が国の主権擁護の観点から敢えて交渉を試みるべき」旨を奉答、天皇も承認して、重光外相がその申し入れを総司令部に伝え、交渉することになった。[1]

重光外相は、即日横浜の総司令部を訪れ、サザランド参謀長に申し入れた。サザランドの答えは、連合国軍は戦犯裁判はおこなう、日本側が開始するのはそれもよろしい、というもので、日本側の申し入れは受け入れられなかった。

九月一五日、重光外相は東久邇宮首相にたいし、「米国内の空気に鑑み、外部から戦争犯罪者が多いと見られている現内閣は首相を除き全員辞職し、各省部局長級より再組織してはいかん」と申し出た。[2]

『重光葵手記』によれば、「皇族内閣は総理の宮の威力によりて終戦の仕事を立派に完了して、占領軍の進駐に何らの故障はなかった。ポツダム宣言の実行即降伏条項の実行は、戦争の過去に因縁を持たぬ新しい人々でこれを行うことが最も適当」であるという思いからの進言であった。さらに重光は、「現に閣僚中に先方の要求する戦犯指定者がおり、その他にも戦争遂行に密接の関係を有った人が内閣に数人もいる有様であって、米国の新聞では連日これを指摘していた」とも進言した。[3]しかし、重光外相の率直な進言にたいして近衛文麿国務大臣や緒方竹虎国務大臣など反発し反対する者があり、東久邇宮首相は木戸内大臣とも協議し、現在「内閣の大改造は不可能である」ことを重光に説明して、辞表の提出を要求した。重光も「この内閣が明瞭に行き詰まっていることを感じていた」ので辞表を提出したのであった。[4]

重光外相の後任には、「マッカーサーと交渉し得る外相を据え、マッカーサーの意向等を参酌して戦争犯罪に関わる閣僚の第二次更迭を行いたい」との話が東久邇宮首相、木戸幸一、近衛文麿、緒方竹虎の間でまとまり、天皇もそれに同意して、吉田茂に決まった。[5] 天皇は、九月一七日に吉田が引き籠っていた大磯の邸宅から呼び出し、その日の夜のうちに天皇の立ち合いで外相親任式をおこなった。

天皇や木戸が「交渉し得る外相」として吉田茂を急遽外相に就任させたのは、マッカーサーに接近していく仲介をさせるために吉田が最適であるという判断があったと思われる。吉田は戦前にグルー大使と親交があり、太平洋戦争期は、軍部から親米派、自由主義者とみなされ、四五年四月には近衛文麿の対米和平交渉にかかわったという嫌疑で、憲兵隊に検挙され、四〇日間も監獄に収監されたことがある。これらの吉田の経歴がマッカーサーとの折衝に有利にはたらくと考えたからであろう。

天皇は就任した吉田茂外相にたいして、さっそく、マッカーサーに会いたいという内意を伝えさせた。これまで、近衛文麿が自らの伝《つて》を求めて九月一三日に横浜にマッカーサーを訪問して、占領政策に資することを企図して日本の事情を説明するとともに、GHQの三〇名の戦争犯罪人指名にかかわって、自分には戦争責任がないことを述べていた。東久邇宮首相も個人的資格ですでにマッカーサーを訪問していた。[6] そこで、天皇自らがマッカーサーとの会見を望んだのである。

写真３　アメリカ大使館での会見におけるマッカーサーと昭和天皇

九月二〇日、吉田外相は新任の挨拶のためにGHQにマッカーサーを訪ね、天皇の会見の意思を伝えた。マッカーサーも大賛成で「ただ私の方から宮中へお伺いするわけには参らないが、陛下がお出で下さるならば、何時でも喜んでお会いする」と快諾した。[7]

モーニング姿で緊張して直立の天皇と背の高いマッカーサーが腰に両手をあてリラックスした姿勢で立っている写真でよく知られる、九月二七日の天皇とマッカーサーとの会見は、非公式ということで赤坂のアメリカ大使館でおこなわれた。約三〇分であった。[8]

会見ではマッカーサーが冒頭に、「戦争手段の進歩、殊に強大なる空軍力および原子爆弾の破壊力は筆紙に尽くし難いものがある。今後もし戦争が起こるとすればその際は勝者、敗者の論なく斉《ひと》しく破壊され尽くして人類の絶滅に至るであろう。現在の世界には今なお憎悪と復讐の混迷が渦を捲いているが、世界の達見の士はよろしくこの混乱を通じて遠き将来を達観し、平和の政策を以って世界を指導する必要がある」と述べている。これには、本書で後述する幣原喜重郎とマッカーサーが秘密会談（四六年一月二四日、本書一七五頁）を持ち、幣原が憲法九条の発案をしてマッカーサーが感激して同意するにいたったその平和思想が語られているので注目したい。

つづいてマッカーサーは、「終戦にあたっての陛下の御決意は国土と人民をして測り知れざる痛苦を免れしめられた点において誠に御英断であった」と終戦の「聖断」を下した昭和天皇を賞賛した。

いっぽう、天皇からは、「私は、国民が戦争遂行にあたって政治、軍事両面で行ったすべての決定と行動に対する全責任を負う者として、私自身をあなたの代表する諸国の裁決にゆだねるためにおたずねした」という発言があり、マッカーサーを大いに感動させた[9]。

吉田茂がこの会見が済んでからマッカーサーに会ったところ「陛下ほど、自然そのままの純真な、かつ善良な方を見たことがない、実に立派な御人柄である」といって、天皇との会見を非常に喜んでいた、という[10]。

マッカーサーは回顧録に、「天皇との初対面以後、私はしばしば天皇の訪問を受け、世界のほとんどの問題について話合った。私はいつも、占領政策の背後にあるいろいろな理由を注意深く説明したが、天皇は私が話合ったほとんど、どの日本人よりも民主的な考え方をしっかり身につけていた。天皇は日本の精神的復活に大きい役割を演じ、占領の成功は天皇の誠実な協力と影響力に負うところがきわめて大きかった」と記している。[11]

マッカーサーが「占領の成功は天皇の誠実な協力と影響力に負うところがきわめて大きかった」というのは、「はじめに」で記したように、憲法九条をふくむ日本国憲法の制定についてもいえることを本書では明らかにしていきたい。

天皇の決断によって実行した最初のマッカーサーとの会見は「［藤田］侍従長の話ではお帰りの道すがら、陛下には御機嫌が麗しかったとのことであった」というから、[12]天皇にとっては、マッカーサーとGHQが自分を利用こそすれ、戦争犯罪人として裁かないという感触を得たこと、何よりも象徴天皇制というかたちにせよ、天皇制継続の確信を得たことが「御機嫌が麗しかった」理由であろう。

ただし、天皇が「政治、軍事両面の戦争全責任を自分が負う覚悟」と表明してマッカーサーを感激させたが、昭和天皇にとって、「国体（天皇制）護持」が絶対であり、それが保証されるのならば、「天皇裕仁個人」はどう裁かれてもかまわない、という認識であったことは確認しておきたい。本書で強調した「遅すぎた聖断」は、昭和天皇が「国体護持」に執着したからであった。「国体としての天皇制」と「天皇個人」とは区別して考察する必要がある。

2 天皇、幣原喜重郎へ組閣の大命

最初のマッカーサーと天皇の会談を受けて、一〇月一日、マッカーサーとGHQ首脳部は、占領を平和裏におこない、国民の左傾化と革命化を防止するために天皇を戦争犯罪人として告発・起訴することを回避する方針を了承した。前掲のマッカーサーの軍事秘書のフェラーズによる「最高司令官宛覚書」では、「もしも天皇が戦争犯罪のかどにより裁判に付されるならば、統治機構は崩壊し、全国的反乱が避けられないであろう。（中略）彼らは武装解除されているにせよ、混乱と流血が起こるであろう。何万人もの民事行政官とともに大規模な派遣軍を必要とするであろう。占領期間は延長され、そうなれば、日本国民を疎隔してしまうことになろう」と天皇免責の理由を書いている。[13] しかし、このことは日本側には知らされず、マッカーサーは米国政府にも胸の内を伝えなかった。

いっぽうで、アメリカ軍の単独占領と天皇制を利用した間接支配による日本の民主改革も矢継ぎ早に実行された。

一〇月四日、GHQは「政治的、公民的および宗教的自由に対する制限除去の件」に関する覚書を東久邇宮内閣に通達した。その内容は、第一に天皇に関する自由討議を認めるとともに、政治犯の釈放、第二に治安維持法や治安警察法など、自由制限に関する一切の法令の撤廃、第三に内務省警保局と府県特高課の廃止、第四に内務大臣、警保局長、警視総監、府県警察部長から特高課長の端にいたるまで総勢五〇〇〇名近い特高警察全員の一斉罷免を命ずるものであった。

これを受けた東久邇宮内閣は、この覚書は実行できないとして、終戦事務の一段落を理由に一〇月五日に総辞職した。東久邇宮内閣は、敗戦とアメリカ軍進駐にたいする軍部の不穏な動きを封じるために昭和天皇が動いて組閣した皇族内閣であった。日本憲政史上、最初で最後の皇族内閣となった。アメリカ軍の進駐が平穏のうちに進行し、マッカーサーとGHQの占領政策が矢継ぎ早に指令されるようになると、政治的経験も行政能力もない東久邇宮首相にはもはや対応できないことは明確であった。

一〇月五日のうちに木戸幸一は藤田侍従長や平沼枢密院議長と後継首相について協議し、「米国側に反感のなき者、戦争責任者たるの疑なき者、外交に通暁せる者との見地より、第一候補幣原男爵、第二候補吉田外相に意見一致す」[14]となった。それから、木戸は、天皇の「御嘉納」（天皇が他人の進言を喜んで受け入れること）を得たうえで、マッカーサー司令部との了解を取りつけるために、吉田外相に依頼して、同日のうちにGHQへ赴いてもらった。吉田がサザランド参謀長と交渉している最中に、マッカーサーがその部屋に来たので報告をした。「元帥は、『年はいくつだ』と聞くから『七十いくつだ』というと、『馬鹿に年寄りだなあ』といってから『英語は話せるのか』と聞くのである。幣原氏は英語の大家を以て自他ともにこれを認

朝日新聞

幣原喜重郎男
組閣の大命を拝す

けふから閣僚銓衡
軍閥、保守官僚は排撃

吉田外相留任

大命を拝受した幣原男

新聞1　幣原（写真）への組閣大命を報じる『朝日新聞』（1945年10月7日付）

めているのに、元帥にしてみると『英語が分かるか』である。『むろん、分かる』と答えておいた」と吉田茂は回想録に書いている。[15]

幣原喜重郎が流暢に英語を話し、マッカーサーと通訳を介せずに自由に会話できたことで、本書で詳述するように、マッカーサーと十分に「秘密会談」ができたのである。

マッカーサーとサザランド参謀長と面会した吉田外相から「マ司令部としては日本の内政に干渉する意思なし、今聴きたる経歴なれば、幣原男（爵）は好ましき人物なりと思考すとのことなりきとの報告」を受けた木戸内大臣は、これを天皇に報告し、幣原喜重郎に組閣の大命を下すことが決定した。[16]

ここで、時代は遡るが、幣原喜重郎の生い立ちと経歴を簡単に紹介しておきたい。詳細は拙著『憲法九条と幣原喜重郎』の第1章と第2章において、幣原の生い立ちと戦前の幣原外交について書いたので、参照していただければ幸いである。

幣原喜重郎は、一八七二（明治五）年に現在の大阪府門真《かどま》市の豪農の次男として生まれた。現在、門真市一番町の生家跡に「幣原坦　幣原喜重郎両先生顕彰碑」が胸像とともに建っている。兄の坦《たいら》（一八七〇―一九五三年）は、幼いころから神童と呼ばれた俊才で、東京帝国大学教授、広島高等師範学校校長、台北帝国大学初代総長などを歴任し、戦争直後は枢密院顧問官として活躍した。喜重郎は、兄と違い、刻苦精励、努力に努力を重ねる性格で、生来の負けじ魂と明敏な頭脳とで、うまずたゆまず日夜学業にいそしみ、一つ一つの実を結ばせていくタイプだった。

大阪中学校へ入学した喜重郎は、寄宿舎で大平駒槌と親友となり、生涯の盟友となった。幣原の憲法九条発案を証明する羽室メモ（本書三二九頁）を残した羽室ミチ子は、大平の三女だった。大平駒槌は後に住友本店理事から南満州鉄道株式会社（満鉄）副総裁、枢密院顧問官となり、幣原とは生涯にわたり全幅信頼しあえる親友であった。

大阪中学校が第三高等学校と改称され、制度も広く全国から生徒が入ってくるようになると、高知県から浜口雄幸《おさち》が幣原と同じクラスに入ってきて、二人はクラスの首席を争う関係になった。後に浜口雄幸が首相となり、浜口内閣の外相となった幣原が「幣原外交」を展開する絆はこのとき結ばれた。

第三高等学校を卒業した幣原は英語が得意だったので東京帝国大学法科大学英法科に入学した。幣原は外交官になることを考えてイギリスの法律や国際法を熱心に学んだ。同科卒業後、恩師の推薦で一時、農商務省鉱山局に勤めるが、二五歳のとき、外交官および領事館試験に合格し、外交官生活をスタートさせた。幣原は大阪中学校時代に、イギリス人とアメリカ人の教師から英語を習い、英会話に秀でていた。ロンドンやアメリカなどの領事館、大使館勤務の時代にさらに英語力に磨きをかけ、外交文書や演説の草稿は全部英語で書いた。本書で後述するように、マッカーサーと秘密会談を持ったときに、通訳を介せず自由に流暢な英語で密談をすることができたのである。

外交官としては、仁川領事館を振り出しに、ロンドン領事館、アントワープ領事館、釜山領事館ならびに六年間の海外研修を経て帰国、一九〇三年、三二歳のとき、三菱財閥の創始者岩崎弥太郎の末娘雅子と結婚した。その縁談を世話したのは、加藤高明《たかあき》夫人の春路《はるじ》で岩崎弥太郎の長女だった。一四年にオランダ駐在特命全権公使、その後大隈重信、寺内正毅、原敬内閣の外務次官をつとめ、一九年にアメリカ駐在特命全権大使となり、二二年までつとめた。ワシントン会議（一九二一年一一月〜二二年二月）では、日本の全権委員として活躍した。幣原は第一次・二次加藤高明内閣および第一次若槻礼次郎内閣の外相（一九二四〜二七年）となって、「幣原外交」を展開、山東出兵を強行した政友会の田中義一外交に中断された後、立憲民政党の浜口雄幸内閣、第二次若槻礼次郎内閣の外相（一九二九〜三一年）となり、「幣原外交」を継続した。

外相時代の幣原は、中国の内政不干渉、協調主義、国際主義、平和主義を標榜して、中国における激しい反日感情をやわらげ、日本を国際的孤立状態から脱却させ、国家的名声を高めることに努力した。

幣原は外交官としてアメリカとイギリスで八年間過ごしたのをはじめ、外交官生活の半分を外国で過ごした間に国際的視野に立った平和主義思想を身につけた。幣原が発案した憲法九条に、後述するように「地球憲章」の理念がこめられているのは、そのためである。

幣原外交は欧米では高く評価されたが、日本の軍部や政友会、右翼勢力からは「軟弱外交」「親英米的」「英米一辺倒」などと非難され、関東軍が謀略により引き起こした満州事変により、日本は国際的孤立の道を突き進むことになり、幣原外交は頓挫《とんざ》を余儀なくされたのであった。

話を天皇の幣原への組閣の大命のことに戻す。当初、吉田外相から幣原喜重郎へ組閣の大命を伝えたが、翌一〇月六日、吉田外相から幣原との交渉の経過について「容易に受諾の模様なしとのことなり。老齢、内政に興味なしと云うことが主たる理由なり」との報告を受けた木戸は、天皇と協議したうえで、従来は形式的であった組閣の大命降下とちがって「今回は御席を賜り聖上御親ら充分御説得被遊様言上す」というように、天皇自らが席を設けて幣原を説得することになり、正午に幣原を参内させ、組閣首班を引き受けてくれるよう懇請した結果、「大命拝受」となったのである。[17]

幣原喜重郎『外交五十年』には、このときの経緯がこう回想されている。[18]

幣原はこの日（一〇月五日）、戦災で千駄ヶ谷の家も家財も図書資料も失い、すでに七三歳という老齢になったことから、東京を離れ、鎌倉の別荘へ隠遁し、書物を読んで静かに老後生活を送ろうと、トラックに引越しの荷物を積み終わり、門を出ようとした出会いがしらに宮内省の自動車が来て「早速御参内相成度」という侍従長からの手紙を渡され、参内したのであった。

宮内省へ行くと、陛下がお待ちになっておいでになるとのことで、早速拝謁した。陛下は私に、内閣組織の大命をお下しになった。寝耳に水と言おうか。これは全く夢にも予想しなかったことであって、私には御引き請け申し上げる自信がなかったから、御勘弁を願ったが、お話申し上げているうちにも、いかにも御心痛の御様子が拝察された。事ここに至ってはこの上御心配をかけては相済まない。自分で出来ることなら、生命を投げ出してもやらねばならぬと、堅く心に誓うに至った。それで、「幣原にはこの大役が勤まるという自信はございませんけれども、全力を尽して御意を奉じましょう」と申し上げて、御前を下がった。

幣原には「寝耳に水」であったが、天皇が幣原に組閣を懇請するにいたったのは、政治的な深慮遠謀がはたらいていたと思われる。つまり、東久邇宮内閣の次にアメリカ側に受け入れられやすい、戦前の英米協調派、反軍部的な自由主義思想を持った幣原のような人物を首相に任命することであった。

前述のようにポツダム宣言起草にかかわったスティムソン陸軍長官は、一九三〇年代国務長官をつとめた。拙著『憲法九条と幣原喜重郎』の「第1章『幣原外交』の再評価」で詳述した「幣原外交」を高く評価したことで知られる。スティムソンは柳条湖事件の五日後の九月二三日の日記に「予に与えられた問題は、日本人に対して、われわれは彼らを監視していることを知らしめ、それと同時に、正義派の幣原らを援助する方法でこれを実行し、そして国家主義者の扇動に利用されないようにすることだ」と記していた。さらにスティムソンは一九三九年に出版した『極東の危機』においてこう記している。[19]

ワシントン会議から一九三一年九月（満洲事変）までの十年間、日本政府は国際政治の舞台において異常な善隣主義の範を垂れた。その外交の中心である幣原男爵が外相の任を負っているのであるから、彼が満洲における強硬政策に対して敢然と戦っているにちがいないことをわれわれは知っていた。彼の仕事を困難にさせるような手段をとるべきでないことは、われわれには明瞭だった。

スティムソン国務長官は、満州事変に際して、若槻礼次郎＝幣原喜重郎に代表される日本の文民政府が現地軍の行動を押さえて事態を収拾することに期待し、アメリカは国際連盟を背後から支持して、日中両国に直接交渉をおこなわせて解決できれば最善である、と期待したのである。しかし、若槻内閣が国際連盟に表明した関東軍の満州事変拡大阻止と撤兵は破綻して、一九三一（昭和六）年一二月一一日に若槻内閣は総辞職し、第二次幣原外交も頓挫したのだった。三二年一月三日に関東軍が錦州占領に踏み切るとスティムソンは態度を硬化させ、「スティムソン・ドクトリン」を発表、日本の満州支配にたいする不承認を表明、以後対日制裁の方針へ転換したのであった。[20]

昭和天皇が日本の外交官のなかで例外的な対米協調派として、アメリカの政界で評価が高かった幣原喜重郎が首相を引き受けてくれるよう懇願したのは、天皇自身、満州事変に際して、幣原外相から直接上奏というかたちで何度も報告を受け、天皇も御下問というかたちで意見を交換した経験が背景にあったからと思われる。天皇にとって、これが幣原喜重郎の外交理念と人物を知る機会となったのである。

ここで『昭和天皇実録　第五』から、柳条湖事件発生以後、若槻内閣崩壊にいたるまで、天皇が幣原外相の上奏を受けた時と内容を列挙する。①一九三一年九月二五日　政府声明書および国際連盟への回答書について（九月二六日、天皇は鈴木貫太郎侍従長とともに満州事変に関し敵対行為の差し控えを日中両国政府に希望するアメリカ政府の通牒を読んでいる）。②一〇月九日　若槻内閣の閣議が日本軍の撤兵の前提として日中両国間において根本的大綱の協議を先決させる方針を決定したことについて。③一〇月二四日　国際連盟理事会から出されていた満州からの期限付撤兵要求決議案に対する日本政府の態度について。鈴木貫太郎侍従長の陪聴が許可される。④一〇月二六日　国際連盟理事会において採択された期限付撤兵要求決議案に対する日本政府の声明書について。⑤一一月二一日　国際連盟をめぐる外交の近況について。⑥一二月一一日　国際連盟理事会の経過ならびに決議等について。この後に若槻礼次郎首相から閣員一同の辞表が提出された。

以上の経緯から天皇は、幣原外相が関東軍の謀略と独走を阻止しようと、ワシントン会議で幣原も関与した「中国に関する九ヵ国条約」（中国の主権、独立、領土、行政的保全の尊重を約した）と国際連盟との協力、日中直接交渉の推進を目指した外交理念と実践を知っており、それが幣原の協調外交としてスティムソン国務長官らアメリカ政府にも好感をもたれていたことを十分に認識していたことを知ることができる。

ところで、海軍大将で侍従長であった鈴木貫太郎を天皇との会見に同席させるよう申し出たのは幣原であった。幣原と鈴木のコンビは、鈴木貫太郎が幣原内閣時の枢密院議長となり、憲法九条と日本国憲法の成立に重要な役割を果たすことになるが、本書であらためて後述する。

昭和天皇が幣原喜重郎と政治的関係を持つのは満州事変の一年前、ロンドン海軍軍縮条約の調印と批准をめぐって浜口雄幸首相が右翼に狙撃されて重傷を負い（三〇年一一月一四日）、政党人ではなかった幣原が浜口に懇願されて外務大臣との兼任で内閣総理大臣臨時代理になったときからであった。

写真４　総理大臣臨時代理時代の幣原喜重郎（国立国会図書館「近代日本人の肖像」より）

『昭和天皇実録　第五』には、三〇年（昭和五）一二月一〇日に内閣総理大臣臨時代理幣原喜重郎が天皇に就任の報告をしにきたのを皮切りに、三一年一月四日、一月一六日、三月九日に、幣原は総理大臣臨時代理として天皇に内閣政治の上奏（報告）をしていたことが記されている。三月九日に、総理大臣臨時代理の任を解かれた幣原は外相として天皇に謁見し、一〇日にはロンドン海軍軍縮条約の批准の報告をしたが、そのとき「幣原の願い出により、特に侍従長鈴木貫太郎が侍立する」と記されている。[21] 前述した幣原喜重郎と鈴木貫太郎との信頼関係が築かれていたことを思わせる。

以上、昭和天皇がマッカーサー総司令官以下アメリカ政府と連合国の対日占領政策に対応できるのは、幣原喜重郎をおいて他にいないと判断して、前述のように幣原に首相就任を懇請した事情が理解できよう。

3　幣原内閣の組閣と政府の二重構造

天皇の強い懇請を受けて急遽首班となった幣原は、吉田茂を外相に留任させ、外務大臣官邸に本部を設けて組閣人事を進めた。長いこと政局を離れていたので、どういう人がどういうポストに相応しいのか、さっぱり見当がつかないほどであった。一〇月七日、天皇も幣原の組閣進捗が気になり、しばしば入江相政《すけまさ》侍従らを通じて木戸幸一内大臣に確認していた[22]。

幣原は吉田外相の協力を得ながら、大命を受けてから三日後の一〇月九日に、日本の憲政史上第四四代となる幣原喜重郎内閣を発足させた。

一〇月九日、幣原喜重郎は皇居を訪れ、表拝謁ノ間において天皇に謁見を賜り、内閣閣員名簿を捧呈、ついで天皇は木戸内大臣をお召しになり、親任式をおこない、男爵幣原喜重郎を内閣総理大臣に任命した[23]。

一〇月一二日、天皇は御文庫において内閣総理大臣に謁を賜い、一般政務につき奏上を受けられた[24]。

以上、『昭和天皇実録』の用語を使って、天皇が幣原に組閣の大命を下し、皇居に呼んで、親任式をおこなったことを述べた。それは、幣原が大日本帝国憲法に則って、元首である天皇の政治を「輔弼」するための総理大臣に「親任」されたことを確認するためであった。日本国

朝日新聞

公明な政治と外交
世界文運に寄與
首相、施政の大本を明示

一、民主主義政治の確立

二、食糧問題の解決

三、復員問題

四、失業問題

米内海相は留

豊田大將の？

聯合國側の意向打診

きのふ親任式

幣原内閣の閣僚顔合せ

新聞２　幣原内閣誕生を報じる『朝日新聞』（1945年10月10日付）。写真の背景に焼かれた木が立ち、手前に米軍MPの軍帽が写っている

憲法が制定されるまでは、幣原総理大臣は天皇を「輔弼」する任務を負っていたのである。

幣原は、さっそく一〇月一二日に皇居を訪問して天皇に一般政務について奏上している。『昭和天皇実録』には、その後、幣原が総理大臣として頻繁に皇居の御文庫を訪れ、天皇にそのつど政務報告をし、御下問を受けたことが記されている。皇居の御文庫とは、アジア太平洋戦争中に完成した防空施設で、地上一階、地下二階からなるコンクリート製の堅牢な建物で、戦争末期の一九四四（昭和一九）年一二月一四日から一九六一年一二月七日までの一七年間、天皇皇后の住まいとなった。この御文庫の「御政務室」が天皇の書斎を兼ね、内大臣や宮内大臣などの側近が拝謁するときに使用された。

幣原が総理大臣として天皇を「輔弼」する

関係と慣習については、前述した一九三〇年、三一年に内閣総理大臣臨時代理ならびに外務大臣として、まだ若かった昭和天皇に何度も会見しているので、大日本帝国時代の旧習を踏襲することに躊躇はなかったと思われる。

幣原首相は、内閣を発足させた翌々一一日、首相新任の挨拶のため、マッカーサーを訪問した。マッカーサーは幣原とは英語で直接に話せたことから、懸案となっている人権確保のための五大改革を口頭で要求した。五大改革とは、婦人解放、労働組合の結成奨励、学校教育の民主化、秘密審問司法制度撤廃、経済機構の民主化であった。このとき、マッカーサーは、正式に憲法改正を考慮すべき旨を要求した。[25] このことについてはあらためて後述する。

幣原内閣は発足当初からマッカーサーから矢継ぎ早に改革要求を指令されてこれに対応を迫られ、一〇月一三日には、国防保安法、軍機保護法、言論出版集会結社など臨時取締法などの廃止を「ポツダム勅令」で公布、さらに一〇月一五日には、おなじく「ポツダム勅令」で治安維持法、思想犯保護観察法などの廃止を公布するという慌ただしさであった。

マッカーサーとGHQは、占領当初、日本の非軍国主義化、民主主義化のために「指令」「覚書」などの形式でその政策を日本政府に強制したが、間接占領方式をとったため、日本政府をつうじて政策を実施させる必要があった。議会審議を経ないで日本政府の緊急命令として公布させたのが「ポツダム勅令」である。

日本側は連合国軍最高司令官司令部（GHQ／SCAP：the Supreme Commander for the Allied

Powers）が東京に設置される（四五年一〇月二日）前の九月二〇日、天皇臨席の枢密院会議で決定した「ポツダム宣言の受諾に伴い発する命令に関する件」と題する緊急勅令五四二号を公布・施行していた。同勅令は「政府はポツダム宣言の受諾に伴い、連合国最高司令官の為す要求に係わる事項を実施する為特に必要ある場合においては命令をもって所要の定めをなし、及び必要なる罰則を設くることを得」というものであった。日本国憲法が施行されるまでは勅令として「ポツダム勅令」といわれ、以後は政令となったので「ポツダム政令」といわれた。

一〇月九日に発足した幣原喜重郎内閣は、マッカーサーとGHQからつぎつぎ出される民主改革の指令にもとづき、それに対応した「ポツダム勅令」の公布と改革の実施にてんてこ舞いとなった。治安警察法も一一月二一日に「ポツダム勅令」で廃止された。大規模におこなわれた公職追放も、四六年一月四日のGHQ公職追放の指令にもとづき、具体的措置は、当時の幣原喜重郎内閣が「ポツダム勅令」により実施した。「ポツダム命令」と総称される「ポツダム勅令」「ポツダム政令」は新憲法下でも継承され、占領終了までに五三〇件を数えた。

憲法九条の発案者は誰かという本書の課題、さらに日本国憲法草案はどのように作成されたのかを究明するうえで重要なのは、幣原内閣は、マッカーサー・GHQの間接統治方式による二重構造の政府であったことである。幣原内閣は、連合国軍としてのアメリカ占領軍のもと、マッカーサー・GHQの占領政策を絶対のものとして受容して「ポツダム勅令」を実施した政府であった。米軍占領下の「表の政府」といえばわかりやすい。

これにたいし、幣原首相が、大日本帝国憲法に従い、「国の元首にして統治権を総攬」する天皇の大命を受けて内閣総理大臣に就任し、旧来どおり、天皇を「元首」としてその「輔弼」をする役目を果たすべく、天皇に政治状況や政務について上奏（報告）し、天皇の御下問を受け、その裁可も受けていたのである。こうした大日本帝国憲法にもとづいた幣原内閣は、天皇を戦争犯罪人として東京裁判にかけるべきだとする連合国もあったことを考えると、国際的には公にできない「裏の政府」といえた。宮内庁が天皇への内奏、上奏の内容にかかわる記録は公開していないので[26]、天皇が幣原内閣の政治にどのような影響を与えたのか、その実態はわからない。

たとえば、さきのGHQの公職追放令をめぐって幣原内閣は次のような「表の政府」と「裏の政府」の様相をみせた。天皇は、公職追放令にたいして藤田尚徳侍従長に「随分と厳しい残酷なものだね、これを、この通りに実行したら、いままで国のために忠実に働いてきた官吏その他も、生活できなくなるのではないか。藤田に聞くが、これは私にも退位せよというナゾではないだろうか」「マッカーサー元帥が、どう考えているか、幣原総理大臣に聞かせてみようか」と天皇は思いつめた表情で尋ねたという[27]。幣原首相は、吉田外相を通じてGHQに、パージ（追放）の範囲や例外措置があるのかなどについて打診させたが、GHQの返事は、「元帥は指令の忠実な履行を期待している」と、にべもないものであった。宮中は戦犯問題に加えて退位問題という新たな心配事をかかえることになったのであった。[28]

幣原内閣の「表」と「裏」の二重構造は、たとえば、日本の陸海軍の解体については、陸軍参謀本部や海軍軍令部が廃止され、陸軍省と海軍省も廃止されたのにともない、陸軍大臣下村定《さだむ》と海軍大臣米内光政は失職し（四五年一二月一日）、同日、すべての軍組織を解き、軍人軍属を除隊、帰郷させ、その生活援護の処置をとるため、第一復員省（陸軍関係）と第二復員省（海軍関係）が発足、両復員大臣は総理大臣の幣原喜重郎が兼務した。戦後改革と民主化政策の進展にともなって、幣原内閣の行政機構や役割も構造的に変容していったので、二重政府構造は流動的であり、その分析は複雑である。さらに記録資料が多く公開されていないために、分析は容易ではない。

幣原内閣が政府として二重構造を持っていたことから、幣原首相は閣議（表）と天皇（裏）にたいしてダブルスタンダードの対応をして、本書の「はじめに」に記したように「大芝居を打っていた」のである。このことについては本書で明らかにしていくように、憲法九条さらに日本国憲法草案の作成をめぐる幣原首相と天皇との「裏の政府」における関係について考察していくことが不可欠である。ただし、公開できない側面を持っていたため記録に欠けるので、本書のように傍証史料に依拠せざるを得ないことも指摘しておきたい。

４　近衛文麿の帝国憲法改正着手

（１）天皇の憲法改正問題の指示

『昭和天皇実録　第九』に、四五年九月二一日、天皇が御文庫に木戸幸一内大臣を召して話をした後に木戸が松平康昌内大臣秘書官長に憲法改正問題について調査を依頼した、と記されている。[29]天皇と木戸との話のなかで、天皇から、マッカーサーとの会見を控えて、ポツダム宣言を履行するためにも、大日本帝国憲法の改正に早期に着手する必要があるという結論になった結果と思われる。敗戦後の日本で、大日本帝国憲法の改正に動き出したのは、天皇が最初のように思える。

ポツダム宣言に「国体護持」の道があることを確信して「聖断」を下した昭和天皇は、民主化された日本国民が「現在の皇統の下の立憲君主制」を支持するような日本社会にするためには、大日本帝国憲法は大きな障害となることを認識し、憲法改正問題の調査を開始させたと思われる。さらに天皇は、アメリカ占領軍の進駐を迎え、マッカーサー連合国軍最高司令官の下に占領政策が開始された状況になっては、天皇を日本国の元首とし、陸海軍を統帥する元帥と規定する帝国憲法は国際社会には通用しないことを痛感したと思われる。
天皇が憲法改正に動き出したのは、帝国憲法においては、憲法改正の発議は天皇の「勅命」による（第七三条）と規定されており、憲法改正の大権は天皇にあったからである。

（2）近衛文麿・マッカーサー会見の「誤訳」「誤解」問題

東久邇宮内閣の国務大臣（無任所・副首相相当）であった近衛文麿が、天皇のマッカーサー会見よりも早く、九月一三日にマッカーサーを訪問したことは前述した。近衛は天皇・マッカーサー会見のあと、一〇月四日にマッカーサーを訪問し、二度目の会談をおこなった。会談にはサザランド参謀長とアチソン政治顧問が同席した。通訳は外務省情報局の奥村勝蔵がつとめた。一時間半におよんだ会談で、近衛が大半を一方的に語り、軍閥と極端な国家主義者と共産主義者の結託が日本に破局の戦争をもたらしたと説明した。そして、現在一挙に軍閥、国家主義者、封建的勢力を除去すれば、左派勢力が跋扈《ばっこ》して日本は容易に「赤化」するであろうから、旧勢力を残存させながら漸進的な「デモクラシー」の建設が必要であると力説した。

近衛の一方的な話にマッカーサーが日本の共産主義運動について質問するかたちで話が進んで一段落したあと、最後に近衛がマッカーサーに次のような質問をし、それにマッカーサーが応答した。このことがマッカーサーが近衛に憲法改正案の作成を示唆したのかどうか、通訳の

「誤訳」問題になるので、抜粋して紹介する。なお通訳は、外務省情報局の奥村がつとめたので、会見記録のほぼ全文が『日本外交文書』に収録されている。[30]

【近衛】政府の組織および議会の構成につき、何かご意見なりご指示があれば承り度。

【マ】（決然たる口調をもって）

第一、憲法は改正を要する。改正して自由主義的要素を十分取り入れなければならない。

第二、議会は反動的である。議会を解散しても現在の選挙法の下では顔触は変わろうが同じ「タイプ」の人間が出て来るであろう。これを避けるためには、選挙権を拡張しなければならない。それには

第一、家庭、婦人参政権を認めること。

第二、労務、物を生産する労働者の権利を認めることである。

【近衛】手続きの問題であるが、選挙法の改正には議会の同意を必要とする。そのためには議会を握る必要があるのであるが（後略）。

【マ】自分は日本の憲法ないし法律上のことはよく知らない。ただ日本に戦争に乗出さした権力ありとすれば、この種の問題を解決する措置を講ずべき権力もあるべきだろうと考える（後略）。

【近衛】私としては種々の事情によって、思ったことを十分成し遂げ得なかったのである

が、今後は元帥の激励と助言とにより、国家のため出来得る限り御奉公したい考えである。

【マ】それはまことに結構である。公はいわゆる封建的勢力の出身ではあるが、「コスモポリタン」で世界の事情にも通じておられる。また公はまだお若い、敢然として指導の陣頭に立たれよ。もし公がその廻りに自由主義的分子を糾合して憲法改正に関する提案を天下に公表せらるるならば、議会もこれに蹤《つ》いて来ることと思う。

【アチソン】（マックアーサーに向かい）選挙法の改正は「ナチ」的色彩を脱却せしめ、何人をも自由に選挙せしめるようにすれば如何かと思うが。

【近衛】今後この種の問題につき、常時ご指示を仰ぎたいと考えるが、元帥はご繁忙であろうし、誰か他の方々とでも何等か定期的に話合いをすることができれば結構であるが。

【マ】吾々は何時でも喜んで御話をする。


筆者は、前掲拙著『憲法九条と幣原喜重郎』において、近衛がマッカーサーとの会見で、憲法改正に取り組むように激励を受けたと書いたが、それは誤りで、近衛がマッカーサーから憲法改正の示唆を受けたというのは通訳の奥村勝蔵の誤訳と近衛の誤解の二つがあったと改めたい。

誤訳の問題は、会見に同席したジョージ・アチソンからトルーマン宛に送られた書簡（四五年一一月五日付）に次のように書かれていた。[31]

一一月［一〇月の誤記―引用者］四日、彼［近衛］が彼自身のほうから進んでマッカーサー元帥を訪ねたおり、私は同席いたしました。元帥は政府の「行政機構」を改革すべきであると述べましたが、近衛の通訳は、（後日、その通訳が私にはっきり言ったところによれば）適切な日本語訳を思いつかなかったので、頭に浮かんだ唯一のことば――「憲法を改正すべきである」という訳――で片づけてしまいました。三日後に近衛は私の所へやってきて、憲法改正についての「助言と示唆」を求めました。そこで私は、憲法について私が考えている問題点を概括的に彼と彼の同伴者に伝えました。その直後に、彼はその件について研究するための指名を天皇から受けたのであります。

このとき、通訳をしていた奥村勝蔵が一九六五年に「近衛公爵とマッカーサー元帥」と題した回想記を書き、このときのことを書いている。[32]

外交官である奥村はジョージ・アチソンとは旧知の間柄であった。筆者は日本軍が一九三七年一二月一二日に南京を占領したとき、南京から避難するアメリカ砲艦パナイ号を海軍航空機が爆沈させたパナイ号事件について『日中全面戦争と海軍――パナイ号事件の真相』（青木書店、一九九七年）を書いた。南京アメリカ大使館員であったアチソンは撃沈されたパナイ号に乗船していたのである。[33] 奥村はちょうど南京日本大使館員でパナイ号事件の処理にあたった。さらに奥村は、一九四一年に日米交渉をおこなった野村吉三郎駐米大使の随員として、国務省極東部にいたアチソンと頻繁に会っていたのである。

そうした旧知の間柄であるアチソンが、後日通訳の翻訳を不審に思って、奥村に確認したところ「行政機構改革」の日本語が思いつかずにとっさに「憲法改正」と訳したと奥村がはっきりと言ったというのは、事実であろう。

外務省記録によれば、会談中にマッカーサーは「憲法改正」について二度言及している。最初が、近衛が「政府の組織および議会の構成につき、何かご意見なり御指示があれば承り度」と質問したのにたいして、マッカーサーは「第一、憲法は改正を要する」と答えている。つぎは会談の最後に近衛が今後はマッカーサーの激励と助言とにより国家のために奉仕したいと決意を述べたのにたいして、マッカーサーが「もし公がその廻りに自由主義的分子を糾合して憲法改正に関する提案を天下に公表せらるるならば、議会もこれに蹤《つ》いて来ることと思う」と言ったとなっている。

アチソンが誤訳と言っているのは、会談の最後にマッカーサーが近衛にたいして「『行政機構の改正』に関する提案を公表すれば、議会もこれに蹤いて来ることと思う」と言ったのに、奥村が、「憲法改正に関する提案」と誤訳したということである。

近衛とマッカーサーの最後の会話のやりとりは、近衛が大日本帝国憲法の憲法改正は天皇が勅命で発議し、それを帝国議会が承認すれば改正が実現するので、そのための帝国議会の構成の改正を問題にして、議員を選出する選挙法の問題に話が集中したのであった。そしてマッカーサーが近衛に「行政機構の改正」の提案を公表すれば、議会も「蹤《つ》いて来る」と言ったとすれば、話の辻褄が合う。マッカーサーから何か意見があるか促されて、アチソンはナチ的色彩を脱却した選挙法改正を提言している。マッカーサーが「行政機構の改正」の提案の公表を近衛に示唆したので、アチソンはそれを補足したと理解すれば、話の筋は合っている。

それなのに、近衛がＡＰ記者とのインタビューで「憲法改正」を示唆されたと公言しているので、アチソンはそのような会話はなかったと不審に思って、奥村に誤訳でないかと確認し、奥村も自分の誤訳であったと認めたのであった。考えられるのは、マッカーサーが the government constitution あるいは the government structure の改正と言ったのを「憲法改正」と誤訳したのではないかということである。

さきの奥村の回想に、帰りの車のなかで、近衛が奥村に「今日はえらいことを言われたね」と言ったのにたいして、「私は、『はあ』と生半可な返事をしたが、会談の終わりの方のことを、急いで想い出していた」と書かれている。[34]

マッカーサーとの会談で憲法改正を示唆されたと思った近衛は、マッカーサーの励ましの言葉に深く満足したのにたいして、奥村はマッカーサーが近衛に「憲法改正」を示唆したような雰囲気には思えなかったので、「はあ」と生半可に返事をしたのであろう。

奥村の回想には、「誤解を生んだ二つの論拠」として、マッカーサーが日本政府にたいして憲法改正の必要を提言したのに近衛は自分に言われたものと「誤解」したのだと、マッカーサー司令部が近衛の憲法改正に関する役割を否定した声明（後述）にたいする近衛の談話を紹介しているが、二つ目の「論拠」の自分の「誤訳」については書いていない。

奥村の回想を読むと、近衛とマッカーサーの会談は、近衛が大半をしゃべりまくり、ギクシャクした空々しい雰囲気であったことが書かれていて、マッカーサーが近衛に憲法改正を示唆し、激励したようにはとれない。

マッカーサーとの会談において近衛がマッカーサーの発言を誤解したことは、マッカーサー・GHQから一一月一日に声明として公表された。内容はあらためて述べるが、最初にマッカーサーが「第一、憲法は改正を要する」と言ったのは、会談のとき、近衛は東久邇宮内閣の国務大臣で副首相だったので、日本政府にたいする提言として述べたもので、近衛個人にたいして提言したものではない、したがって、東久邇宮内閣が総辞職した後は、近衛との関係はなくなったという内容だった。

近衛がマッカーサーとの会談で憲法改正の示唆を受けたというのは通訳の「誤訳」であったかどうかをめぐって、論争になってきたが、筆者は通訳の「誤訳」と近衛の「誤解」の二つあったというのが事実だと考えている。[35]

5　天皇の「大権」による内大臣府の帝国憲法改正の頓挫

近衛は一〇月八日、木戸内大臣を訪問して、マッカーサーとの会談で、憲法改正の提案を公表するよう示唆を受け、同日にはGHQ政治顧問のアチソンと面談してきたことを報告した。そしてこのまま時間が過ぎれば司令部から憲法改正案を突きつけられる恐れがあり、そうなる前に内大臣府による憲法改正を速やかに進める必要があることを強調した。木戸も問題の緊急性に同意した。

木戸内大臣は一〇月一〇日に天皇からさきに憲法改正問題の調査の経緯を問われたので、近衛に憲法改正の調査を任命するよう提案して天皇の同意を得た。天皇はこの日、一般政務を奏上にきた幣原首相にたいして、近衛文麿に憲法改正の下準備を命じる旨を告げた。[36]

翌一〇月一一日、天皇は近衛にたいして「ポツダム宣言の受諾に伴う大日本帝国憲法改正の要否、および仮に改正の要ありとすればその範囲等につき、調査を御下命」になり、近衛を内大臣府御用掛に任命、特に親任官の待遇を与えた。近衛への人事発令は翌日の新聞に掲載された。近衛は一三日には、京都帝大法科を卒業して、戦前、京都帝大教授、立命館大学総長、帝国学士院会員を歴任した憲法学者の佐々木惣一を内大臣府御用掛に任命させ、本格的に憲法改正草案の作成作業を開始した。[37]

天皇が木戸内大臣の献言も受けて近衛を内大臣府御用掛に任命し、大日本帝国憲法改正の作業を開始させたのは、これまで述べてきたように、天皇は早くからそれを望んでいたからであった。

大日本帝国憲法には憲法改正の大権は天皇にあることが規定されていた。「将来此の憲法の条項を改正するの必要あるときは勅命を以て議案を帝国議会の議に付すべし」（第七三条）となっていた。「勅命」とは「天皇の特別な命令」の意味であるが、天皇から憲法改正議案を帝国議会にかけることになるので、その改正案は内大臣が統括する内大臣府において作成させることになる。

戦前からの継続である第八八回帝国議会（貴族院と衆議院）が九月四日にすでに開院されているので（本書六六頁）、帝国憲法改正案を次回の帝国議会の審議にかければよい、と、天皇は考えていたように思われる。

いっぽうで、前述のように、一〇月一一日にマッカーサーとの初会見の場で憲法改正を示唆された幣原首相は、一三日の臨時閣議で、憲法改正の発言をした松本烝治国務大臣を主任にあてて、憲法改正に関する研究を始めることとし、一〇月二五日に松本を委員長とする憲法問題調査委員会を内閣に設置した。

ここに、大日本帝国憲法改正をめぐって、二つの組織が作業を開始したのである。一つが天皇の常侍（常に側近にあって奉仕する）輔弼機関である宮中の内大臣府に置かれた内大臣府御用掛の近衛のグループであり、一つは幣原内閣に設置された憲法問題調査委員会である。

近衛はその後、憲法学者の佐々木惣一や美濃部達吉およびアメリカ研究者の高木八尺《やさか》、ジャーナリストの松本重治らと憲法改正の仕事にあたり、近衛その他の関係者が常にアチソンらと緊密な連絡をとり、たびたび先方の意見を打診しながら、立案を進めた。

近衛としては、自分がマッカーサー・GHQからの示唆を受け、天皇から内大臣府御用掛に任命されて憲法改正に取り組んでいることをアピールしようとする意図もあって、一〇月二一日にアメリカのAP通信東京特派員の取材に応じた。アメリカで報道された記事は、「近衛公、憲法改正を語る　米記者と再び会見　草案十一月中に完成　皇室典範も改正へ」と題して『朝日新聞』（一〇月二三日）に次のように報道された。

元帥は「四日の会見において」日本憲法を自由主義化する必要のあることをはっきりと言明し、自分にその運動の先導をなすよう示唆した。自分は憲法改正は天皇陛下の御発意によってのみ行い得る旨を答えたが、元帥の意志を陛下にお伝えすることを約束した。そしてこのことをご報告申し上げたら、陛下は自分に憲法改正に着手せよと命ぜられ、自分は内大臣御用掛を拝命した。改正草案は十一月中に完成したいと思っている。米軍当局には随時詳細にわたって報告されよう。マ元帥からは特殊の問題はすべて最高司令官自身へ持ってくるよう要求されている。

かくの如くであるから、草案を天皇陛下に奉呈し、また議会に提出するに先立って米軍の承認を求めることになる。

近衛の発言から、天皇も近衛も大日本帝国憲法の規定（第七三条）にある天皇の憲法改正の「大権」によって帝国憲法を改正しようとしていたのがわかる。

新聞報道の結果、近衛はたちまち強い批判に晒されることになった。とくに、近衛が内大臣府御用掛として着手した憲法改正作業は、幣原内閣側がおこなっている憲法改正作業と重なることに批判が集中した。

一〇月二三日の新聞報道を知った天皇は、二四日に木戸内大臣を呼び、憲法問題について報告をさせた。近衛は緊急対応として幣原内閣の憲法改正担当国務大臣の松本烝治と会談して、幣原内閣と協力する旨を伝えたうえで、新聞掲載記事の訂正を報道させることにしたと木戸内大臣に報告した。

いっぽう、木戸内大臣からは、憲法問題に関する手記が近衛に手交された。手記には「憲法改正問題が図らずも政治問題となり、内大臣府と内閣と別個に調査を進めるが如き印象を世上に与えていることは非常に遺憾にして、現状のまま推移すれば、あるいは帝国議会等において問題となり、政治運営上円滑を欠く恐れあり、（中略）内大臣府としては憲法改正の必要とその大綱を奉答（天皇へお答え申し上げる）し、なおその細目については内閣において慎重に調査を進めるよう（天皇に）御下命を願う」旨の意見が記載されていた。[38] 内大臣府が内閣と別に憲法改正に取り組んでいることが世上の批判をあびたことへの対応であった。

近衛はその日二四日に霞山会館で内閣記者団と会見し、昨日の新聞掲載の自分の談話の訂正を四点にわたって発表し、翌日、以下のような近衛声明の要旨が掲載された。[39]

①天皇が自分に憲法改正に着手せよと仰せられたとあるが、事実は天皇が憲法改正の要否、また改正するとすればその範囲如何等の点につき準備調査を御下命になられたのである。

②改正草案は一一月中に完成したいとあるが、必ずしも改正草案という形式ではなく、御下命への奉答という意味である。

③帝国議会への提出前に米軍の承認を求めるとあるが、これは非公式に米国側の意向も参酌するという意味である。

④改正皇室典範について（後略）。

近衛文麿がAP通信記者と会見して、憲法改正について話した記事がアメリカで報道されると、たちまち反発と批判がおこった。『ニューヨーク・タイムズ』（一九四五年一〇月二六日）に、「日本に見られる誤った動き——公爵・近衛を憲法起草の首班に指名することへの批判」と題して、ナサニエル・ペッファーという読者の投書が掲載された。投書は「公爵・近衛のような人間に、日本の新しい憲法の起草を統括させ、将来の日本を設計させることを許すことは……近衛にわれわれの公式の承認を与えてしまうことになり、そんなことは滑稽（grotesque）だ」という厳しいものだった。これを受けて『ニューヨーク・タイムズ』は同日に「日本の憲法」と題して、近衛を批判する社説を掲載した。[40]

マッカーサーにとっては、欧米のマスコミが、マッカーサーが近衛のような旧勢力に依拠して憲法改正をしようとしていることを批判し、さらにはマッカーサーが天皇や官僚、財界、一部の軍人にさえ依存していては、日本の民主化は無理であろうなどと報道したことへの懸念が大きかった。[41]

このような世論の近衛批判の高まりを考慮してか、一一月一日夜、マッカーサー司令部のスポークスマンはステートメントを発表し、それは「憲法改正における近衛公の役割否定　マ元帥代弁者言明　公を支持せず」と題して『朝日新聞』（一一月三日）に次のように報じられた。

近衛公が日本憲法改正に演じている役割に対し重大な誤解が存在している模様である。近衛公は連合軍当局によって、この目的のために専任されたのではない。東久邇宮内閣総辞職前に近衛公は首相の代理としての資格において、日本政府は憲法を改正することを要求されるであろう旨通達されたのである。その翌日東久邇宮内閣は総辞職し、本件に関する同公と連合軍当局との関係はこれをもって終焉した。

連合軍最高司令官は幣原新首相に対し、憲法改正に関する総司令部の命令を伝えた。本問題に対する近衛公のその後の関係はまったく皇室との関係にとどまり、連合軍総司令部は同公を全く支持していない。日本政府は本問題に対する準備的調査を進めており、近日中にその全貌が日本国民に発表されるはずで、日本国民はその上で如何なる改正の形式を採択するかということを決定する前にこれを徹底的に論議し得るわけである。

右のGHQのステートメントは、近衛とマッカーサーの会見で、マッカーサーが「第一、憲法は改正を要する」と言ったのは近衛が国務大臣であった東久邇宮内閣の日本政府にたいしてであって、その後東久邇宮内閣の総辞職によって、近衛との関係も切れたと断言している。これによって近衛の「誤解」は明確にされた。

いっぽう、天皇も米メディアの近衛の憲法改正への関与にたいする批判を短波放送で知り、一一月二日に木下道雄侍従次長を呼び、「米国の短波より察するに、皇室に政治的権力があるらしく見ゆるは不得策なり。昨夜より色々考うるに内大臣府は廃止する方よろし」と述べている[42]。

アメリカに皇室の政治的権力が機能していると報道されたことに危惧の念を抱いた天皇の判断により、内大臣府は廃止されることになり、一一月二四日に皇室令をもって宮内省官制が改正され、内大臣府官制廃止が公布され、即日施行された。この結果、木戸幸一内大臣も退官することになった。[43]

木戸幸一は一九四〇年六月に内大臣に就任するとすぐに内大臣が主導する後継内閣首班（首相）を選定する重臣会議を設置、以後、第二次近衛内閣から、戦後の幣原喜重郎内閣まで、木戸が首相選定にかかわってきた。その意味で、内大臣府の廃止は、戦前から戦後もつづいた天皇側近政治の一つの終焉を意味した。天皇にとっては、「ポツダム宣言体制」ともいえるアメリカ軍占領下の戦後改革、民主化に適応して国体（天皇制）を護持するための英断であったといえる。以後、内大臣に代わって、侍従長が天皇に常侍奉仕する側近として、天皇の相談役ともなって、首相や大臣の上奏書を奉呈し裁可を奉請することになった。本書が傍証史料として侍従長、侍従次長らの日誌、回想類を多用するのは、この理由による。

内大臣府の廃止が決まると、近衛も内大臣府御用掛退官となるので、廃止二日前の一一月二二日、近衛は御文庫において天皇に会見、一〇月一一日の憲法改正の要否に関する御下問（本書一〇一頁）への奉答として「帝国憲法の改正に関し考査して得たる結果の要綱」を提出した。

要綱では「第一　帝国憲法改正の必要の有無」において「我国今回の敗戦に鑑み国家将来の建設に資するがために帝国憲法改正をなすの要あり」とし、「第二　帝国憲法改正の要点」として、（1）天皇統治権を行うは万民の翼賛による旨を特に明らかにす、（2）軍の統帥権および編成も国務なることを特に明らかにす（3）臣民の自由を尊重する、など立憲君主制として天皇制を継続しながら、大幅に天皇の権限を弱めたものになっていた。帝国憲法にはなかった内閣総理大臣の役割と権限を明確に規定するようになっていたことにも注目される[44]。

つづいて、憲法改正草案を作成していた佐々木惣一が、内大臣府御用掛廃職の日の午前に天皇に謁見して、「帝国憲法改正の必要」と題する、帝国憲法改正草案を奉呈、一時間半にわたって進講をおこなった[45]。後述するように、幣原内閣の憲法問題調査委員会委員長の松本烝治が天皇に改正私案を奉呈したときに（四六年一月七日）、天皇から参考にするようにと佐々木惣一の文書と改正条項が渡されたので、佐々木の改正草案についてはそのときに言及する。

近衛が内大臣府御用掛として憲法改正にかかわっていることや近衛が新党創立に参加する準備をしていることなどが報道されると、世上で近衛の戦争責任を問う声が高まった。第八九回臨時帝国議会（四五年一一月二八日）において、戦時中「反軍演説[46]」をして議員を除名された齋藤隆夫議員（日本進歩党）が質問演説に立ち「此の戦争を惹起した所の根本責任は近衛公爵と東条大将、此の両人であると云うについて、天下に異論ある筈はないのであります」と東条とならべて近衛を糾弾すると、議場のあちこちから拍手が巻き起こった。つづいて齋藤隆夫は、近衛が「支那事変を起こし」、日独伊三国軍事同盟を締結し、「日米交渉の失敗」により日本を大東亜戦争にいたらしめた近衛の戦争責任を厳しく追及した[47]。

マッカーサーとGHQによる占領政策はさらに進展し、一一月三〇日に陸軍省、海軍省が廃止され、参謀本部条例、軍令部令、元帥府条例などが廃止された。

同日、天皇は幣原首相と謁見して一時間にわたって内奏（事前報告）を受けたのち、「帝国議会が自らその威厳を失う如きことを行わないよう諭される」。[48]

翌一二月一日、廃止された陸軍省と海軍省に代わって第一復員省、第二復員省が発足し、幣原内閣総理大臣が両復員省大臣を兼任することになり、その親任式が表拝謁ノ間で挙行された。天皇は陸軍略装で式に臨み、幣原に第一復員大臣・第二復員大臣を兼任することを命じた。[49]

右に記したような天皇と幣原首相の関係、とくに天皇が幣原首相を「諭《さと》される」とあり、さらに天皇が陸軍略装で離任と任命の式に臨んでいるのは、前述した二重政府構造であった幣原内閣の「裏の政府」の側面を見ることができよう。

四五年一一月二〇日にドイツの主要戦争犯罪人を裁いたニュルンベルク国際軍事裁判が開始されると、日本でも東京国際軍事裁判（東京裁判）の開催を見通した戦争犯罪人の逮捕が進展した。一二月二日には皇族の梨本宮守正王、元首相平沼騏一郎、元首相広田弘毅ら五九人、一二月六日には近衛文麿、内大臣木戸幸一ら九人に逮捕令が出された。

天皇にとって、皇族軍人で陸軍大将、元帥であった梨本宮守正王の逮捕は、衝撃であった。天皇の意思もはたらいたと思われるが、吉田外相をGHQに行かせ、戦争犯罪人の名簿から梨本宮の名前を削除するよう交渉させた。しかし、連合国軍側が決定したことで、削除はできないと対応された。[50] 天皇は梨本宮の逮捕について不満を表明、「米国の戦犯容疑者指定方針の不合理を指摘」している。[51]

戦争犯罪人の逮捕が皇族軍人にまで及んだのに衝撃を受けて天皇は、一二月四日、木下道雄侍従次長を相手に戦争責任者について、一時間にわたって話をしている。このとき、木下は「改正憲法について、条文中に、天皇は世界平和の確立、人類福祉の増進を期することを挿入するを可とせずや」と申し上げたところ、天皇は「それは上諭文に入るれば格別、条項に中に入るればかえって問題を惹起するにいたらん」と答えている。[52]

五年六カ月にわたり内大臣をつとめ、天皇の第一の側近として戦争指導にもかかわってきた木戸幸一の逮捕は天皇にとっては大きな衝撃であったことは想像に難くない。一二月一〇日に木戸と会見した天皇は、「今回は気の毒であるが、健康に留意し、朕の心境を十分に説明してもらいたき旨の御言葉を賜う」ている。「朕の心境を十分に説明してもらいたい」というのは、天皇免責に有利な証言をしてくれるようにとのことであり、木戸が自分の無罪を証言することと重なっていた。同日、天皇は藤田尚徳侍従長に「(木戸は) 米国より見れば戦争犯罪人ならんも、我が国にとっては功労者」であると述べている。[53]

いっぽう、木戸とともに逮捕状が発令された近衛は、「いわゆる戦争犯罪人として、米国の法廷において裁判を受けることは耐え難いことである」と巣鴨拘置所に出頭が命じられた一二月一六日の明け方、青酸カリによる服毒自殺をとげた。享年五五歳であった。

本章で述べてきたように、天皇は早くから大日本帝国憲法の改正を望み、木戸幸一内大臣に命じて近衛文麿を内大臣府御用掛に任命し、帝国憲法に規定された天皇の大権による憲法改正作業を進めようとしたが、木戸と近衛に戦争犯罪人として逮捕状が出されたことによって、完全に頓挫した。残されたのは、幣原内閣による帝国憲法改正の作業であった。

本章の最後に、幣原内閣による帝国憲法改正、つまり日本国憲法草案決定に憲法九条もふくめて重要な布石が打たれたことを指摘しておきたい。

戦争犯罪人として逮捕された枢密院議長平沼騏一郎が辞表を提出したため（一二月一二日）、一二月一五日、幣原首相は、鈴木貫太郎を内大臣室に呼び出して、枢密院議長就任を依頼して承諾を得た。天皇の意思もはたらいていたと思われるが、同日、表拝謁ノ間において鈴木貫太郎の枢密院議長親任式がおこなわれた。[54]

枢密院は、大日本帝国憲法下の天皇の最高諮問機関であり、議会の貴族院と衆議院とは別に設置されていた。大日本帝国憲法や皇室典範の草案審議にあたったが、憲法では、「枢密顧問は……天皇の諮詢に応え重要の国務を審議す」（第五六条）と規定され、諮問事項には憲法の条項または憲法に付属する法律・勅令に関する事項、戒厳令などの勅令、条約などもあった。

戦前の幣原外交時代に形成された幣原、鈴木のコンビ（本書八六頁）が、天皇を介在しての幣原首相と鈴木枢密院議長として復活したのである。大日本帝国憲法を改正するためには、最初に枢密院で憲法改正草案すなわち新憲法草案が裁可されなければならなかった。鈴木枢密院議長が憲法九条をふくむ憲法改正草案（日本国憲法）の枢密院裁可を全面的にバックアップしたことは後述する（本書二六〇頁）。

第3章　幣原内閣における憲法改正作業

1 憲法問題調査委員会の発足

天皇が望み、天皇の意を受けて木戸内大臣が動き、近衛がマッカーサーとの会見で憲法改正の示唆を受けたと報告したのを受けて、近衛を内大臣府御用掛に任命、天皇・木戸・近衛ラインで帝国憲法に規定された天皇の「大権」にもとづいて憲法改正を進めようとしたことは、己の戦争責任の自覚のない近衛のスタンドプレーの結果、内外の批判を浴びた。そのため、GHQによる近衛批判のステートメント、さらに木戸と近衛の戦争犯罪人としての逮捕により、完全に頓挫したことは前章で詳述したとおりである。

一一月二四日に内大臣府が廃止された二日後の二六日、天皇は表拝謁ノ間で一時間余にわたり幣原首相から一般政務について奉上を受けた際、近衛文麿が内大臣府御用掛の免官となるにあたって天皇に奉呈した「帝国憲法の改正に関し考察して得たる結果の要綱」を下げ渡し、「首相の考える如くしかるべく取り計らうよう御下命」になった。[1] 天皇からも幣原内閣が帝国憲法改正の作業を進めるように下命がなされたのである。

これにより、マッカーサーが幣原首相に帝国憲法改正を指示し、それがGHQのステートメントにおいても明示され、さらに天皇からも下命されて、幣原内閣による帝国憲法改正へと道は一本化された。

幣原首相は、一〇月一一日にマッカーサーに首相就任の挨拶に行って、憲法改正を考えるよう要求され、一三日の臨時閣議において、憲法改正の発言をした松本烝治国務大臣（無任所大臣）を主任にあてて、憲法問題調査委員会（以下単に調査委員会あるいは松本委員会とも略称する）を設置して憲法改正に関する研究を始めることとした。

松本が臨時閣議において、憲法改正の発言をした動機について、後年、「松本烝治氏に聞く」という聞き取りで松本自身がこう語っている。[2]

松本は最初、幣原内閣の組閣にあたって、吉田茂から農林大臣と商工大臣を兼ねてやってほしいという依頼を受けた。健康上の理由で固辞したところ、吉田から何度も懇望されたので、「何も用のない無任所の国務大臣というものができたようだから、……何もしなくてもいいだろうから、ただオブザーヴァーみたいな意味で」引き受けたのであった。「その時分には私は憲法のことは実はひとつも頭の中になかった」のである。

写真5　松本烝治国務大臣（写真提供：共同通信社）

それが、幣原内閣が発足して閣僚の初会議のとき、松本は「この憲法をどうかしなければならぬのだ、どうしても、少なくとも憲法改正についての準備をやることは幣原内閣の任務だろう」と発言した。「しかしそのことはほかの閣員その他の国務大臣には少し不愉快なことだったように見えて、だれもそれに対して、それはよかろうとか、そうしなければなるまいというようなことは言われなかったので、憲法なんぞ、そういうめんどうなことはやりたくないという考えをみんな持っておられたと思います。私も実はそういうことをやるのが好きでも何でもないんで、しかしどうしても憲法の問題は起こるのだと思って、言った」のであった。

ところが、一〇月一一日の新聞に、内大臣府が近衛公爵に委嘱して憲法改正の草案をつくるということが報道されていた。これにたいして松本は、憲法改正は「最も重要な国務なんだから当然内閣でやるべきことで、内大臣府でそういう国務をやられるということはとんでもないことで、筋違い」であり、閣議において、「ほんとうの改正の事務は内閣でやらなければなるまい」と発言し、誰を主任とするかが問題になったので「私がやってもいいということを申したかもしれない」ということで主任になった。

ただし、松本は調査委員会の発足の時点では、「当時のような人心のまだ非常に安定せざる状態においてほんとうの改正なぞができるわけがないので、調査をするにはなるべく長く、ゆっくりと調査をして、そうして講和がもっと早くできると思っておりましたから、講和でもできてからやる方がほんとうではないか」と思っていたのである。

こうして、一〇月二五日に松本国務大臣を委員長とする憲法問題調査委員会が設置された。委員会は閣議了解として決定された非公式のものであり、別にその組織・権限などについて明文で定めた規定はなかった。幣原首相は、松本委員会に憲法改正草案の調査、検討、作成を任せて、閣議でも本格的に議論をしなかった。

松本烝治国務大臣は一八七七（明治一〇）年生まれで、当時六八歳であった。委員長になったのは、「私は御承知のように私法の方の専門家ですから、公法の方、ことに憲法についてははなはだ知識がなくて、実に任ではないということは自分でも思っておったのですが、しかしまあ比較的に、やはり私がやるほかなかろう、ほかに適任者もいないようだからというので、とうとう私が主任になって調べるようにという話になりまして」ということだった。

しかし、商法学者としての松本の経歴は錚々たるものだった。東京帝国大学法科大学を卒業、東京帝国大学の助教授となり商法を担当、英独仏の三国に留学した後に教授となり、法制局参事官を兼任、大学を辞職して南満州鉄道株式会社（いわゆる満鉄）副総裁となり、ついで山本権兵衛内閣の法制局長官、斎藤実内閣の商工大臣を歴任、また弁護士も開業しながら、日銀参与・理事、多数の会社の取締役などをつとめ、多くの立法にも関与し、数度にわたる商法改正に貢献した。

松本は以上の経歴からわかるように、法律とくに商法の専門家として大変な自信を持っていた。そのため、調査委員会は松本が主役となって発言し、リードする委員会となった。法制局第二部長として調査委員会委員となった佐藤達夫は、松本について、「いったん議論となると、自信満々、かみそりのように鋭い論理を展開され、容易なことでは引っこまれなかった」と書いている。[3]

調査委員会は当時松本が「必ずしも憲法改正を目的とするものではなく、調査の目的は、改正の要否および改正の必要があるとすればその諸点を明らかにするにある。そして、もし、改正案の作成を必要とする時期が来た場合には、多少なりともその役に立ち得るようにしたい」と語っていたように、松本もその後の展開のように、日程に追われて憲法改正草案を作成することになるとは、予想していなかった。[4]

憲法問題調査委員会は一〇月二七日に総会を開き、活動を開始する。最初の委員会の構成は、次のとおりであった。

委員長　松本烝治（国務大臣）
顧問　清水澄（帝国学士院会員）、美濃部達吉（同）、野村淳治（東大名誉教授）
委員　宮沢俊義（東大教授）、清宮四郎（東北大教授）、河村又介（九大教授）、石黒武重（枢密院書記官長）、楢橋渡（法制局長官）、入江俊郎（法制局第一部長）、佐藤達夫（同第二部長）
補助員　刑部荘（東大助教授）、佐藤功（東大講師）

構成員については、いずれも正式な辞令は発せられておらず、内閣部外の人には、松本が非公式に書面によって依頼した。このように、調査委員会は「松本委員会」とも呼ばれたように、松本国務大臣の個人的な意向を反映した組織であり、幣原首相が権限と責任を持つ諮問委員会ではなかったことは確認しておく必要がある。顧問についても、名目的で、実質的な審議にはほとんど参加していない。

調査委員会における審議ならびに翌年の二月以降、幣原内閣の閣議において審議される憲法改正の松本私案とＧＨＱの憲法草案をめぐる議論の経緯については、当時法制局第一部長（後に法制局次長、さらに法制局長官）の入江俊郎と法制局第二部長（後に法制局第一部長）の佐藤達夫がまとめた詳細な記録があるので、[5]本書では二人の記録を基本資料として全面的に依拠する。それは、本書第Ⅱ部で検討するように、憲法九条幣原発案否定論者が全面的に依拠している『芦田均日記』の誤りを明らかにすることができるからである。

調査委員会の会合には、顧問以下全員が会合する「総会」と、顧問を除く委員だけの会合する「調査会」とがあり、四六年に入ってからは、小委員会ともいうべき委員のみによる会合が開かれた。松本委員長の思惑もあって、調査委員会とＧＨＱとの間には直接の交渉は全くなかった。調査委員会の審議に幣原首相が参加したこともなく、幣原内閣の閣議において、調査委員会の報告が議題としてなされることはなかった。

ＧＨＱに提出するために松本私案といわれる憲法改正草案が初めて資料とともに閣議に提出され、審議されたのは、四六年一月二九日であった。松本委員長がＧＨＱ民政局に提出して、否定されたのも「松本私案」であり、幣原内閣の閣議を経た政府案ではなかった。

松本国務大臣が幣原首相と協議することなく、また閣議決定ではない「松本私案」をＧＨＱ民政局に提出した行為について、なぜこのような独断的な行動をとったのか、それは、幣原首相と内閣はまだ大日本帝国憲法下にあり、日本国憲法とは違って国務各大臣が所管する事項に関しては、単独で天皇を輔弼する制度＝国務大臣による単独輔弼制を採用していたからである。大日本帝国憲法は「第五五条　国務各大臣は天皇を輔弼しその責に任ず」とあるだけで総理大臣および内閣に関する条項は全くなかった。

戦前の日本の内閣の最大の特徴は、第一に憲法の定める国務大臣の単独輔弼責任制のもと内閣の連帯責任制の観念や慣行の発達が阻害され、総理大臣の閣内統一機能は、内閣官制の閣僚平等主義によって強く制約されていた。第二に、閣議では各大臣が所管行政各省の単なる代弁者として行動し、その結果、閣内不一致が生み出される傾向があった。総理大臣には他の大臣の罷免権が認められていないため、ある国務大臣と総理大臣が対立した場合に閣内不一致で内閣総辞職となったので、首相としては閣僚に強く反対できなかった。

一九三一年九月の満州事変勃発にたいして、第二次若槻礼次郎内閣の不拡大方針に安達謙蔵内相が反対したために、同年一二月、閣内不一致で総辞職を迫られ、外相であった幣原の第二次幣原外交は終焉を迎えたのだった。二・二六事件後の一九三六年五月、広田弘毅内閣が陸海軍大臣を現役軍人とする武官現役制を導入したことにより、内閣における軍部の発言力が一挙に拡大し、軍部強権政治がおこなわれるようになったのは周知のとおり。

日本国憲法では、内閣総理大臣は内閣の首長としての地位が与えられ、総理大臣は行政各部にたいする強い指揮監督権を持ち、閣内の統一性を保持するために他の大臣の罷免権も認められている。このように現憲法の内閣は、内閣の首長としての内閣総理大臣の統括のもとに、強い一体性を保持することが法的に保障されている。[6] 現在の内閣総理大臣は各省の大臣および各省庁を「指揮監督する」権限を持っているが幣原首相の時代は、そのような権限はなかった。

第Ⅱ部で論ずるように、首相と内閣の権限が幣原首相のときは現在と全く異なっていたことを理解しないで、幣原首相が閣議において、憲法九条とは全く異なった「松本私案」をＧＨＱ民政局に提出することに反対しなかったことを取り上げて、憲法九条幣原発案否定の論拠にしている論者がいるので、ここで指摘しておきたい。

２　帝国議会における「松本四原則」の表明

齋藤隆夫議員（日本進歩党）が近衛文麿の戦争責任を追及した第八九回臨時帝国議会が一一月二七日に開会された。[7] 同議会は、ポツダム勅令（前述）の承諾を求める件や衆議院議員選挙法案、労働組合法案のほか、ＧＨＱの農地改革の指令にもとづく農地調整法改正案など日本民主化を目指す重要法案が提出され、実質的に終戦後初の国政審議の議会となった。そして幣原首相にとって初めての施政方針演説となった。ポツダム宣言の受諾にもとづく近代的民主主義の復活強化を目指して、自由公平な選挙の実施、教育の刷新、言論・集会・結社などの取締り法規の撤廃、労働組合の育成などに言及したが、憲法改正問題については全然ふれなかった。
この議会において齋藤隆夫議員はさらに、憲法改正について、わが日本進歩党の綱領の第一条に、「国体を擁護し民主政治も徹底せしむべし」とあるが、世間の一部には国体を忘れた議論をする者もあるので、政府はこの際、憲法改正に関する方針を天下に発表する必要がある、と質問した。これにたいして幣原は以下のように応答した。

帝国憲法の規定は弾力性に富むもので、時勢の進運に応ずるように運用の道を講ずることは、必ずしも不可能とは思わないが、過去の事例に徴し、もし、憲法の若干の条規を改正することによって将来の疑義を閉ざし、濫用のおそれをたち、国運の伸張に貢献し得るるものがあると認める場合には、この際、かかる方向に歩を進めることが望ましいと考えている。しかし、今日いかなる条規がいかなる改正を要するかということについては、まだ決定的に述べる時期には達していない。

幣原はこの段階では、大日本帝国憲法の部分的改正によって、戦後の民主化に対応できると考えていたのである。
同議会の一二月八日の衆議院予算委員会において、松本国務大臣から憲法改正問題について、いわゆる「松本四原則」が表明され、一般の注目を浴びた。無所属倶楽部の中谷竹世委員が、憲法問題がすでに国民的関心の焦点になり、憲法の民主化が要請されているのに、政府の態度は不透明な官僚的秘密主義に終始していると批判したのに答えたものである。松本国務大臣は「［憲法問題調査委員会の］一員としての自分一個の大体の構想を述べることはできないこともない。もちろん政府として相談したことでもなく、政府を拘束するような意見ではない」と前おきして、憲法改正の次のような四つの原則を発言した。「これはうっかり総理大臣にそういうことを言うときっととめられると思って、私はだれにも相談しなかった。また書いたものも何もなかった」のである。[8]

一、天皇が統治権を総攬せらるる原則には変更なきこと
二、議会の権限を拡張し、いわゆる大権事項を制限すること
三、国務大臣の輔弼の責任は国務全般に及び、帝国議会に対して責を負うこと
四、臣民の権利自由を保護し、その侵害に対する国家の保障を強化すること

右の「松本四原則」は、松本国務大臣が後に松本私案として書き上げた憲法改正草案（本書一二七頁）の柱となるものであり、天皇主権の大日本帝国憲法と基本において変更のないものであった。

3　憲法改正「松本私案」の作成

　憲法問題調査委員会が憲法改正草案の作成作業に入る背景には、第八九回臨時帝国議会において、松本委員長が憲法改正の「松本四原則」を発言し、それが新聞に報道され、憲法問題に世論の関心が高まったのと、さらに、一二月二一日の『毎日新聞』において、近衛文麿が一一月二二日に参内して天皇に憲法改正要綱を提出、一一月二四日に佐々木惣一が条文を整理して参内し、天皇に百カ条の草案について進講したこと、天皇から他日内閣に下げ渡して、あらかじめこれを重要な資料として憲法改正を審議せよとの勅令を下した旨の記事が報道されたことなどの事情があった。

　内大臣府が憲法改正について、調査と草案作成を開始したという報道にたいして、学者や知識人の批判や意見があいついで新聞紙上などに掲載され、国民の側から民主主義的な憲法改正の草案を作成すべきであるという気運も生まれていた。

　その一つが、大原社会問題研究所の初代所長で、社会問題研究者、統計学者、法学博士であった高野岩三郎が提唱して一一月五日に結成された憲法研究会で、憲法学者の鈴木安蔵が幹事役をつとめ、大内兵衛、馬場恒吾、森戸辰男、室伏高信、杉森孝次郎ら多くの学者が参加した。

前述した幣原内閣の憲法問題調査委員会委員長の「松本四原則」に明らかな、旧憲法の精神をできるだけ保存し、徹底的な民主化を回避しようという動きにたいして、民間人による民主的な憲法の作成を切迫した課題とした。憲法研究会は、一二月二六日に「憲法草案要綱」を作成し、ＧＨＱと首相官邸に届けるとともに、翌日の各新聞はいっせいに全文を報道した。同要綱は、「統治権」として「一、日本国の統治権は日本国民より発す　一、天皇は国政を親《みずか》らせず国政の一切の最高責任者は内閣とす　一、天皇は国民の委任により専ら国家的儀礼を司る」と国民主権、内閣の国政最高責任、象徴天皇制をさだめているのは注目される。[9]

憲法研究会の「憲法草案要綱」は、ＧＨＱ民政局でも検討され、その結果が「幕僚長に対する覚え書き――［案件］私的グループによる憲法改正草案に対する所見」（四六年一月一一日）と題する詳細な報告書にまとめられ、ＧＨＱ民政局局長コートニー・ホイットニー、ラウエル陸軍中佐の名で幕僚長に提出された。[10] 執筆者はラウエルであるが（本書二一三頁）、この報告書では、「憲法草案要綱」の各条項にたいしてコメントがつけられ、たとえば、「国民の権利および義務」の項目では「言論、出版、教育、芸術および宗教の自由は保障され、かつその他の社会的諸原則もその中に包含されており、そのすべては、民主主義と両立しうるものである」と評価されている。総じて、「いちじるしく自由主義的な諸規定」「この憲法草案中に盛られている諸条項は、民主主義的で賛成できるものである」と共感をもって評価されており、後日、ホイットニーのもとで、民政局が憲法改正草案を作成した際に、大いに参考にしたことがうかがわれる。

憲法研究会の中心となった鈴木安蔵が『戦争放棄』条項については、憲法研究会ではなんらの主張も出なかった」と述べているのは[11]、後述する幣原の「戦争放棄」条項発案との関係で注目しておいてよいだろう。

憲法研究会を提唱した高野岩三郎は天皇制を廃止して共和制とすることを主張して研究会員と議論をたたかわせたが、多数の会員が「国民感情から判断して、いまただちに天皇制廃止にふみきることは、政党の綱領としてならともかく、実際的にはおこなわれ難いのではないか」との意見だったので、高野も最後は多数意見にしたがった。ただし、高野は「天皇制を廃止し、之に代えて大統領を元首とする共和制採用」を「根本原則」とする「日本共和国憲法私案要綱」を作成して公表している。

後日談になるが、四六年三月六日に憲法改正草案要綱が発表されると（本書二五〇頁）、高野は「憲法改正政府案に対する意見」を新聞に掲載し（『読売新聞』四六年三月八日）、政府原案が思ったより進歩的なことを喜ぶと述べ、とくに戦争放棄を規定している点をもっとも重要な特徴として高く評価したのである[12]。

四五年の一一月、一二月と新聞紙上で憲法改正問題がしきりに報道され、自由党、進歩党、さらには共産党もふくめて、憲法改正草案作成の動きが強まるなかで、松本烝治国務大臣も、「一応どうしても仮の案でもいいからこしらえなければなるまいということになって」、一二月三一日の夜にはじめて閑ができたので、鎌倉山の別荘にこもって、憲法改正草案の作成にとりかかり、七五条からなる憲法改正「松本私案」[13]を一月四日に書き上げた。東京に帰ってそれを清書し、幣原首相には見せたが、閣議にははかることなく、一月七日に参内して天皇に拝謁し、二時間余にわたって、憲法問題調査委員会の経過および結果と、「松本私案」趣旨と各条の簡単な内容を説明した。

調査委員会では、「松本私案」とは別に、他の委員によって、従来の研究を集大成した広い視野にたって憲法改正草案が作成されたが、松本は「松本私案」を天皇に上奏して解説したのである。[14]「松本私案」のいくつかの条文を大日本帝国憲法と比較して例示してみる。（　）が大日本帝国憲法の条文。

第三条　天皇は至尊にして侵すべからず
（第三条　天皇は神聖にして侵すべからず）
第一一条　天皇は軍を統帥す
　軍の編制及常備兵額は法律を以て之を定む
（第一一条　天皇は陸海軍を統帥す）
（第一二条　天皇は陸海軍の編制及常備兵額を定む）
第一二条　天皇は帝国議会の協賛を以て戦を宣し和を講ず
第一三条　天皇は諸般の条約を締結す但し法律を以て定むるを要する事項に関る条約又は

国庫に重大なる負担を生ずべき条約を締結するは帝国議会の協賛を経べし
（第一三条　天皇は戦を宣し和を講し及諸般の条約を締結す）
第二〇条　日本臣民は法律の定むる所に従い役務に服する義務を有す
（第二〇条　日本臣民は法律の定むる所に従い兵役の義務を有す）
第二八条　日本臣民は安寧秩序を妨げざる限に於て信教の自由を有す
（第二八条　日本臣民は安寧秩序を妨げず及臣民たるの義務に背かざる限に於て信教の自由を有す）
第三一条　日本臣民は前数条に掲げたる外凡て法律に依るに非ずして其の自由及権利を侵さるることなし
（第二九条　日本臣民は法律の範囲内に於て言論著作印行集会及結社の自由を有す）

以上の条文例にみるように、松本私案は大日本帝国憲法の部分的改正である。

「松本私案」の提示と解説を受けた後、天皇から、佐々木惣一が近衛文麿に委嘱されて執筆した「帝国憲法改正ノ必要」と題する文章と一〇〇条文にわたって立案された「憲法改正の条項」を参考文献として研究してもらいたいと「お下げ渡し」になった。[15] 天皇がそうしたのは、「松本私案」は佐々木惣一の帝国憲法改正案より旧憲法的で改正案にはなっておらず、マッカーサーやＧＨＱからは拒否されることが明瞭なので、佐々木惣一の改正意見と改正条項を参照せよとの指示であった。これは、天皇が「松本私案」を帝国憲法改正案としては「裁可」できないという意思表示であった。

佐々木惣一が天皇に提出した一〇〇カ条からなる憲法改正草案は、GHQと連絡して知りえたアメリカ側の意向を多分に取り入れて作成されたので、「松本私案」に比してより民主的な内容であった。[16] それは佐々木惣一自身が、吉野作造の親友として大正デモクラシーの論客となり、憲法学者として普通選挙の実施を求めた論陣を張り、また時の文部大臣の鳩山一郎が京都帝国大学の瀧川幸辰教授（刑法）を「赤化教授」として処分したことに抗議して、末川博ら八人と抗議の辞職をおこなって（一九三三年四月の瀧川事件）、大学の自治を守ろうとした戦前からのリベラリストであったので、当然ともいえた。

しかし松本は「憲法改正の条項」だけを謄写して、調査委員会の部内に配布していただけで、[17] その後天皇とGHQに提出した「松本私案」には反映させなかった。

ところで、右の「松本私案」の出典は注14に記したように『日本外交文書』である。それは、二月八日に松本国務大臣がGHQに提出した「松本私案」とその英文の説明書である。『日本外交文書』には「昭和21年2月8日　日本政府より連合国最高司令官総司令部宛「憲法改正松本《ママ》案」（「Gist of the revision of the constitution」）付記　昭和二十一年一月四日　松本（丞治）国務大臣作成「憲法改正私案」と題して掲載されている。[18] 松本は前掲の一月四日作成の「松本私案」をGHQに提出したのである（本書二二三頁に後述する）。

第4章　マッカーサー・天皇・幣原による「象徴天皇制」への移行

1　アメリカ三省調整委員会による象徴天皇制のシナリオ

アメリカ政府や議会においては、予定される連合国の軍事裁判において、天皇を戦争犯罪人として裁判にかけるべきだという議論は早くからなされていた。

たとえば、国務・陸軍・海軍三省調整委員会（ＳＷＮＣＣ：State-War-Navy Coordinating Committee　以下、三省調整委員会と略す）指令（四五年九月二五日）は、「アメリカ合衆国連邦議会上院および下院は、本決議により、日本国天皇裕仁を戦争犯罪人として裁判に付することをアメリカ合衆国の政策としてここに宣言する」というアメリカ合衆国上院合同決議案第九四号を三省調整委員会極東小委員会に回付して検討するように指令していた。[1]

さらに、アメリカの統合参謀本部より、マッカーサー宛に次のような極秘通達（一一月二九日）が届けられた。[2]

最終的に裕仁を戦争犯罪人として裁判に付すべきか否かの問題は、米国にとって重大な関心事である。裕仁は、戦争犯罪人として逮捕・裁判・処罰を免れてはいないというのが米国政府の態度である。天皇抜きでも占領が満足すべき形で進行しうると思われる時点で、天皇裁判問題が提起されるものと考えてよかろう。

通達はマッカーサーにたいして、「裕仁を裁判にかけないというかなる決定も」あるいは「裕仁を戦争犯罪人として裁くための裁判手続きを正当化ないし容認しうる条件について勧告する」ことも「貴官の意見はこのうえなく貴重なもの」となるので、「秘密保持の手配をして作業を進めながらも、遅滞なく証拠を収集しなければならない」と命じたのである。

アメリカ政府としては、日本の占領と改革政策を混乱なく遂行するために天皇制を存続させてきたが、もしも天皇抜きでも占領が満足するかたちで進行できるならば、天皇を戦争犯罪人として軍事裁判にかけることを考えているが、最終的な判断はマッカーサーの天皇の戦争犯罪を立証する証拠の収集の報告を待つ、というものだった。

アメリカの三省調整委員会極東小委員会では、天皇と天皇制をどうするかについて、九月末に政府と議会の指令を受けて、天皇の戦争犯罪にかかわる調査と検討を進めてきたが、一二月一一日に「日本の天皇制の取り扱いに関する政策の定式化」と題する報告をまとめた。報告は、マッカーサーにも伝えられ、マッカーサーが天皇制を象徴天皇制へと転換させる契機になったとも思われる。それは、天皇が戦前の神国日本の現人神であり陸海軍を統帥する大元帥であった軍国主義的天皇制から国民主権国家日本の象徴天皇制へ移行させるためのシナリオといえる重要なものなので、以下に抜粋で紹介する。[3]

a　日本の当面の、かつ最終的政治形態に関しての日本国民に対する米国の保障の性質にかんがみ、日本国民は、もし彼らが望むならば、君主政体を保持することを許されるべきである。

b　もし日本国民が皇位を完全に廃止する意思を示した場合は、最高司令官は共和国の樹立を促し、これを援助すべきである。しかし、日本国民がすすんで天皇制を廃止する見込みがきわめて薄いことを考慮し、最高司令官は、そのような措置をとるよう率先して主張することなく、日本の天皇制を立憲君主制に転換するために望ましいと考えられるならば、むしろあらゆる圧力を加えるべきである。（cは省略）

d　最高司令官は、日本政府に対し、次の改革を行なうことが望ましい旨を明示すべきである。

（1）憲法第一条・第三条および第四条については、皇統が神に発するかのごとく思わせる文言を削除し、憲法のもとにおける天皇の地位を明確にするように文言・趣旨の両面において改めるべきである。憲法のもとにおける天皇の新しい地位を示すものとして、皇族の財産、なかんずく所得を生みだす財産と有価証券の大部分は公の財産として扱うべきであり、皇族費はその大部分を、国会において議決される正規の政府予算によってまかなわれるべきである。

（2）皇統の神性を教え、あるいは天皇に対する盲目的献身の意識を植えつけるために公立学校を利用することは停止すべきであり、教科書は、皇統が神に発し、天皇が神であるとする記述もしくは示唆をすべて削除するように修正すべきである。天皇の肖像写真を安置する社殿を公立学校の財産に含めることを禁止すべきであり、天皇の写真に対する敬礼の強制を容認すべきではない。

（3）天皇を神秘化して民衆から遠ざけ、畏敬の念を与えるような秘密のヴェールに包むという極端な措置を廃棄すべきである。

e　最高司令官は、天皇も他の日本人あるいは外国人と異なるところのない普通の人間であり、天皇自身、皇統が神に発し、日本が他国に対して不可思議な優越性をもっているなどとは信じていないこと、さらには、政府の政策とは別個に「天皇の意思」といったようなものは存在しないということを、国民に対して言辞と行動により自発的に実証するよう天皇に促すため、あらゆる努力を払うべきである。天皇がとりうる具体的な措置は、天皇個人の生活にまつわる神秘のヴェールを取り払い、より自由に、より対等に外国人や日本人と交わることであり、また、皇統の起源やすべての民族の対等性、「天皇の意思」の本質についての宣言を、日本政府の積極的同意のもとに発することであろう。天皇に対し、自らの「本質を明らかにすること」にかかわるよう説得する努力は、日本国民に知られないように行なわれるべきであり、強制めいた感じを与えないよう巧みになされるべきである。

f　最高司令官は、天皇本人が開戦を主張し、あるいは現在戦争犯罪とみなされているような措置を主張したことを示す決定的証拠が見出されないかぎり、戦争犯罪人として天皇を告発したり、その退位を強要したりすべきではない。天皇が政府の進言にもとづいて開戦の措置を支持したことを戦争犯罪とみるべきではなく、天皇の行為のうち、政府の願望に反して行なわれたような行為についてのみ天皇の責任を問うべきである。

g　もしも現天皇が自らその「本質を明らかにすること」に協力する気持ちを見せた場合、最高司令官は、天皇の留位が日本国民の願望でもあるならば、少なくとも皇太子が成年に達するまでは留位するよう天皇に説得を試みるべきである。ただし、公にそのことは言明しないものとする。

補遺B　ポツダム宣言、日本政府に対する一九四五年八月一一日付米国の回答および「降伏後における米国の初期の対日方針」はいずれも、日本国民に対する明確な保証を示すものであり、それは、降伏後初期に米国は実行可能なかぎり、「天皇を含む日本国統治機構および諸機関をつうじて」同国に対するその権限を行使し、また、われわれの長期政策として、「日本の最終的政治形態は、平和的志向を有し、かつ責任ある政府」がつくられるかぎり、「自由に表明される日本国民の意思によって確定される」ようにするとしている。（中略）前述の点をどのように解釈しても、君主政体は連合国の要求と矛盾せず、したがって、それが日本国民の望む政治形態であるならば、彼らに認めるべきものとしてこれを容認することを妨げない。日本の君主政体は、少なくとも過去一五〇〇年にわたり同一の家族による支配で成り立ってきたのであり、その存続とは、現在の皇族を日本国皇位にとどめることしか意味しえない。

三省調整委員会極東小委員会は右につづいて一二月一八日付で「天皇制の取り扱い」の報告を提出したが、その中に補遺Ｂ「論点の指摘」と題して、エドウィン・Ｏ・ライシャワーによる、後述する文書ＳＷＮＣＣ－二二八に関する次のような指摘がなされていた。[4]

天皇の地位は、日本では過去においてそうであったように、三面性――すなわち政治的側面、宗教的側面および象徴的・心情的側面――をもっている。天皇がもつ政治的側面と宗教的側面については、数多くの修正が求められている。「日本の統治体制の改革」と題するＳＷＮＣＣ－二二八は、憲法および日本における統治過程についての修正を提言することによって、天皇の政治的地位にかかわる改革を適切に論じているが、そのような改革は、天皇制が責任ある政府の実現を妨げたり、「日本国民の間における民主主義的傾向の復活強化」の障害となったり、あるいは「無責任な軍国主義」の復活に道をひらく突破口になったりしないよう保障することに資するであろう。しかし、天皇の宗教的立場は依然として消えず、それは、過去において日本国民の間に超国家主義的・軍国主義的気風を強めるために、また、「無責任な軍国主義者」の権力獲得にさいして利用され、したがって、日本に平和的志向をもつ政府の実現を妨げる要因となっている。

日本国民にとっての天皇と天皇制の問題は、ライシャワーが指摘するように重要な問題であるが、武田清子『天皇観の相剋――１９４５年前後』（岩波現代文庫、二〇〇一年）が大変参考になることを紹介するにとどめ、ここでは立ち入らず、「日本の統治体制の変革」と題する文書ＳＷＮＣＣ―二二八がこの極東小委員会ですでに作成されていたことの重要性を指摘しておきたい。同文書は、拙著『憲法九条と幣原喜重郎』で日本国憲法の各章・条文と照合して明らかにしたように、ＧＨＱの民政局のスタッフが日本国憲法草案を作成した際の指針となった重要な文章であった。ＳＷＮＣＣ―二二八は四六年一月一一日にマッカーサーに送付されてきた。

アメリカの三省調整委員会極東小委員会や国務省部局間極東地域委員会のメンバーで、ＳＷＮＣＣ―二二八の作成にかかわったのは、ヒュー・ボートン、ジョージ・ブレイクスリー、エドウィン・Ｏ・ライシャワーなどのアメリカの知日派の日本研究者であり、[5] 彼らは、日本がどういう原因で軍国主義に走ったのかの分析から始めて、天皇制、軍部、軍事組織とその背景、教育制度、農地制度、財閥、宗教などを詳細に調べてそれぞれの文書を作成し、上部機関へ提出していた。大日本帝国憲法下の天皇制日本が軍国主義国家となり、軍部独裁的な侵略国家となって、日中戦争からアジア太平洋戦争へと無謀な侵略戦争を繰り広げるにいたった歴史について、彼らは、通底した認識を持っていたのである。

以上、三省調整委員会極東小委員会報告を象徴天皇制へのシナリオとして詳細に紹介してきたが、天皇はこれから述べるように、その役割を見事に「演じた」のである。それは報告が強調していたように、民主化された日本国民がポツダム宣言に保証された、「最終的政治形態」として立憲君主制＝象徴天皇制を選択するようにするためであった。

第一は、天皇が神であることを否定し、天皇も普通の人間であることを国民に認識させるための天皇の「人間宣言」となって実行された。

第二は、eに書かれていた、「天皇個人の生活にまつわる神秘のヴェールを取り払い、より自由に、より対等に外国人や日本人と交わる」ことをアピールするために企画され、天皇が「演じた」「天皇の地方巡幸」であった。

第三は、もっとも重要なことであるが、GHQの民政部が作成した日本国憲法草案の指針がSWNCC―二二八として作成され、マッカーサーに指示されたことであった。このことについてはあらためて言及する（本書一六二頁）。

第四は、fに、東京裁判における天皇の戦争犯罪免責のシナリオが示されており、それは日米開戦を決定した御前会議における天皇の発言と態度が消極的であったことを証明することであった。これは、三月から四月にかけて、松平慶民宮内大臣、松平康昌宗秩寮総裁、木下道雄侍従次長、稲田周一内記部長、寺崎英成御用掛の五人の側近が、張作霖爆殺事件から終戦にいたるまでの経緯を四日間計五回にわたって昭和天皇から直々に聞き「昭和天皇独白録」にまとめた。全内容は天皇の語りのまま「私は……」という一人称で記録されている。天皇の語りには、開戦・敗戦の責任を軍部や国民に転嫁して、自分が戦犯から免れようとしている意思が読み取れる。

上記報告は秘密としてマッカーサーにも公にしないように指示されていた。しかし、高橋紘・鈴木邦彦『天皇家の密使たち——占領と皇室』には、天皇の意向を受けて側近がマッカーサーやGHQの情報を得る努力をしていたことが書かれている。一一月二六日に最後の海軍大臣となり天皇の信頼も厚かった米内光政が、GHQの参謀第二部（G2）部長ウィロビーの紹介でマッカーサーと会見し、「天皇は退位されなければならないのだろうか」と率直に聞いたところ、マッカーサーは面食らいながらも、「日本の降伏と連合軍の進駐がきわめて順調に行われたのは、天皇の協力によるところが大きいと私は思っている。その天皇が退位しなければならないとは私は考えていない。それは日本国民が決めるべきでしょう」と答えた。米内の情報は宮内大臣・石渡荘太郎から天皇にも伝えられた。[6]

皇室、天皇側近もさまざまなルートからアメリカ政府やマッカーサー・GHQの情報を得ていたが、『昭和天皇独白録　寺崎英成・御用掛日記』[7]の寺崎英成は、四五年一二月五日に終戦連絡中央事務局の連絡官に任じられ、日本政府とGHQの連絡業務を担当していたが、四六年二月に宮内省御用掛となった。宮内省御用掛は天皇の通訳官およびGHQとかかわる問題についてアドバイザー的役割をつとめた。寺崎のグエン夫人がマッカーサーの軍事秘書ボナ・フェラーズと親戚であったこともあり、マッカーサーの情報はフェラーズから寺崎へ、そして天皇へと伝わるようになり、先の三省調整委員会極東小委員会報告の象徴天皇制へのシナリオを天皇は知っていた可能性がある。

寺崎英成らが、陸海軍大元帥の天皇から、開戦から終戦までの間、どのような政策や作戦検定にかかわったかを四六年三月一八日から五回にわたって天皇の口から聞き出し、それを「天皇独白録」にまとめ、天皇の〝潔白の根拠〟としてGHQへ提出したのは[8]、三省調整委員会極東小委員会報告のfに書かれていた天皇免責のシナリオに合致したものであった。

2　昭和天皇の「人間宣言」

三省調整委員会極東小委員会報告で提案された天皇の「人間宣言」は、一九四六年元旦に詔書（天皇から国民に宣布する意思）として発することになった。その経緯については『昭和天皇実録　第九』に記録されているので、記述されている月日のみを記して以下に整理する。

関与した四人について解説しておくと、GHQの民間情報教育局（CIE：Civil Information and Education Section）局長のケネス・R・ダイクは、第二次世界大戦に従軍し、心理作戦を担当した。リベラルな性格の持ち主で、GHQの初代CIE局長として、政治犯釈放、特高解体、教員パージ、神道指令（国家神道に対する政府の保証・支援・保全・監督および公布の廃止）などの初期民主化に敏腕をふるった。[9] 軍国主義日本の絶対君主という天皇のイメージを変えるメッセージを内外、とくに世界に発進するために天皇の「人間宣言」の提案をおこなった。もちろん前述の三省調整委員会極東小委員会報告を受けてのことである。木下道雄の『側近日誌』には、ダイクの名前が度々登場するので、GHQと天皇側近との情報ルートの一つとなっていたのであろう。

CIEの初代教育課長ハロルド・G・ヘンダーソンは、コロンビア大学卒で化学・工学を専攻して修士号を取得、コロンビア大学助教授、俳句や日本の骨董品に関心を持ち、日本文化に造詣が深かった。ダイク局長の下で、対日心理作戦のスタッフとなった。[10]

レジナルド・H・ブライスは学習院の英国人教師、皇太子の英語教師もつとめた。学習院長であった山梨勝之進は元海軍大将で、一九三〇年のロンドン海軍軍縮条約の調印、批准の時、海軍次官をつとめ、幣原外相とともにその成立のために海軍省内を統率する重責を担った「軍縮派」であった。それゆえに加藤寛治ら「艦隊派」の巻きかえしによって追放され、予備役にされた人物である。[11] このとき、天皇の「人間宣言」について、伝達役として関与していたのである。

一二月二三日　四五年一二月の初旬より、連合国最高司令部民間情報教育局長ケネス・R・ダイク、同局員ハロルド・G・ヘンダーソン、学習院長山梨勝之進、学習院教師レジナルド・H・ブライスが関与し、天皇の神格化を否定する英文の詔書案が作成され、宮相（宮内大臣、宮内省で皇室一切の事務につき天皇を輔弼する）より天皇に事前に提示された。木下道雄侍従次長は天皇に拝謁した後、宮内次官大金益次郎に面会して、詔書の渙発《かんぱつ》について懇談した。大金は五項目からなる詔書私案を起草し、ブライスを通じて連合国最高司令部に提出したが、内容が消極的であるとして拒否された。

一二月二四日　午前・午後の各一回、表拝謁ノ間において宮内大臣石渡荘太郎が天皇に拝謁、宮相より、詔書渙発は国務につき、内閣に委任を願う旨の幣原首相の希望が伝奏された。天皇は夕刻、幣原を呼び寄せ、詔書の渙発については内閣に委任する旨を伝えた。翌日、首相は官邸において詔書の英文草稿を執筆する。

一二月二六日　天皇は、表拝謁ノ間で元宮内次官関屋貞三郎と約一時間会見、関屋より、帝国の将来は終戦の詔書の趣旨（世界平和への貢献）を実行することにより、軍国主義・独善主義を一掃し、外国の信頼を得る以外に途なきこと、憲法改正は外国の信頼回復のためにもやむを得ないことについて、言上「天皇に申し上げること」を受けた。

一二月二七日　病気の首相に代わって参内の文部大臣前田多門に約三〇分にわたり内閣において作成の詔書案の奏上を受ける。天皇は詔書案の趣旨に賛成するとともに、今後の国家の進路を示す観点から詔書案中に明治天皇の五箇条の御誓文の趣旨を挿入するよう希望した。なお、天皇は、後水尾天皇が病気のために譲位したことに触れ、天皇が現人神とされていた時代は非常に不自由なりし旨を述べた。

一二月二九日　この日、文部大臣前田多門が参内し、内閣の修正詔書案を侍従次長木下道雄に披露し、木下は参内した外務大臣吉田茂とも修正詔書案の協議をし、天皇も吉田外相と会見して修正詔書案の説明を聞き、その後も、木下と吉田は修正詔書案文の協議をおこなった。問題は以下の点にあった。

木下は、修正詔書案が英語（幣原が作成）の翻訳体であること、また案文中の「日本人を以て神の裔なりとし他の民族に優越し世界を支配すべき運命を有すとの屢々日本人の責に帰せしめられたる架空なる観念」の部分が、連合国最高司令官によって「天皇を以て神の裔なりとし」云々と訂正されたことにつき不満を表明する。天皇より、朕が神の裔ではないとすることには反対である旨の意見を拝した木下は、内諾を得て「朕を以て現神とし、爾等臣民を以て神の裔とし」云々との趣旨の修正案を作成する。夕刻、木下は宮相と面会し、自身の修正案文につき協議の結果、さらに文部大臣邸に赴き、内閣作成の修正詔書案を改訂しなければ、国内に深刻な論争を惹起すべき旨を警告し、自身の修正案を手交する。

一二月三〇日　前日の木下侍従次長の文相邸訪問と行き違いに詔書の閣議原案が侍従長および宮相に送付され、木下は天皇と面会した後、首相官邸に赴き、閣議中の内閣書記官長と面会して宮相の加筆の修正詔書案を手交した。夕方、文相が参内して天皇に詔書案を内奏するというあわただしい往復が内閣と天皇との間でおこなわれた後、天皇は内閣から奉呈された詔書に署名した。

一二月三一日　前田多門文相が参内し、昨日署名した詔書に、連合国最高司令官に示した原案と異なる部分があり、首相としては信義に悖《もと》るため、再度原案どおり御改訂を仰ぎたいと希望している旨を木下侍従次長に申し出る。木下は藤田尚徳侍従長と協議して、文相の申し出に同意する。木下より天皇に文相の申し出を言上したところ、天皇も了解し、首相の信義を重んじる姿勢を御嘉賞［おほめ］になった。天皇は午後三時五〇分、改めて内閣より提出の詔書（昭和二一年一月一日付）に署名した。

以上、『昭和天皇実録　第九』にもとづき、天皇の「人間宣言」の詔書の文案作成をめぐる、マッカーサー最高司令官・CIEと天皇・側近、幣原首相・内閣との頻繁な応酬の経緯を紹介した。本書の「はじめに」に記した「憲法九条の発案、同意、承認の『三人の当事者』」の間に、意思疎通、意見交流のルートがすでに作られていたことがわかる。しかし、当時にあっては、前述の三省調整委員会極東小委員会報告にあったように、公開、公表されてはならないものだった。本書がこのように叙述できたのは、『昭和天皇実録』が編集されたからである。

一九四六年一月一日、「新日本建設に関する詔書」いわゆる天皇の「人間宣言」が、御名御璽に内閣総理大臣と各国務大臣の副署を付して発布され、各新聞はいっせいに天皇の年頭の詔書を掲載した。その要点を以下に抜粋する。[12]

詔書

（冒頭に挙げられた明治天皇の「五箇条の御誓文」は省略）

朕は茲に誓を新たにして国運を開かんと欲す。須らく此の御趣旨に則り、旧来の陋習《ろうしゅう》を去り、民意を暢達《ちょうたつ》し、官民挙げて平和主義に徹し、教養豊に文化を築き、以て民生の向上を図り、新日本を建設すべし。（中略）

朕と爾等国民との間の紐帯は、終始相互の信頼と敬愛とに依りて結ばれ、単なる神話と伝説とに依りて生ぜるものに非ず。天皇を以て現御神《アキツミカミ》とし、且日本国民を以て他の民族に優越せる民族にして、延て世界を支配すべき運命を有すとの架空なる観念に基づくものにも非ず。（中略）

我国民が人類の福祉と向上との為、絶大なる貢献を為す所以なるを疑わざるなり。一年の計は年頭に在り、朕は朕の信頼する国民が朕と其の心を一にして、自ら奮い、自ら励まし、以て此の大業を成就せんことを庶幾《こいねが》う。

戦時中、天皇を現人神として「八紘一宇」の大東亜共栄圏の建設を謳ったのは「架空なる観念」であると否定したうえで、人間としての天皇は、国民と心を一にして、世界平和の確立と人類福祉の増進を願い、新生日本の建設に邁進することを誓ったこの詔書は、世界に向けて、とくに連合国へ向けて、戦前の天皇制のイメージを払拭することを目的にしたものであることがわかる。日本の新聞は一月三日付で、マッカーサーが詔書にたいし、満足の意を表明したことを報じた。

天皇は「人間宣言」のアメリカ世論への影響を気にかけ、一月五日に吉田茂外相を参内させて、報告させている。『側近日誌』には「詔書の米国世論に与えたる影響につき、吉田外相の奏上の内容を承る。概して良好、一、二の皮肉を除きて」とあり、天皇と木下侍従次長が安堵したことが記されている。「一、二の皮肉を除きて」とあるのは、マッカーサーがすぐに詔書に満足の意を表明したことから、アメリカの数紙は、マッカーサーが詔書を出すにあたって「演出」したことを見抜き、それを報道したからである。たとえば、『ワシントン・ポスト』は三日付で「天皇が積極的に、国民は消極的にアメリカ行政への協力を示すと感じた。この名誉は主としてマッカーサーの政治的手腕によるもの」と報じていた。[13]

3 天皇の地方巡幸――〝国民の天皇〟への演出

天皇の「人間宣言」が内外で大きな成功をおさめたことを確認したGHQのCIE局長ダイクとCIE教育課長ヘンダーソン、学習院教師ブライスは、三省調整委員会極東小委員会報告に記されていた象徴天皇制へのシナリオをさらに進めるべく、天皇の地方巡幸を考えた。四六年一月一三日、木下侍従次長は、学習院院長室に山梨勝之進院長を訪問、ブライスがメモした、ダイク、ヘンダーソン、ブライスの一時間にわたった鼎談の英文の覚書を受け取り、藤田尚徳侍従長に見せたうえで、木下は英語を翻訳して、同日午後、御文庫において天皇に会見して奉読した。以下は『昭和天皇実録　第十』からの引用である[14]。

この覚書は、過日、木下がブライスに対して、天皇と連合国最高司令官ダグラス・マッカーサーとの相互訪問について連合国最高司令部民間情報教育局長ケネス・リード・ダイクの意向を質問したことに関し、ダイク、民間情報教育局特別顧問ハロルド・G・ヘンダーソン及びブライスの懇談の席上でダイクの述べた意見を、ブライスが記憶を頼りとしてまとめたものである。同覚書には、天皇のマッカーサー訪問は、単なる儀礼的なものであれば実施の必要はないと考えること、マッカーサーは日本国政府の確固たる政策と、天皇の御行動の一貫した方針を承ることを望んでいるとして、天皇は政治的に国民を支配するのではなく、精神的に統率すべきであり、親しく国民に接し、国民の誇りと愛国心とを鼓舞激励されるべきであること、また食糧不足から日本人の道徳が低下している今こそ天皇は国内を広く巡幸し、国民の声に耳を傾けられるべきであり、還幸後は、国民をして犠牲的精神の発揮、責任の自覚、民族将来の希望を覚醒させるべく諭されるべきこと、またこうした新しい御方策を携え、マッカーサーを御訪問になり、彼の援助や批評を受けられることが良策である旨が記されていた。

天皇は木下の奉読を受けられた後、その内容に賛意を示され、地方巡幸について研究をお命じになる。その際、巡幸は皇后と同列にても宜しきこと、形式は簡易とすべきことなどの思召しを示される。

翌日、内廷庁舎御政務室に木下をお召しになり、地方巡幸実施の時期に関して、総選挙・石炭欠乏・交通事情等の問題も含め、宮内大臣石渡荘太郎と協議するよう仰せになる。

木下道雄の『側近日誌』にはブライスの英文原文と木下の翻訳が掲載されているが、[15]『昭和天皇実録』には紹介されなかった以下の数行がある。

以上は、近日天皇がM・Aに御面会の節、お話しあるべき一例を示したに過ぎない。天皇に何か新しいお考えや、また右に云ったようなことについて、新しい御方策が浮かんだ時には、何時でもM・Aを御訪問あって、彼の援助と批評とをお受けになるとよいと思う。

右の数行からは、マッカーサーと天皇の間には、十分な意思疎通のルートができていたことがうかがわれる。

話が飛ぶが、三月になって天皇退位論が内外で広まったとき、木下侍従次長から「マッカーサー元帥の真意」を探り得ないかと依頼されて寺崎英成御用掛が、三月二〇日、フェラーズに夫妻で招待された晩餐会でストレートに聞いたところ、フェラーズは「『マ』元帥は陛下の親友なり、御退位に付て、自分は元帥と論議したること無きも天皇を戦犯とする考え方に対し（極東委員会参加国にありと付言せり）元帥は反対の意見を表明し、（中略）『マ』元帥は陛下の御退位を希望せずと信ず」と率直に答えたことが寺崎の報告文書に書かれていた。[16]

マッカーサーの軍事秘書ボナ・フェラーズと寺崎夫妻の親密な関係については前述したとおりである。フェラーズがマッカーサーと天皇は「親友」関係にあるとまで言っていることに注目したい。それほど意思疎通ができる関係が築かれていたのである。

話をもどすと、ダイクらの天皇の地方巡幸の提案にたいして、「陛下の御賛意は多大なりき。地方御巡幸のことは直ちに研究せよ」と指示したと木下の『側近日誌』は書いている。

天皇の地方巡幸は神奈川県からおこなわれた。二月一九日、二〇日におこなわれた最初の天皇巡幸の受け入れと実施に奔走したのが一月二五日に神奈川県知事に任命されたばかりの外交官出身の内山岩太郎だった。内山は『反骨七十七年——内山岩太郎の人生』という伝記のなかで「人間天皇」と題して天皇巡幸のことを記録している。[17] 受け入れた側から天皇の地方巡幸の実態とその効果を知ることができるので、概要を紹介してみたい。「　」は同書からの引用文章である。

南米中心に豊富な外交官の経歴を持つ内山を神奈川県知事に推挙したのは、幣原内閣の書記官長・法制局長官の楢橋渡だった。神奈川県は厚木飛行場、横須賀軍港とアメリカ軍が最初に進駐し、アメリカ太平洋陸軍総司令部を横浜に置いたように、本州で最初に全面的に米軍占領下に置かれた県だった。米軍とのさまざまなトラブルが予想されたので、米軍当局と交渉できる実力を持った内山が知事に任命されたのだった。

その神奈川県が東京ではなく、最初の天皇の巡幸県に決められたのは、東京では天皇退位を要求する共産党指導の運動が活発であり、都民の〝米よこせ〟デモもさかんであったりしたので、内務省、宮内省、警視庁の首脳が治安問題で不安があると判断したためであった。そして米軍占領下にMPが睨みをきかせていたことが、治安上安全に思われたことがあった。

天皇は、横浜市街地の七割近くが米軍機の大空襲により焦土と化し、辛うじて生き残った市民たちが焼け跡のトタン板を拾い集めて雨露をしのいでいる戦禍の跡を車からつぶさに視察した。天皇は昭和電工で、食糧増産の一翼として肥料の硫安（硫酸アンモニウム）の生産に励む工員に親しくことばをかけた。「天皇が民衆と距離をおかず会話されたことは、この時が初めてであった。」

日産工場では「天皇は自ら作業現場にはいっていかれ、工員たちにいろいろご質問された。その語調は抑揚に欠け、おことばが詰まると、頭を軽く会釈されて『あ、そう』『あ、そう』と、何度も何度も答えられた。」

「内山は初めて天皇のおことばをきいて、対話される相手との遠近感を天皇がご意識されていないのを知った。二メートル先の人にも、すぐ目の前の人にも、同一声量で語調も全く変わらなかった。つい半年前までのご生活では、国家最高元首としてもっぱら奏上だけをおききになっていたことを考えれば、対話の技術にうといのも、やむを得なかった。」

右の内山の指摘は興味深い。天皇は半年前までは大元帥裕仁天皇として、御前会議などで居並ぶ高官を前にして発言し、首相や国務大臣その他の家臣や賓客とは謁見するかたちで奏上を受け、天皇からは御下問や御裁可をするかたちで対話をしていたのである。それが「人間天皇」になっても大元帥であったときの対話の声量と語調の不自然さを認識することができず、そのままだったのである。

天皇は横浜市西区稲荷台小学校では戦災で家を失った人たちを慰問した。野毛坂の焼け跡では何千人という市民が往来に立って天皇の車を待って、見送った。「神奈川区大口商店街では年寄りたちは土下座して天皇をお迎えし、なかには感激にむせぶ人の姿が見られた。」

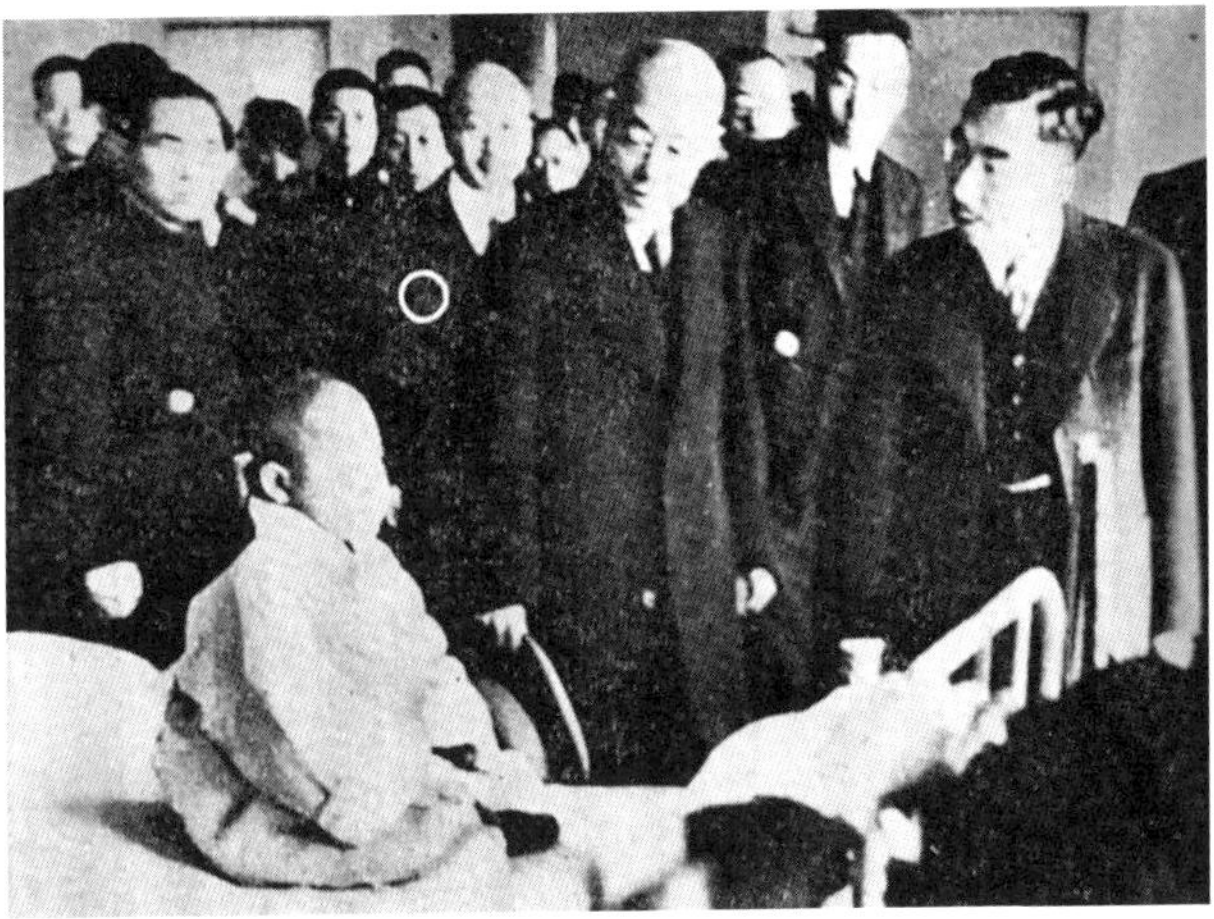

写真6　浦賀の引揚援護局の寮で引き揚げ者を見舞う天皇と内山岩太郎（〇印）
（『反骨七十七年――内山岩太郎の人生』神奈川新聞社より）

天皇は浦賀の厚生省引揚援護局管轄の海外戦地からの引き揚げ者のいくつかの収容所を視察、「ご訪問の先々で天皇は引き揚げ者に励ましのおことばをかけられた。」

天皇は随行する内山知事に「『朕は国民の先頭に立って復興に当たる。忍びがたきを忍び、耐えがたきを耐えるよう』と、お諭しになった。内山は感激した。恐懼《きょうく》して、おことばを胸中に焼き付け、新たに決意するものがあった。」

二日間にわたった天皇の戦後初巡幸を宮内大臣松平慶民は「大成功」と評価した。内山を神奈川県知事に推挙した楢橋渡書記官長は、内山の感激をそのまま幣原首相に伝えるよう首相官邸に呼んだ。天皇の神奈川県巡幸の結果を気にしていた「幣原総理は、報告をきいて涙を落とさんばかりに、ほおを紅潮させて感激した」という。

行幸直後の地方長官会議で、幣原首相は内山知事に「行幸の影響を陛下にお話しするよう」勧め、内山は「非常に危険な環境ではあったが、天皇陛下が国民の先頭に立つとの御意に従って、あえてご巡幸を実施しました」と報告した。「天皇の、小刻みに動いた口元の微笑に、内山は魅せられた。」

「内山はその後ますます天皇への敬愛の念を深め、天皇制への彼の信条を堅固なものにして」いったのであった。

内山の伝記には、天皇巡幸の警備にあたって随行した横浜のＭＰの隊長が、天皇の行動は「ストラティジィク・ムーブ」つまり天皇の威信回復のための〝戦略的行動〟だと半ば批判めいたことを言ったので、「内山はすかさず反論し、国体の尊厳をるる説明した」というエピソードも書かれている。

天皇の地方巡幸は二月一九日、二〇日の神奈川県を皮切りに、二月二八日、三月一日には東京都、三月二五日は群馬県、三月二八日は埼玉県と、関東地方から始まり、以後、全国へと拡大した。『昭和天皇実録　第十』には各県の巡幸で天皇が訪問した場所が網羅されているが、その多さに驚き、それらのハード・スケジュールをこなした天皇のエネルギーには、驚嘆する。

一年前には、現人神として軍服姿で神馬「白雪」にまたがり、皇居前広場に参賀のために集まった数万の国民の見上げる二重橋に現れて大群衆を睥睨《へいげい》した天皇、各学校に置かれた奉安殿に神のごとき御真影として納められた天皇・皇后が、今度は背広姿でシルクハットを片手に持った天皇が皇后をともなって国民に親しく声をかける「人間天皇」に変身したのである。
天皇の巡幸は、はじめはぎこちなさもあったが、各地で大歓迎を受け、天皇の独特のイントネーションの「あ、そう」という口調が流行語にもなった。天皇の旺盛な巡幸は、「国民の中の天皇」「国民とともに歩む天皇」という、国民に支持された「人間天皇」を内外に印象づけることに成功した。
天皇の地方巡幸を提案した前述のブライスの覚書に「天皇はすべからく御親ら内地を広く巡幸あらせられて、（中略）彼ら国民の語るところに耳を傾けさせられ、又親しく談話を交えて、彼らに色々な質問をなし、彼らの考えを聞かるべきである。そして還幸の後、遍く国民に対して犠牲的精神の発揮、国民的責任の自覚及び民族将来の希望に関し、国民胸中の真心を呼び醒ますべくお諭しあるべきである」と記されていたとおりを演じたといえる。[18]
前述した三省調整委員会極東小委員会報告の象徴天皇制へのシナリオにあった、戦前の天皇制を民主化された日本国民の選んだ立憲君主制すなわち象徴天皇制に移行させるうえで、天皇の沖縄を除外した全国の巡幸は、決定的な成果をおさめたといえる。このことは、日本国憲法に「第一章　天皇」として象徴天皇制を規定することを多くの国民が歓迎する国民意識の基盤を作ったと評価することができる。[19]

第5章　幣原の憲法九条発案とマッカーサーへの提案

1 アメリカ政府、マッカーサーによる憲法改正の促進

日本を敗北に導いたのは主としてアメリカの軍事力であったので、日本の降伏に際し、アメリカ軍が日本本土を占領し、マッカーサーを連合国軍最高司令官として、アメリカ政府の策案した占領政策にもとづき、日本の占領管理と民主化政策を遂行したのであった。アメリカはとくにソ連に対抗して日本の占領政策を実質的にアメリカ単独でおこなおうと極東諮問委員会の設置を提案し、四五年一〇月三〇日に最初の会合を開いたところ、ソ連は強く反対して代表を送らなかった。ソ連は、戦後世界の国際政治において影響力を強めつつあり、アメリカの単独対日占領政策に対決する姿勢を強めていた。大戦終結直前にチャーチルの保守党政権に代わってアトリー労働党政権になったイギリスも、アメリカの単独対日占領政策には不満を抱いていた。

このためアメリカ政府も譲歩の必要を認め、四五年一二月二七日にモスクワで開催された米英ソ三国外相会議において、連合国の最高決定機関としての極東委員会（Far Eastern Commission：FEC）とSCAP（連合国軍最高司令部）の諮問機関としての対日理事会を設置することに合意した。

極東委員会の構成は、アメリカ・イギリス・ソ連・中国・フランス・インド・オランダ・カ

ナダ・オーストラリア・ニュージーランド・フィリピンの一一カ国で、日本の占領政策についいて、ポツダム宣言が規定する降伏条項にもとづいた政策・原則・基準を作成し、必要に応じて連合国軍最高司令官が日本管理に関してとった行動を再検討する権限が与えられた。マッカーサーが実施した占領政策について検討し、変更させる権限が、この委員会に認められたのである。

極東委員会には、事務局、運営委員会（賠償、経済・財政・労働、憲法・法制、民主化、戦犯、在日外国人、非武装化）が置かれた。議長はマッコイ（米）、事務局長はジョンソン（米）とアメリカが独占したが、専門委員会の委員長は、オーストラリア、イギリス、インド、ソ連、中国、フランス、オランダの諸国に割り当てられた。

ソ連は当初、極東委員会を東京に設置するよう主張した。マッカーサーの近くにいて監視するためだった。しかし、マッカーサーの強力な反対によってワシントンに落ち着いた。その代わり極東委員会の出先機関として、米英ソ中の代表から構成される対日理事会が東京に置かれることになった。建前はマッカーサーに助言し、協議するための諮問機関として設置されたものであるが、実際は、マッカーサーにたいする統制をねらったものだった。マッカーサーは対日理事会を徹底的に嫌い、その議長に任命されていたにもかかわらず、一度出席しただけで、あとはアチソン政治顧問部長にまかせた。

極東委員会の設置を決めたモスクワにおける三国外相会議では、対日理事会への付託条項と

写真7　ホイットニー（左）とケーディス

して、「日本国の憲法構造の根本的変革」があげられ、アメリカ政府は事前に極東委員会と協議し、意見の一致をみることが義務づけられた。

四六年一月九日に、マッコイ議長を団長とする極東諮問委員会の一行が日本を訪れ、マッカーサーをはじめGHQ職員と会談を持った。この会談において、憲法改正問題が議論になった。後日憲法草案を作成することになる民政局のホイットニー局長、ケーディス次長らは、「憲法改正は、極東委員会の権限内にある。日本の憲法構造の根本的変更にかかわる長期的問題である」として、憲法改正は全く考えていないと発言していた。マッカーサーも委員会一行が離日する前日の会談で、戦犯、天皇、貿易、軍事占領の期間、対日平和条約など多岐にわたって意見を交わした。このときマッカーサーは憲法改正問題についての質問にたいして、こう答えた。[1]

憲法改正については、当初の指令では、私に管轄権が与えられていましたが、モスクワ協定［四五年一二月二七日のモスクワ三国外相会議の協定―引用者］によって、その問題は私の手から取りあげられました。私は、若干の示唆をなし、日本人は、この案件につき作業するための委員会を任命しました。私はいかなる行動も中止しました。私はいかなる命令も指令も発しておらず、ただ示唆をなすにとどめました。私は、日本人が、これから起草されるどんな新憲法をも自分たちの作品として判断することができるであろうと希望しています。なぜならば、憲法は、それがどんなによいものであっても、日本人に強制されれば、その強制力が残存しているあいだだけしか存続しないだろうからです。

しかし、右の発言とは裏腹に、マッカーサーの胸の内では、日本国憲法案を作成する理論的根拠を調べ、委員一行が離日した翌々日（二月二日）には、GHQで日本国の憲法改正案を作成しなければならないとの決意を固めていた。それは、極東委員会が憲法改正について政策決定を発表するまでは、実質的にマッカーサーに憲法改正問題に関与する権限があることを確認したからであった。極東委員会の第一回会合は、四六年二月二六日にワシントンの旧日本大使館で開かれた。そして最初の対日理事会が東京で開催されたのは、四六年四月五日であった。マッカーサーは、二月末に極東委員会が正式に発足して活動を開始し、とくに対日理事会が東京で活動を開始するようになれば、憲法改正について自らの手が縛られることを懸念した。

極東委員会では、ソ連がアメリカの方針を激しく非難し、日本の再起を恐れる中国、フィリピン、オーストラリア、ニュージーランドも批判的態度をとった。天皇制の存続についても、ソ連、オーストラリアおよびニュージーランドが否定的であった。

さきのマッカーサーの発言の裏には、極東委員会および対日理事会が活動を開始する前に、「日本人自身の手によって新憲法が起草された」という体裁と手続きをとって、新憲法草案を作成し、日本の議会の審議にかけて既成事実としてしまう思惑があった。そのために、後述するように、マッカーサーはＧＨＱ民政局にハードな日程で秘密裏に日本国憲法草案を作成させ、幣原内閣はそれを受け入れることになる。以後、マッカーサーが公言したように、「日本人が、これから起草されるどんな新憲法をも自分たちの作品として判断することができる」ものとなり、極東委員会や対日理事会が干渉することのできない手続きを踏んで日本国憲法が制定されていくことになる。[2]

いっぽう、アメリカ政府も対日占領政策のなかで、大日本帝国憲法の早期の改正を重視し、前述のようにマッカーサーをとおして、幣原内閣に指令していた。日本国憲法の指針となった文書ＳＷＮＣＣ―二二八が三省調整委員会極東小委員会において作成されていたことはすでに述べた（本書一三八頁）。

そのＳＷＮＣＣ―二二八が四六年一月一一日に「情報」（information）「日本の政治組織の改革」（Reform of the Japanese Governmental System）と題して合衆国太平洋軍司令官マッカーサーに秘密裏に送付されてきた。マッカーサーはそれを連合国極東委員会と対日理事会の設置の動きに対抗して、日本の憲法改正作業を促進せよとのアメリカ政府の指示と理解したことは想像に難くない。SWNCC―二二八が民政局スタッフによる新憲法草案作成の基本文書になったことは、拙著『憲法九条と幣原喜重郎』の「第6章　アメリカ政府とGHQによる憲法改正の促進」の「3　アメリカ政府による日本国憲法の指針の指示――SWNCC―二二八」において詳述したとおりである。同書では、日本国憲法の章、条文と対照させて、同文書が日本国憲法の骨格になったことを明らかにした。[3]

マッカーサーは、日本政府に憲法改正を指令したものの、幣原内閣の憲法問題調査委員会の作業が、前年一二月上旬に新聞報道された「松本四原則」のように、帝国憲法改正とは程遠い、旧態依然たるものであることを知るにいたって、GHQ民政局による憲法改正草案作成以外に手段はないと考えるようになっていたことは推測できる。

2　幣原首相のマッカーサーとの「秘密会談」決意

幣原は、首相就任以来の激務が七三歳という老軀に耐えられず、年末から年始にかけて風邪をひき、寝込んだ。さらに年明けの一月四日にGHQが下した軍国主義者の公職追放命令に幣原内閣の閣僚六人が該当した。そのなかに、幣原内閣が憲法改正問題を委ねた松本烝治国務大臣がふくまれていた。松本の戦前の経歴（本書一一七頁）が問われたのであった。相次ぐ公職追放のショックで幣原は風邪を悪化させて急性肺炎になり、重症におちいった。幣原首相はいったん総辞職も考えたが、マッカーサーからも反対されて思いとどまり、[4]吉田外相の采配で、追放命令を受けた閣僚を入れ替えて一月一三日に内閣改造をおこなった。ただし、憲法改正問題にたずさわっていた松本国務大臣だけは、GHQとの折衝の結果、在任中にかぎって特別に追放猶予を認めてもらった。

吉田茂外相から幣原首相重症の知らせを受けたマッカーサーが、主治医の軍医を幣原邸に派遣し、日本では貴重品だったペニシリンを投与したので、幣原はやがて回復に向かうようになった。

幣原首相は、松本国務大臣が一月七日に参内して直接天皇に「松本私案」を提示したことを知っていたが、天皇も「裁可」（同意）を与えなかったように、幣原も「松本私案」ではGHQに通用しないことを知っていた。しかし、前述したように、首相として閣議においては公然と批判や反対はできなかった。幣原はさらに吉田外相などをとおしてマッカーサーが連合国極東委員会の動向と関連させて、憲法改正を急ごうとしていることも知っていた。

『昭和天皇実録　第九』によれば、幣原首相は、四五年一二月二四日に天皇に謁見して、「人間宣言」の詔書については、天皇から内閣に委任する旨を申しつけられている。それが一二月二七日には前田多門文相が病気の首相代理で参内して内閣作成の詔書案を天皇に奏上している。

それから年を越して一月一五日に三土忠造《みつちちゅうぞう》内務大臣が首相代理で公職追放による内閣改造の人事の内奏をしている。したがって幣原首相は一二月二五日から一月一五日までは病気療養のため公務を欠席していたのである。

　この風邪と肺炎による療養中に幣原は予定された新憲法に憲法九条発案となる戦争放棄と軍備全廃の条文を入れるよう、マッカーサーに秘密裏に提案する決意を固めたのであった。そう決意するにいたった動機は、幣原喜重郎『外交五十年』に「軍備全廃の決意」として次のように述べられている。[5]

　私は図らずも内閣組織を命ぜられ、総理の職に就いたとき、すぐに私の頭に浮んだのは、あの電車の中の光景であった。これは何とかしてあの野に叫ぶ国民の意思を実現すべく努めなくちゃいかんと、堅く決心したのであった。それで憲法の中に、未来永劫そのような戦争をしないようにし、政治のやり方を変えることにした。つまり戦争を放棄し、軍備を全廃して、どこまでも民主主義に徹しなければならんということは、他の人は知らんが、私だけに関する限り、前に述べた信念からであった。それは一種の魔力とでもいうか、見えざる力が私の頭を支配したのであった。よくアメリカの人が日本へやって来て、こんどの新憲法というものは、日本人の意思に反して、総司令部の方から迫られたんじゃありませんかと聞かれるのだが、それは私の関する限りそうじゃない、決して誰からも強いられたんじゃないのである。

右に「あの電車の中の光景」というのは、『外交五十年』の引用文の前に「ああ八月十五日」「聞け野人の声」と題して、幣原が八月一五日、日本クラブの図書室で天皇の玉音放送を聞いて敗戦を知って帰宅する電車のなかで、「非常な感激の場面に出遭った」と書いたものである。それは、三〇代ぐらいの男性が向かい側の乗客にこう叫んだのである。[6]

「一体君は、こうまで、日本が追いつめられたのを知っていたのか。なぜ戦争をしなければならなかったのか。おれは政府の発表をしたものを熱心に読んだが、なぜこんな大きな戦争をしなければならなかったのか、ちっとも判らない。戦争は勝った勝ったで、敵をひどく叩きつけたとばかり思っていると、何だ、無条件降伏じゃないか。足も腰も立たぬほど負けたんじゃないか。おれたちは知らん間に戦争に引き入れられて、知らん間に降参する。自分は目隠しをされて屠殺場に追い込まれる牛のような目に逢わされたのである。怪しからんのはわれわれを騙し討ちにした当局の連中だ」

さかんに怒鳴っていた男性はしまいにはおいおい泣き出し、車内の群衆もこれに呼応してそうだそうだとワイワイ騒ぎだしたのであった。これを幣原は「聞け野人の声」つまり民衆の声として聞かなければならないと思ったのである。『外交五十年』はさらにこう語る。

私はこの光景を見て、深く心を打たれた。彼らのいうことはもっとも至極だと思った。彼らの憤慨するのも無理はない。戦争はしても、それは国民全体の同意も納得も得ていない。国民は何も知らずに踊らされ、自分が戦争をしているのでなくて、軍人だけが戦争をしている。それをまるで芝居でも見るように、昨日も勝った、今日も勝ったと、面白半分に眺めていた。そういう精神分裂の揚げ句、今日惨憺たる破滅の淵に突き落とされたのである。

もちろんわれわれはこの苦難を克服して、日本の国家を再興しなければならんが、それにつけてもわれわれの子孫をして、再びこのような、自らの意思でもない戦争の悲惨事を味わしめぬよう、政治の組立から改めなければならぬということを、私はその時深く感じたのであった。

幣原が戦争放棄、軍備全廃の条項を日本国憲法に入れたことを「一種の魔力とでもいうか、見えざる力が私の頭を支配したのであった」と書いているのは、膨大な日本国民さらにはアジア太平洋地域の民衆の戦争被害者、犠牲者たちの悲痛な魂の叫びが、「魔力」となり、「見えざる力」となって、幣原に憲法九条発案という「天命」を与えたということもできよう。

『外交五十年』にはさらに、軍備全廃、戦争放棄という憲法九条発案にかけた幣原の信念が次のように語られている。[7]

軍備に関しては、日本の立場からいえば、少しばかりの軍隊を持つことは、ほとんど意味がないのである。将校の任に当たってみればいくらかでもその任務を効果的なものにしたいと考えるのは、それは当然のことであろう。外国と戦争をすれば必ず負けるに決まっているような劣弱な軍隊ならば、誰だって真面目に軍人となって身命を賭するような気にはならん。それでだんだんと深入りして、立派な軍隊を拵えようとする。戦争の主な原因はそこにある。中途半端な、役にも立たない軍備を持つよりも、むしろ積極的に軍備を全廃し、戦争を放棄してしまうのが、一番確実な方法だと思うのである。

もう一つ、私の考えたことは、軍備などよりも強力なものは、国民の一致協力ということである。武器を持たない国民でも、それが一団となって精神的に結束すれば、軍隊よりも強いのである。例えば現在マッカーサー元帥の占領軍が占領政策を行っている。日本の国民がそれに協力しようと努めているから、政治、経済、その他すべてが円滑に取り行われているのである。しかしもし国民すべてが彼らと協力しないという気持ちになったら、果たしてどうなるか。占領軍としては、不協力者を捕えて、占領政策違反として、これを殺すことが出来る。しかし八千万人という人間を全部殺すことは、何としたって出来ない。

数が物を言う。事実上不可能である。だから国民各自が、一つの信念、自分は正しいという気持で進むならば、徒手空拳でも恐れることはないのだ。暴漢が来て私の手をねじって、おれに従えといっても、嫌だといって従わなければ、最後の手段は殺すばかりである。だから日本の生きる道は、軍備よりも何よりも、正義の本道を辿って、天下の公論に訴える、これ以外にはないと思う。

幣原の右の軍備全廃、戦争放棄の思想はガンジーの「非暴力的抵抗主義」に通じるものがあり、現在の日本における伊藤真・神原元・布施祐仁『9条の挑戦――非軍事中立戦略のリアリズム』が提起する「積極的非暴力平和主義」に継承されている。[8]

以上に紹介した幣原の『外交五十年』の回想を素直に読めば、幣原が「戦争放棄」と「軍備全廃」を掲げた憲法九条を発案した動機が語られていることが理解できよう。ところが、幣原の『外交五十年』の「第一部　外交五十年」はここで終わり、最後に「新憲法において、天皇は日本の象徴であるといって、『象徴』という字を用いた。私もこれはすこぶる適切な言葉だと思った」と述べた文章で終わっている。そして注記として「本篇、公人としての私の回顧の記録は、ここで一応打ち切ることとする。それは前に述べたように、昭和二十年に隠棲の宿志を果たすことが出来ず、引き続き現在に至るまで、公人生活を続けているが回顧談としては余りに生々しいので、それは後の機会に譲ることとし、以下本文に漏れた数篇を、余談として追加する」として「第二部　回想の人物・時代」が『外交五十年』に付け加えられた。[9]

この公人としては「余りに生々しい」ので執筆当時は語れなかったことを本書では明らかにしていく。それは「後の機会に譲る」つもりでいたが、本書の「はじめに」で紹介した、平野三郎に、「他言しないように」と念をおして語ったことで、平野が「平野文書」や自身の著書に記録していたのである。

「余りに生々しい」ので公人としては語れない理由は、本書「はじめに」で触れたように、幣原がマッカーサーとの「秘密会談」において、幣原が発案した新憲法に「戦争放棄」「軍備全廃」の条項を入れることを提案して、マッカーサーが賛同、後に憲法九条にする「秘密合意」が成立したことを、当時、国内で知られてはならなかったからだ。それは、幣原がマッカーサー・GHQの圧倒的な権威を利用しなければ、軍部や右翼、保守勢力さらには国民のある部分からは反対が予想される「戦争放棄」「軍備全廃」の構想を新憲法に規定することができないと考えたこと、それゆえ、幣原内閣の閣僚にも知られてはならなかったこと、さらに松本烝治国務大臣が作成した憲法改正草案の「松本私案」には反対であったが、それを閣議では公然と反対することもできず、松本烝治ならびに閣僚にたいして、素知らぬ顔の「芝居」を打っていたことでもわかる。

幣原首相が年末から年始、風邪から肺炎になり、公務を休んで療養していたときに、憲法九条になる日本の「戦争放棄」と「軍備全廃」の構想を改正憲法に織り込むことを発案し、それをマッカーサーと「秘密会談」を持って提案しようと決意したことを、本書の「はじめに」で紹介した「平野文書」ではこう書かれている。[10]

そのことは此処だけの話にしておいて貰わねばならないが、実はあの年（昭和二十年）の暮から正月にかけ僕は風邪をひいて寝込んだ。僕が決心をしたのはその時である。それに僕には天皇制を維持するという重大な使命があった。元来、第九条のようなことを日本側から言いだすようなことは出来るものではない。まして天皇の問題に至っては尚更である。この二つは密接にからみ合っていた。実に重大な段階にあった。

幸いマッカーサーは天皇制を存続する気持を持っていた。本国からもその線の命令があり、アメリカの肚は決まっていた。ところがアメリカにとって厄介な問題が起こった。それは豪州やニュージーランドなどが、天皇の問題に関してはソ連に同調する気配を示したことである。これらの国々は日本を極度に恐れていた。日本が再軍備をしたら大変である。戦争中の日本軍の行動は余りに彼らの心胆を寒からしめたから無理もないことであった。ことに彼らに与えていた印象は、天皇と戦争の不可分とも言うべき関係であった。日本人は天皇のためなら平気で死んで行く。恐るべきは「皇軍」である。という訳で、これらの国々のソ連への同調によって、対日理事会の票決ではアメリカは孤立化する恐れがあった。

この情勢の中で、天皇の人間化と戦争放棄を同時に提案することを僕は考えた訳である。

豪州その他の国々は日本の再軍備を恐れるのであって、天皇制そのものを問題にしている訳ではない。故に戦争が放棄された上で、単に名目的に天皇が存続するだけなら、戦争の権化としての天皇は消滅するから、彼らの対象とする天皇制は廃止されたと同然である。もともとアメリカ側である豪州その他の諸国は、この案ならばアメリカと歩調を揃え、逆にソ連を孤立させることが出来る。

この構想は天皇制を存続すると共に第九条を実現する言わば一石二鳥の名案である。もっとも天皇制存続と言ってもシムボルということになった訳だが、僕はもともと天皇はそうあるべきものと思っていた。元来天皇は権力の座になかったのであり、又なかったからこそ続いてきたのだ。もし天皇が権力を持ったら、何かの失政があった場合、当然責任問題が起こって倒れる。世襲制度である以上、常に偉人ばかりとは限らない。日の丸は日本の象徴であるが、天皇は日の丸を護持する神主のようなものであって、むしろそれが天皇本来の昔に還ったものであり、その方が天皇のためにも日本のためにもよいと僕は思う。

この考えは僕だけではなかったが、国体に触れることだから、仮りにも日本側からこんなことを口にすることは出来なかった。憲法は押しつけられたという形をとった訳であるが、当時の実情としてそういう形でなかったら実際に出来ることではなかった。

そこで僕はマッカーサーに進言し、命令として出して貰うよう決心したのだが、これは実に重大なことであって、一歩誤れば首相自らが国体と祖国の命運を売り渡す国賊行為の汚名を覚悟しなければならぬ。松本君にさえも打ち明けることの出来ないことである。したがって誰にも気づかれないようにマッカーサーに会わねばならぬ。

幸い僕の風邪は肺炎ということで元帥からペニシリンというアメリカの新薬を貰いそれによって全快した。そのお礼ということで僕が元帥を訪問したのである。それは昭和二一年の一月二四日である。その日、僕は元帥と二人切りで長い時間話し込んだ。すべてはそこで決まった訳だ。

マッカーサーは非常に困った立場にいたが、僕の案は元帥の立場を打開するものだから、渡りに舟というか、話はうまく行った訳だ。しかし第九条の永久的な規定ということには彼も驚いていたようであった。僕としても軍人である彼が直ぐには賛成しまいと思ったので、その意味のことを初めに言ったが、賢明な元帥は最後には非常に理解して感激した面持で僕に握手した程であった。

右のように幣原は、日本の戦争放棄と軍備全廃を象徴天皇制とセットにして改正憲法（新憲法）に織り込めば、一石二鳥となって、連合国側にも受け入れられると考えついたのである。しかし、それは、天皇制の変更にかかわることであり、日本国内の反対を考えると、マッカーサーに秘密裏に提案して、米軍によって憲法を「押しつけられたという形」にしなければ、実現できなかったのであった。もしも、幣原が秘密裏にマッカーサーに提案したことが世間に知られれば、「首相自らが国体と祖国の命運を売り渡す国賊行為の汚名を覚悟」しなければならなかった。拙著『憲法九条と幣原喜重郎』に記したように、幣原は一九三二年の一人一殺主義を掲げた血盟団による政界・財界要人二〇名の暗殺リストに入れられ、狙われたことがあった。

　これから明らかにするように、幣原が「秘密会談」においてマッカーサーに発案した戦争放棄・軍備全廃の提案がマッカーサーの全面的同意を受けて「秘密合意」が成立、それが新憲法の九条となったのは、日本の旧軍部勢力・右翼、保守勢力にはマッカーサー・GHQに「押しつけられた」と見えたので、彼らは反対できなかったのである。このことは、幣原首相が松本烝治国務大臣をはじめとする内閣閣僚に「芝居」を打たざるを得なかった理由でもあった。

　以上のようにマッカーサーとの「秘密会談」において憲法九条発案を提案する決意を固めた幣原は、体力も回復して本格的に活動を開始したのを機に、吉田外相にマッカーサーとの日程を調整させた。そして、四六年一月二四日にペニシリンのお礼をするという口実で、GHQ本部にマッカーサーを訪ねたのであるが、幣原は事前に天皇に拝謁して自分がマッカーサーと会談することについて、報告していたと思われる。

『昭和天皇実録　第十』の一月二一日に「午後、表拝謁ノ間において内閣総理大臣幣原喜重郎に謁を賜い、幣原より病気完治につき御礼言上、及び奏上を受けられる」とある。[11] 何を「奏上」したかは、記されていない。しかし、後述するように、マッカーサーとの「秘密会談」の翌日、幣原は天皇に「秘密合意」の報告に参内している。これまで縷々《るる》述べてきたように、幣原はそのつど天皇に拝謁して、政務報告をしているので、上述のような憲法改正にかかわってマッカーサーと「秘密会談」を持つことについて、事前に天皇に「奏上」しなかったことは考えられない。

3　マッカーサーと幣原の「秘密合意」

四六年一月二四日、幣原はマッカーサーと秘密会談をするつもりで、秘書官と警護官の二人だけを連れて、日比谷の第一生命ビルにあった連合国軍総司令部にマッカーサーを訪問、マッカーサーの執務室で、二人だけで三時間ほど会談を持った。幣原は英語を自由に話せたので通訳をつけず、マッカーサーも部下を同席させなかった。「秘密会談」（会談を持ったことそのものは公然であるが）だったので、記録もされていない。

二人の「秘密会談」と「秘密合意」について、マッカーサーは幣原の死後、公開の場で証言し、回想録にも書いている。しかし、幣原は五一年三月に亡くなったこともあって、公的な場での証言や本人の記録はなく、「平野文書」に記述されているだけである。そこで、マッカーサー側の記録から、一月二四日の幣原との「秘密会談」と「秘密合意」の様相を見てみたい。

（1）『マッカーサー大戦回顧録　下』より

マッカーサーは一九六四年四月五日に八四歳で亡くなったが、亡くなる三年ほど前からもっとも情熱をかたむけて取り組んだのが回想録、"Reminiscences"の執筆であった。同書はマッカーサーが亡くなった一九六四年に出版された。回想録の最終章は日本の占領時代の占領政策を回想したものであるが、そのなかで「憲法改正」というタイトルで、幣原との「秘密会談」と「秘密合意」が憲法九条になったことを以下のように書いている。[12]

日本の新憲法にある「戦争放棄」条項は、私の個人的な命令で押しつけたものだという非難が、実情を知らない人々によってしばしば行われている。これは次の事実が示すように、真実ではない。

旧憲法改正の諸原則を、実際に書きおろすことが考慮されるだいぶ前のこと、幣原首相は、当時日本ではまだ新薬だったペニシリンをもらって、病気がよくなった礼を述べるため、私に会いたいといってきた。それはちょうど松本博士の憲法問題調査委員会が憲法改正案の起草にとりかかろうとしている時だった。

幣原男爵は一月二十四日（昭和二十一年）の正午に、私の事務所をおとずれ、私にペニシリンの礼を述べたが、そのあと私は男爵がなんとなく当惑顔で、何かをためらっているらしいのに気がついた。私は男爵に何を気にしているのか、とたずね、それが苦情であれ、何かの提議であれ、首相として自分の意見を述べるのに少しも遠慮する必要はないといってやった。

首相は、私の軍人という職業のためにどうもそうしにくいと答えたが、私は軍人だって時折りいわれるほど勘がにぶくて頑固なのではなく、たいていは心底はやはり人間なのだと述べた。

首相はそこで、新憲法を書上げる際にいわゆる「戦争放棄」条項を含め、その条項では同時に日本は軍事機構は一切もたないことをきめたい、と提案した。そうすれば、旧軍部がいつの日かふたたび権力をにぎるような手段を未然に打消すことになり、また日本にはふたたび戦争を起す意志は絶対にないことを世界に納得させるという、二重の目的が達せられる、というのが幣原氏の説明だった。

首相はさらに、日本は貧しい国で軍備に金を注ぎ込むような余裕はもともとないのだから、日本に残されている資源は何によらずあげて経済再建に当てるべきだ、とつけ加えた。

私は腰が抜けるほどおどろいた。長い年月の経験で、私は人を驚かせたり、異常に興奮させたりする事柄にはほとんど不感症になっていたが、この時ばかりは息もとまらんばかりだった。戦争を国際間の紛争解決には時代遅れの手段として廃止することは、私が長年熱情を傾けてきた夢だった。

現在生きている人で、私ほど戦争と、それがひき起こす破壊を経験した者はおそらく他にあるまい。二十の局地戦、六つの大規模な戦争に加わり、何百という戦場で生残った老兵として、私は世界中のほとんどあらゆる国の兵士と、時にはいっしょに、時には向い合って戦った経験をもち、原子爆弾の完成で私の戦争を嫌悪する気持は当然のことながら最高度に高まっていた。

私がそういった趣旨のことを語ると、こんどは幣原氏がびっくりした。氏はよほどおどろいたらしく、私の事務所を出る時には感きわまるといった風情で、顔を涙でくしゃくしゃにしながら、私の方を向いて「世界は私たちを非現実的な夢想家と笑いあざけるかも知れない。しかし、百年後には私たちは予言者と呼ばれますよ」といった。

新憲法の第二章第九条は次のように規定している。

「日本国民は、正義と秩序を基調とする国際平和を誠実に希求し、国権の発動たる戦争と、武力による威嚇又は武力の行使は、国際紛争を解決する手段としては、永久にこれを放棄する。前項の目的を達するため、陸海空軍その他の戦力は、これを保持しない。国の交戦権は、これを認めない」

この条項はあちこちから攻撃され、ことにこの条項は人間のもつ基本的な性質に反するものだと冷笑する者がいたが、私はこれを弁護して憲法に織込むことをすすめた。私は、この条項はあらゆる思想の中で最も道義的なものだという確信をもっていたし、それに当時連合国が日本に求めていたものとぴったり一致することも知っていた。

連合国はそういった意思表示をポツダムで行い、その後にも行っていた。現に私が受けた指令は「日本は陸、海、空軍、秘密警察組織、および民間航空を保有してはならない」と述べていた。それが戦勝国によってでなく、日本人自身によって達成されたのである。

右のマッカーサーの回想録には、一月二四日に幣原がペニシリンのお礼を口実に「秘密会談」に訪れ、おずおずと「戦争放棄」と「武力不保持」を新憲法に入れることを提案し、それにマッカーサーが驚きながらも共感し、両者が感激しながら後に憲法九条となる条項について「合意」に達した経緯が、臨場感を持って語られている。この場面は、「平野文書」にも次のように語られている（本書一七三頁）、「幸い僕の風邪は肺炎ということで元帥からペニシリンというアメリカの新薬を貰いそれによって全快した。そのお礼ということで僕が元帥を訪問したのである。それは昭和二一年の一月二四日である。その日、僕は元帥と二人切りで長い時間話し込んだ。すべてはそこで決まった訳だ」という幣原の証言とぴったり符合する。一月二四日の幣原とマッカーサーとの「秘密会談」と「秘密合意」の成立状況の場面が両者の証言で一致していることは、事実でなければあり得ないことである。

本書前節に紹介した幣原が憲法九条の発案をマッカーサーに提案しようと「決意」するにい

たった平和思想は、マッカーサーとの「秘密会談」において、幣原の方から情熱をこめて語り、マッカーサーを驚かせ、感激させたことは間違いない。

（2）ロスアンゼルスの市民午餐会におけるマッカーサーの演説

一九五五年一月二七日『ニューヨーク・タイムズ』は「マッカーサーが戦争放棄を強調し、核紛争を警告」という見出しをつけて、一月二六日、ロスアンゼルス市内にあるマッカーサー公園に一万五〇〇〇の市民が集まってマッカーサーの七五歳の誕生日を祝賀してマッカーサーの銅像献呈の大集会が開催されたことを報道している。[13] 銅像の脇に作られた演台に立つマッカーサーが「極東の最終的な運命がどうであれ、軍事力では解決できないであろう。戦争はもはや生き残りの手段とはならず、われわれの滅亡をもたらすだけである」と新聞の見出しのような平和演説をおこなったことを報道している。

マッカーサー公園での大集会の後、アメリカ在郷軍人会の主催による午餐会が開催され、一一〇〇余人の市民を前に、マッカーサーはさらに長い平和演説をおこなった。同紙にはその演説の原稿が掲載されている。[14] 在郷軍人会主催の午餐会なので、アメリカの戦争を讃え、肯定する演説かと思いきや逆で、核兵器が登場した現在、世界の最終的運命は軍事力では解決できなくなった、人類は今こそ、人類を滅亡から救うために戦争を禁止し、廃止しなければならないと、世界平和を訴える長い演説であった。この演説のなかでマッカーサーは、幣原喜重郎がマッカーサーに憲法九条を提案したときのことを次のように語った。

わたくしは、日本人が新しい憲法の制定に当たってこの問題「戦争禁止を可能とみるか―引用者」に直面したときのことを、まざまざと思いだします。日本人は、現実主義者であります。そして戦慄《せんりつ》すべき経験を通じて、大量殺人のものすごい結果を知っている唯一の国民であります。二つの大きなイデオロギーの間にはさまった一種の国境無人地帯のような運命を負わされている限定された地域のうちにあって、日本人は、もう一度戦争に参加することは、勝つにしても負けるにしても、おそらく、かれらの民族の滅亡を招くであろうということを、実感として知っているのです。

そこで日本の賢明な幣原老首相がわたくしのところに来られて、日本人自身を救うには、日本人は、国際的手段としての戦争を放棄すべきであるということを強く主張されました。わたくしが賛成すると、首相は、わたくしに向かって「世界はわれわれを嘲笑し、非現実的な空想家であるといって、ばかにすることでしょうけれども、今から百年後には、われわれは予言者とよばれるに至るでありましょう」と言われました。

世界は、生き延びようと考えるなら、おそかれ早かれ、この決断に到達しなければなりません。ただ一つの問は「いつ？」ということです。われわれは、もう一度戦わなければ、わからないのでありましょうか？　いつの日に権力の座にある大人物のうちのだれかが、この人類共通の望み——しかも急速に人類共通の必要事となってきたこの望み——を実現するに十分な想像力と道徳的な勇気とを持つに至るのでありましょうか。

われらは新しい時代に生きております。（中略）われわれは、新しい考え、新しい構想、新しい概念を必要としているのです。（中略）いつの世にも、だれか指導者が必要ですが、われわれこそ、その指導者になるべきであります。われわれは、今こそ、世界の諸大国と申し合わせて戦争を放棄する用意があることを宣言すべきであります。その結果は、驚異的でありましょう。

右のマッカーサーの演説は、一九四六年一月二四日の幣原との「秘密会談」で憲法九条の「秘密合意」がなり、幣原が「百年後には、われわれは予言者とよばれるに至るでありましょう」と言った事実を紹介している。「平野文書」で幣原が語った「秘密会談」と「秘密合意」の回想と一致しているのは、事実であるからである。

右のマッカーサーの演説で重要なのは、核戦争による人類の破滅を救うための先駆的な宣言である憲法九条の人類史的価値をきちんと評価していることである。まさに「地球憲法第九条」という評価である。これを幣原喜重郎からマッカーサーに提案して、それにマッカーサーが共感して同意したことがはっきりとマッカーサー自身によって語られている。念を押すが、核戦争による人類滅亡の道をいかに阻止するかという演説のなかでの言及なのである。

(3) 米国議会上院軍事・外交合同委員会におけるマッカーサーの証言

一九五〇年六月二五日に朝鮮戦争が勃発すると、国連安保理事会は、北朝鮮の攻撃を侵略と認め（ソ連は欠席）、一六カ国が参加する国連軍を編成して朝鮮戦争に出動させ、最高司令官にマッカーサーが就任した。朝鮮戦争の経緯はここでは省略するが、一九五一年三月、マッカーサーは中国本土攻撃も辞せずと声明して、朝鮮戦争休戦を考えていたトルーマン大統領と意見が対立して、四月一一日に国連軍最高司令官を罷免された。このため、マッカーサーは連合国軍最高司令官の地位も失い、日本を去ることになった。四月一六日に離日してアメリカに帰国、四月二五日アメリカ議会の上院でマッカーサーの解任が正式に可決された。それと同時に上院の軍事・外交合同委員会において「極東の軍事情勢」調査をおこなうことが決定され、五月に入って三日間にわたり、マッカーサーにたいする聴聞会が開催された。マッカーサーは、極東の軍事情勢について、朝鮮戦争を中心に連合国軍最高司令官としての自らの政策の正当性を証言した。そのなかで、マクマホン上院議員（民主党、コネチカット州）が、戦争拡大を防止し、第三次世界大戦を回避するための方策を見出すなんらかの希望を持っているかと質問したのにたいして「戦争廃止こそ最終の解決策（Abolition of war as the final solution）」と題して証言、

「日本において行われたことは、その立派な証拠であります」と述べた。それは、「日本の戦争廃止（Abolition of war in Japan）」と題する五月五日の議事録に次のように記録されている。[15]

日本国民は、世界中の他のいかなる国民にもまして、原子戦争がどんなものであるかを理解しております。かれらにとっては、それは理論上のものではありませんでした。かれらは、現実に死者の数を数え、死者を葬ったのであります。かれらは、かれら自身の発意で、戦争を禁止する旨の規定を憲法に書き込んだのであります。

日本の内閣総理大臣幣原氏――この人は大へん賢明な老人でありましたが、最近亡くなられました――この幣原氏がわたくしのところへやって来てこう申しました。「これはわたくしが長い間考え、信じてきたことですが、この問題を解決する道は唯一つ、戦争をなくすことです。」

かれはまた言いました。「軍人であるあなたにわたくしがこういうことを申し上げてもとうていとり上げていただくわけにまいらないことはわたくしも十分に分かっておりますので、はなはだ申し上げにくい次第ですが、とにかく、わたくしは、現在われわれが起草している憲法の中にこのような規定を入れるように努力したいのです。」

わたくしは、これを聞いて思わず立ち上がり、この老人と握手しながら、これこそ最大の建設的な歩みの一つであると思うと言わないではいられなかったのであります。

さらにわたくしはそのとき申しました。あるいは世の人々はあなたをあざけるであろう。――諸君の御承知のように現在は暴露の時代であり、皮肉の時代であります。――世人はそれを受け入れないであろう。それはあざけりの種になろう――本当にそうなったのでありますが――。それを貫き通すには強い道徳的勇気を要するであろう。そして最後にはその線を保持することができないかも知れないというようなことを申したのであります。しかしながら、わたくしは、この老人を激励いたしました。そして、かれらは、あの規定を書き込むことになったのであります。

あの憲法の中に、日本国民の一般的感情に訴える規定があったとすれば、それは他ならぬあの規定でありました。日本人は、数世紀にもわたって戦争を遂行し、これに成功してきた武人的民族でありました。しかしながら、爆弾によって、かれらは偉大な概念、損失の大きさ、偉大な教訓を教えられ、それを理解して現実に生かそうとしたのであります。

右の証言においてマッカーサーは、四六年一月二四日の幣原との「秘密会談」において、幣原首相から戦争放棄を作成中の憲法草案に入れることを発案され、マッカーサーもそれに共感して「秘密合意」が成立し、マッカーサーから憲法九条は現在は嘲笑されるかもしれないが、道義的勇気を貫くよう、激励したことを証言した。

マッカーサーが、「最近亡くなられました」と言っているように、この聴聞会の二ヵ月前の五一年三月一〇日に幣原は七八歳で亡くなっていた。したがって、憲法九条が幣原からの提案であることを公表しても、日本国内で幣原にたいするテロなどの脅迫の懸念は無用となったこと、さらに幣原がマッカーサーへの提案や合意を秘密にしたことで、松本烝治国務大臣を裏切ってきたことなど幣原の対人関係のトラブルも発生しようがなくなったことなど、「情報公開」してもモラルに反しないという判断がはたらいたと思われる。いっぽう、幣原の場合は、「他言しないように」念をおして平野三郎に語り、平野はそれを「平野文書」に記録したのである。

マッカーサーの証言にある、幣原が一月二四日にマッカーサーを訪れ、「軍人である」マッカーサーに「申し上げてもとり上げて」もらえないことは「分かって」いるが「長い間考え、信じてきたこと」として戦争放棄、戦力不保持を新憲法に入れることを申し出た場面は、「平野文書」で幣原が語っていたことと一致する。

憲法九条マッカーサー発案説を唱える研究者に、マッカーサーは朝鮮戦争で日本を再軍備させた自分の過ちを糊塗するために幣原発案説を主張するようになったのだという論者がいるが、マッカーサーの証言は、アメリカ議会における証言であり、ウソの証言をした場合、偽証罪に問われる厳格なものである。昨今の日本の国会のように、首相以下閣僚が平気でウソの証言をして、追及されれば発言撤回をしてお茶を濁すのとは違うのである。

4　天皇の「秘密合意」の「承認」

一月二四日に「秘密会談」を持ち「秘密合意」に達した幣原とマッカーサーの翌二五日のそれぞれの行動は興味深い。

幣原はさっそく天皇に「秘密会談」と「秘密合意」の報告に行った。『昭和天皇実録　第十』にはこう記されている。[16]

午後三時二十五分、表拝謁ノ間において内閣総理大臣幣原喜重郎に謁を賜い、奏上を受けられる。幣原は、昨日連合国最高司令官ダグラス・マッカーサーと会見し、天皇制維持の必要、及び戦争放棄等につき懇談を行った。奏上の際、幣原に対し、国家再建のために皇室財産を政府に下賜したい旨を仰せになり、またこのことについて近く自らマッカーサーを訪問して、その意向を伝える考えにつき、準備を整えるよう御希望を示される。これに対し幣原より、思召しは誠に有り難いが、かつて食糧輸入の見返り物資として、皇室の宝石類を下付したいとした天皇のお考えを、マッカーサーが皇室の人気取り策と誤解した前例（昨年十一月）もあるため、熟考を要する旨の奉答を受けられる。なお、首相への仰せは、この日午前中、天皇の思召しを受けた侍従次長木下道雄と宮内大臣松平慶民・宮内次官大金益次郎・侍従長藤田尚徳が急ぎ取り纏めた御言葉案による。

天皇は翌二六日も「夕刻、内廷庁舎御政務室において内閣総理大臣幣原喜重郎に謁を賜う」ている。連日の会見はあまり例をみないが、幣原とマッカーサーの「秘密会談」と「秘密合意」について関連した報告を受けたのではないかとも推測できる。

幣原とマッカーサーの「秘密合意」は、天皇にとっても、象徴天皇制を「戦争放棄」と「軍備全廃」をセットにすることで、連合国側も立憲君主制すなわち「国体（天皇制）」を認める保証となるものであったから、「意にかなった」ものであったと思われる。ここで重要なのは、天皇も憲法九条が幣原の発案によるものであることを知り、セットにして象徴天皇制が現実となることで、「承認」を与えていたといえることである。

いっぽう、マッカーサーの行動も迅速であった。

マッカーサーは幣原との「秘密会談」の翌日一月二五日付ではあるが、午前一時四五分東京発信でアイゼンハワー米国陸軍参謀総長宛に次のような「機密緊急」電報を打電した。[17]

当地においては、天皇の犯罪を裁判で問う場合に備え、設定された諸制約のもとで調査が進められてきた。過去一〇年間に、程度はさまざまであるにせよ、天皇が日本帝国の政治上の諸決定に関与したことを示す同人の正確な行動については、明白確実な証拠は何も発見されていない。可能なかぎり徹底的に調査を行なった結果、終戦時までの天皇の国事へのかかわり方は、大部分が受動的なものであり、輔弼者の進言に機械的に応じるだけのものであったという、確かな印象を得ている。（中略）

もしも天皇を裁判に付そうとすれば、占領計画に大きな変更を加えなければならず、それゆえに、実際の行動が開始される前に、しかるべき準備をしておくべきである。天皇を告発するならば、日本国民の間に必ずや大騒乱を惹き起こし、その影響はどれほど過大視してもしすぎることはなかろう。天皇は、日本国民統合の象徴であり、天皇を排除するならば、日本は瓦解するであろう。実際問題として、すべての日本国民は天皇を国家の社会的首長として尊崇しており、正否のほどは別として、ポツダム協定は、彼を日本国天皇として擁護することを意図していたと信じている。したがって、もしも連合国が（それに反した）措置をとるならば、日本国民は、これを日本史上（最大の）……背信行為とみなすであろう。（中略）

そうなれば、近代的な民主主義方式を導入する望みはすべて消え、最終的に軍事支配が終わったとき、自由を奪われた大衆は、おそらく共産主義的路線に沿った何らかの形の厳しい画一的管理を志向するようになるであろう。このような事態は、現在抱えている問題とはまったく異なる占領上の問題を生むことを意味し、占領軍の大幅増強が絶対不可欠となるであろう。最小限にみても、おそらく一〇〇万の軍隊が必要となり、無期限にこれを維持しなければならないであろう。

これは、前年の一一月二九日付で国務・陸・海三省調整委員会から、天皇の戦争責任について、証拠を収集し、訴追の是非を統合本部に報告せよと指示された文書（本書一三二頁）へのマッカーサーの回答であった。さらに差し迫っては、幣原との「秘密会談」の二日前の一月二二日に、統合参謀本部からマッカーサー宛に、ロンドンに設置されている連合国戦争犯罪委員会へ同委員会のオーストラリア代表から、主要犯罪人として天皇裕仁をふくむ六一名の日本の指導者を告発するリストが提出され、平和にたいする罪あるいは人道にたいする罪で天皇の告発を支持する覚書も含まれているので、「オーストラリア提案に従い、天皇ほか六一名の日本人の名簿を作成し、戦争犯罪人として告発すべきか否かについて訓令を待つしだいである」という電報が届けられていたのである。[18]

マッカーサーが幣原との「秘密会談」の翌日（事実上は当日の深夜といえるが）に天皇に明確な戦争責任がないという調査結果を報告し、東京裁判にたいして天皇を訴追してはならないことを強く進言したのは、幣原との「秘密会談」によって、日本の戦争放棄と戦力不保持をセットにした象徴天皇制にすれば、他の連合国も反対できないであろうという、幣原の提案どおりに憲法改正案を作成できるという確信を抱いたからだと推測できる。実際、事はそのように進行したのである。マッカーサーが、日本の占領統治と戦後改革を実施し、いっぽうでは共産主義革命を防止するためにも天皇を利用していたことは、これまで述べてきたとおりである。

マッカーサーと幣原の「秘密会談」と「秘密合意」のなかで、マッカーサーにとって天皇制の維持がより重要であったことは、幣原が「平野文書」で「マッカーサーは非常に困った立場にいた」と語っているように（本書一七三頁）、天皇を利用するために天皇の戦争責任の免責を考えていたマッカーサーにとって、それを他の連合国とくに極東委員会、対日理事会にどう認めさせるか、少なくとも阻止させないようにするにはどうしたらよいかという問題に直面していたのである。これにたいして幣原が提案した象徴天皇制と憲法九条をセットにした憲法改正案は、マッカーサーにとって「渡りに舟」という名案だったのである。

それにしても、さきのマッカーサーのアイゼンハワー陸軍参謀総長宛の機密緊急電報は、「一九四六年一月二五日午前一時四五分　東京発進　一月二六日受信」となっている。マッカーサーは幣原との「秘密会談」が終わったその夜に電文を作成し、深夜に送電したのである。「秘密合意」に興奮したマッカーサーの姿が思い浮かぶようである。

5　幣原発案の「秘密合意」が憲法九条に

マッカーサーの信任がもっとも厚かったＧＨＱ民政局長ホイットニーはマッカーサー執務室

と同じ第一生命ビル六階に局長室を持ち、日常的にマッカーサーと接していてマッカーサーの秘密をも知り、また秘密を共にする立場にあった。彼が著したマッカーサーの伝記であり自分の回想録でもある『日本におけるマッカーサー――彼はわれわれに何を残したか』は、四六年一月二四日のマッカーサーと幣原の「秘密会談」と「秘密合意」の経緯と結果について、次のように書いている。[19]

総司令部の民政局が、憲法改正のための提案原則を書こうと考えつくかなり前のこと、当時の幣原首相は、最高司令官に会見を求め、首相の病気を奇跡的に回復させたペニシリンを提供されたお礼を述べたいと申し入れた。これは、ちょうど松本博士の憲法問題調査委員会が、その草案の討議を始めていた時であって、総司令部の将官連は、ただ、松本委員会の審議の進行状態について、時おりていねいな問い合わせをする以上には差し出なかった。

幣原首相の会見申入れは許された。そして一九四六年一月二十四日正午、幣原首相が到着するや、私は首相をマッカーサー元帥のオフィスに案内した。私は、オフィスに居残らなかったので、マッカーサー元帥と幣原首相との会談中には、その場に居合わせなかった。しかし、私は幣原首相が二時半に辞去した後、すぐにマッカーサーに会いにはいった。そして会談の前と、あとの彼の顔の表情のコントラストは何か重要なことが起こったことを、すぐ私に感じさせた。

マッカーサーは、それがどんなことであったかを次のように説明した。幣原首相はペニシリンのお礼をいった後、今度、新憲法が起草される時には、戦争と軍事施設維持を永久に放棄する条項を含むよう提案した。幣原首相は、この手段によって、日本は軍国主義と警察テロの再出現を防ぎ、同時に自由世界の最も懐疑的な人々に対して、日本は将来、平和主義の道を追求しようと意図しているという有力な証拠をさえ示すことができると述べた。さらに幣原首相は、日本はすべての海外資源を失ったのであるから、もし軍事費の重圧から解放されさえすれば、膨張する人口の最低限度の必要を満たす、機会をどうにか持つことができることを指摘した。この問題をマッカーサー元帥と幣原首相のふたりは、二時間半にわたって話し合ったのであった。幣原首相の秘書官岸倉松氏は、幣原首相は、マッカーサー元帥と連絡する前からそのような考えをもっていたのだとあとになって語った。

マッカーサーは、大いに賛成した。国家間の紛争を解決しようとする時代おくれの手段としての戦争を廃止させたいということは、マッカーサーが長年いだいていた燃ゆるような情熱であった。おそらく現存の人で、マッカーサーほど戦争とその破壊を多く見た人は他にないであろう。二十を数える戦役の古強者であり、六つの戦争に参加または観戦した人であり、また数千の戦線を生き抜いてきた人であるマッカーサーは、世界のほとんどあらゆる国の兵隊とともに戦い、あるいはこれと敵対して戦った。したがって戦争を嫌悪するマッカーサーの感情は原子爆弾の完成とともに、その頂点に達したのであった。

戦争の問題と、戦争をいかに非合法化するかについてのマッカーサー個人の考え方は、よく知られている。マッカーサー元帥が幣原首相の提案をひどく喜んだのは、戦争問題に関する彼の確信からであった。そこで憲法草案の準備を進めるようにと私に命じた時、マッカーサーは、その草案が〝国家至高の権利としての戦争は廃棄される〟という原則を含まなければならないと注意した。この原則は総司令部の運営委員会が作った草案の中に含まれていた。そして一カ月にわたって総司令部と松本委員会との憲法改正論議が行われている間、日本側がどんな形にせよ一度も異議を唱えなかったのは、この戦争放棄条項ただ一つであった。

それは、新憲法第二章の第九条であって、次のように規定している。（以下の第九条条項は省略）

マッカーサーは、この憲法第九条に対しては常に全面的支持を与え、皮肉屋のねらいうち攻撃に対しては、強くこれを弁護した。なぜなら、それは実際的立場から、連合国の強制というよりは、むしろ日本側のイニシアティブを通じて、連合国の政策に基本的なコースを追求したからである。その政策は、第一に、ポツダムで宣言され、その後日本占領の主要目標として連合国によって特に指令されたものである。

長い引用になったが、ホイットニーの回想録には、本書の結論にかかわる重要なことが述べられている。

まずは、幣原とマッカーサーがかの「秘密会談」をおこなった第一生命ビル六階のマッカーサー執務室の現場のリアルな紹介である。そして、「秘密会談」の前と、会談が終わって「秘密合意」を達成したあとのマッカーサーの表情が大きく異なり、興奮さめやらずという顔だったと述べていることである。それは、これまで紹介してきた幣原とマッカーサーの証言にあった「秘密会談」が両者が涙を流すほど感激的なものであり、その結果「秘密合意」に達した気持ちの高揚があったことを、証明する記述である。マッカーサーの興奮は、前述したように、その日の夜にアイゼンハワー宛の電文を作成し、深夜に送信したことからもわかる。

さらに重要なのは、二時間半にわたった「秘密会談」の直後に、ホイットニーがマッカーサーの執務室に入り、たった今終わったばかりの会談の内容をマッカーサーから説明されたことである。そこでは幣原が「今度、新憲法が起草される時には」として、「戦争と軍備の永久放棄」の条項を入れることを発案して提案、それをマッカーサーが「ひどく喜んだ」のである。

そのうえ重要なのは、幣原首相の提案をひどく喜んだマッカーサーが、「戦争問題に関する彼の確信」を持ち、「憲法草案の準備を進めるようにと私に命じた時」、「〝国家至高の権利としての戦争は廃棄される〟という原則を含まなければならないと注意した」とあるのは、後述する「マッカーサー・ノート」のことと思われる。すでに指摘したように、一月二四日の「秘密合意」をふまえて、戦争放棄を必ず憲法改正草案に入れさせるようにと「マッカーサー・ノート」の指示がなされたのである。そして「この原則は総司令部の運営委員会が作った草案の中に含まれていた」のである。

以上紹介したホイットニーの回想は、本書で詳述している憲法九条幣原発案を証明する、決定的な記録の一つである。

第6章　幣原内閣、GHQ憲法草案受け入れ

1　「マッカーサー・ノート」――新憲法草案作成の指示

(1) マッカーサーの憲法改正案作成の権限の確認

マッカーサーは回想録で「新憲法は日本国民にかつてなかった自由と特権をもたらしたものであり、おそらく占領軍が残した最も重要な成果だろう。もし占領軍が当時、極東委員会の審議に頼っていたら、この憲法は絶対に生れなかったと私は確信している。極東委員会にはソ連の拒否権というものが控えていたのだ」と述べているように[1]、マッカーサーは、極東委員会が四六（昭和二一）年二月末に正式に発足して機能を開始する前に、日本政府の自主的な作業のかたちによる憲法改正草案（実際は新憲法草案）作成の既成事実化を急いだ。

マッカーサーは憲法改正草案を作成する権限が、極東委員会および対日理事会との兼ね合いで連合国軍最高司令官の自分にあるかどうかをホイットニー民政局長に調査させていた。その結果が「最高司令官のためのメモ――憲法の改革について」と題して四六年二月一日付でマッカーサーに提出された。ここで注目されるのは、マッカーサーがホイットニーにこの調査を依頼したのが、前述の極東諮問委員会のメンバーが東京に滞在しているときであったことである。

マッカーサーは委員会において「憲法改正の管轄権は私にはない」と発言したが（本書一六〇頁）、そのときすでに調査を命令し、下記のように、自分に権限があることを知っていたのである。

ＧＨＱ民政局の憲法改正草案作成のための運営委員会の責任者であったチャールズ・Ｌ・ケーディス（後述）が軍人を退役し、弁護士となって書いた論文に、四六年一月一七日の極東諮問委員会の会合からおよそ一週間後、ホイットニーからケーディスにたいして、日本の憲法構造を基本的に変革するにあたり、最高司令官としてのマッカーサーの権限の範囲に属するかどうか検討するように指示を与えたと書いている。[2] 一月一七日から一週間後というと、既述したマッカーサーが幣原と「秘密会談」を持ち憲法九条となる日本の戦争放棄と戦力不保持の「秘密合意」が成立した一月二四日と時期が重なる。マッカーサーから調査の依頼をされたホイットニーがケーディスに調査を命じ、その結果「マッカーサーに権限がある」ことを明らかにし、それが二月一日にマッカーサーに報告されたのである。こうみると、マッカーサーは幣原と「秘密会談」をしたときには、憲法改正について自分に権限があるかどうかを考えていたのであり、「秘密合意」は、憲法改正を意識したものであったといえる。

二月一日の報告書は冒頭で次のようにマッカーサーに権限があることを述べている。[3]

日本の統治機構について憲法上の改革を行なうという問題は、急速にクライマックスに近づきつつある。日本の憲法の改正案が、政府の委員会や私的な委員会によっていくつか起草された。次の選挙の際に憲法改正問題が重要な争点になるということは、大いにありうることである。

このような情況のもとで、私は、閣下が最高司令官として、日本の憲法構造に対する根本的変革の問題を処理するに当たってどの範囲の権限をもつか、日本政府によってなされる提案の承認または拒否をなしうるか、あるいはまた日本政府に対し命令または指令を発しうるか、という問題について考察した。私の意見では、この問題についての極東委員会の政策決定がない限り——いうまでもなく同委員会の決定があればわれわれはそれに拘束されるが——閣下は、憲法改正について、日本の占領と管理に関する他の重要事項の場合と同様の権限を有されるものである。

右は冒頭に記された結論である。報告はつづいて各論的に、ポツダム宣言の規定やアメリカの統合参謀本部からの指令を根拠に、マッカーサーに憲法改正案を命令、指令ができる根拠を示し、極東委員会の政策決定がない段階ではマッカーサーに権限があることを保証している。さらに、マッカーサーに「日本政府によってなされる提案」を拒否し、GHQの憲法草案を「命令または指令を発しうる」というのが大切で、これは、幣原内閣が作成した憲法改正草案を拒否する権限と、民政局に憲法改正草案を作成させ、それを幣原内閣に「命令または指令」

する権限がマッカーサーにあるとしたのである。これから述べるように、事実はそのように展開していく。

（2）松本委員会の「憲法改正試案」スクープされる

幣原内閣では、ＧＨＱからの憲法改正草案の提出を迫られて、一月二九日から二月四日にかけて、憲法問題調査委員会（松本委員会）の松本烝治国務大臣が作成した「憲法改正私案」（松本私案）を中心に審議をおこない、二月五日には「松本私案」について、吉田茂外相が松本国務大臣をともなって非公式に会談することをホイットニーに申し入れていた。

こうしたときに、二月一日付『毎日新聞』に「憲法改正・調査会の試案――立憲君主主義を確立・国民に勤労の権利義務」という見出しで、幣原内閣の憲法問題調査委員会の憲法改正試案であるかのごとく全文が掲載され、国民の大きな関心を呼んだ。しかし、その内容が大日本帝国憲法と基本的に変わっていないことに批判的な反響が多かった。厳密には松本私案とは異なるものであり、同委員会メンバーの宮沢俊義（東大教授）の作成した試案であったが[4]、一般には幣原内閣の憲法問題調査委員会の憲法改正試案と受けとめられた。

このスクープをしたのは、『毎日新聞』の枢密院詰めの政治部記者の西山柳造で、憲法問題調査委員会の事務局にあった宮沢俊義委員の作成した試案のプリントを持ち出して、社内でデスク以下全員が手分けして筆写したのち、また事務所に戻したのであった。『毎日新聞』に掲載された宮沢試案は「松本私案」と小さな違いがあったが、ほとんど同じだった。[5]

ホイットニー民政局長はさっそくこの『毎日新聞』に反応し、二月二日付でマッカーサー宛に「憲法改正（松本案）」と題して、同記事の仮訳を添えたメモ（覚書）を提出した。それには、内閣の（松本）委員会が作成した憲法の「改正案は、極めて保守的な性格のものであり、天皇の地位に対して実質的変更を加えてはいません。天皇は、統治権をすべて保持しているのです。この理由からも（他にもいろいろの点がありますが）、改正案は、新聞論調でも世論でも、評判がよくありません」と書かれ、さらに吉田茂外相の「オフ・ザ・レコード」発言から、幣原内閣で「憲法改正につき主導権を握っている反動的グループは、閣下が同意を与えることができるような線から遥かに離れたところにいるということが、看て取れた」と、松本委員会は「反動的グループ」であり、幣原内閣を代表する立場にないことを指摘した。そのうえで「私は、憲法改正案が正式に提出される前に彼等に指針を与える方が、われわれの受け容れ難い案を彼等が決定してしまってそれを提出するまで待った後、新規蒔直しに再出発するよう強制するよりも、戦術としてすぐれていると考えたのです」と提案した。[6]

ホイットニーは松本委員会作成の改正案について二月一二日に吉田外相や松本委員長と会談する予定であることを報告しているので、それまでに民政局が憲法改正草案を作成しておいて、提出される松本私案を拒否するいっぽうで、民政局草案を提示して受け入れさせる方針を提案した。ホイットニーは幣原内閣から提出される「松本私案」の提出を待って草案を検討し、ほぼ確実である新たな憲法改正草案の作成を命じていたら、極東委員会が活動を開始することになってしまうことを何よりも恐れたのである。

マッカーサーはホイットニーの意見に同意し、さっそく、短期間で帝国憲法改正草案（実際は新憲法草案）を作成するよう指示した。

（３）幣原首相との「秘密合意」をふまえた「マッカーサー・ノート」

ホイットニーは二月四日に民政局の初会合を開き、冒頭の挨拶で「これからの一週間は、民政局は憲法制定会議の役をすることになる。マッカーサー将軍は、日本国民のために新しい憲法を起草するという、歴史的意義のある仕事を民政局に委託された」と次のように指示した。[7]

二月一二日までに、民政局の新憲法草案が完成し、マッカーサー将軍の承認をうけることを希望する。二月一二日に、自分は日本の外務大臣その他の係官と、日本側の憲法草案についてオフ・ザ・レコードの会合をもつことになっている。この日本側の草案は、右翼的（＝保守的）傾向の強いものだろうと思われる。しかし自分としては、外務大臣とそのグループに、天皇を護持し、かつ彼等自身の権力として残っているものを維持するための唯一の可能な道は、はっきりと左よりの（＝進歩的な）道をとることを要請するような憲法を受け容れ、これを認めることだ、ということを納得させるつもりである。自分は、説得を通じてこういう結論に達したいと希望しているが、説得の道が不可能なときには、力を用いるといっておどすことだけではなく、力を用いること自体の授権を、マッカーサー将軍からえている。

外務大臣とそのグループが、彼等の憲法案の針路を変え、リベラルな憲法を制定すべしとするわれわれの要望をみたすようなものにするのが、われわれのねらいである。このことがなされたときは、出来上がった文書が日本側からマッカーサー将軍にその承認を求めて提出されることになる。マッカーサー将軍は、この憲法を日本人の作ったものとして認め、日本人の作ったものとして全世界に公表するであろう。

ホイットニーが指示したのは、民政局が二月一二日までの九日間に「新憲法草案」を作成してマッカーサーに提出して承認を受け、それを日本政府に受け入れさせ、日本側からマッカーサーに提出するという手続きを踏んで、それを承認したマッカーサーが「日本人の作ったもの」として全世界に公表するというシナリオであり、事実、そのように実行された。

ホイットニーがマッカーサーに提出したさきの覚書や右の民政局員への指示から、松本烝治憲法問題調査会委員長や吉田茂外相を幣原内閣内の保守派「反動グループ」と見なしていたのは興味深い。事実、ＧＨＱ民政局と吉田外相との関係はよくなかった。

二月四日の民政局の憲法改正草案作成のスタッフの初会合で示されたのが“Top Secret”（トップ・シークレット＝最高機密）と記された「最高司令官から憲法改正の『必須要件』として示された三つの基本的な点」（いわゆる「マッカーサー・ノート」）である。「マッカーサー・ノート」で指示されたのは「象徴天皇制」「戦争放棄、軍備廃止、交戦権放棄」「日本の封建制度の廃止」のいわゆる「マッカーサーの三原則」である。全文は以下のとおり[8]。

1　天皇は、国の元首の地位にある。
皇位は世襲される。

天皇の職務および権能は、憲法に基づき行使され、憲法に示された国民の基本的意思に応えるものとする。

2　国権の発動たる戦争は、廃止する。日本は、紛争解決のための手段としての戦争、さらに自己の安全を保持するための手段としての戦争をも、放棄する。日本は、その防衛と保護を、今や世界を動かしつつある崇高な理想に委ねる。日本が陸海空軍をもつ権能は、将来も与えられることはなく、交戦権が日本軍に与えられることもない。

3　日本の封建制度は廃止される。
貴族の権利は、皇族を除き、現在生存する者一代以上には及ばない。

華族の地位は、今後はどのような国民的または市民的な政治権力も伴うものではない。
予算の型は、イギリスの制度にならうこと。

「マッカーサー・ノート」は、タイトルが憲法改正の「三つの基本的な点」が「必須要件」となっていて、三点を必ず新憲法に定めよという指示である。日本国憲法はマッカーサーの指示どおり、1が日本国憲法の「第一章　天皇」となり、2が「第二章　戦争の放棄」と日本国憲法の冒頭に置かれる条項になった。しかし、3は封建制度は廃止されると漠然と指示しただけで、具体的には特権階級である貴族と華族の廃止と制限をいい、脈絡なくイギリスの予算制度にならうことを述べているだけである。

前述したSWNCC―二二八には、天皇制をどうするかということについては、「天皇制維持の問題は、日本人自身の決定に委ねる」として流動的であり、象徴天皇制への明確な指示はなかったし、戦争放棄については全く指示がなかった。それが、新憲法の柱として盛り込むようにと「マッカーサー・ノート」で指示されたのは、間違いなく一月二四日のマッカーサーと幣原との「秘密会談」と「秘密合意」の結果であった。

本書の「はじめに」に書いたように、自民党の岸信介内閣が設立した憲法調査会会長の高柳賢三（成蹊大学学長）が団長となって五八年に訪米したものの、マッカーサーとホイットニーからは面会を拒否され、代わりに書簡を送って、回答してもらったのであるが、それにはこうあった。

高柳会長がマッカーサーへ「幣原首相は、新憲法を起草するときに戦争および武力の保持を禁止する条項を入れるように提案しましたか。それとも、首相は、このような考え方を単に日本の将来の政策の問題として提示し、貴下がこの考えを新憲法に入れるよう日本政府に勧告したのですか」と質問したのにたいして、マッカーサーは「戦争を禁止する条項を憲法に入れるようにという提案は、幣原首相が行ったのです。首相は、わたくしの職業軍人としての経歴を考えると、このような条項を憲法に入れることに対してわたくしがどんな態度をとるか不安であったので、憲法に関しておそるおそるわたくしに会見の申込をしたと言っておられました。わたくしは、首相の提案に驚きましたが、首相にわたくしも心から賛成であると言うと、首相は、明らかに安どの表情を示され、わたくしを感動させました」と、憲法九条は一月二四日の幣原との会談において幣原から提案されたことを明確に回答している。[9]

そしてホイットニーは、「同条［憲法九条］の民政局案は、この問題に関するマッカーサー元帥と幣原男爵との間の話合を反映するような字句を用いてあります。それは、日本政府に提示されるより以前に、マッカーサー元帥が特に承認を与えた字句であります」と民政局の憲法九条がマッカーサーと幣原の会談で「秘密合意」されたものをマッカーサーが「マッカーサー・ノート」で指示したことを明らかにしている。[10]

すでに述べてきたように、民政局スタッフが草案作成の基準の指針にしたのは、ＳＷＮＣ

C―二二八であるが、それにマッカーサーが幣原との「秘密合意」にもとづいて、新憲法のもっとも重要な条項として「象徴天皇制」と「戦争放棄・軍備廃止・交戦権放棄」を入れることを追加的に指示したのが「マッカーサー・ノート」だったのである。そのマッカーサーの指示を受けて、日本国憲法の第一章に天皇を置き、第二章に戦争放棄が置かれたのである。

2 GHQ民政局の「密室の九日間」

民政局の一員として当時二二歳で憲法草案作成に参加したベアテ・シロタ・ゴードンの『1945年のクリスマス――日本国憲法に「男女平等」を書いた女性の自伝』には、二月四日の初会合で、小委員会の責任者と委員さらに小委員会を統轄する運営委員会のメンバーが発表されたことが記されている。[11] 運営委員会の責任者のチャールズ・L・ケーディス大佐が用意していた憲法草案作成の組織を発表し、担当者を任命、仕事の進め方を説明したのである。[12] 小委員会は、立法権、司法権、行政権、人権、地方行政、財政、天皇・条約・授権規定のそれぞれに関する七つの委員会と、前文担当とに分けられ、民政局の二五人のメンバーがそれぞれの委員会に配属された。[13]

二月四日の民政局の初会合でこのように運営委員会のもとに七つの小委員会が委員名と担当

任務まで発表されたのは、二月一日の『毎日新聞』のスクープをきっかけにしたのではなく、本書で述べてきたように、マッカーサーの指示を受けて、民政局が以前から新憲法草案作成の準備をしてきたからである。ＳＷＮＣＣ—二二八が日本国憲法の指針となったことは既述のとおりであるが、上記の小委員会の構成は同文書にもとづいていた。

二月六日に開催された民政局会合の議事要録に「ＳＷＮＣＣ—二二八に従うこと」「ＳＷＮＣＣ—二二八は、拘束力のある文書として取り扱わるべきである。各小委員会の長は、その小委員会の提案がこの文書に矛盾しないかどうかをチェックする責任を負うものとする」とある。[14]ＳＷＮＣＣ—二二八がＧＨＱ民政局のスタッフによる日本国憲法草案作成の指針になったのである。

「日本国憲法草案は民政局のスタッフによってわずか九日間（一週間あるいは一〇日間という言われ方もある）で作られた」という言い方が一般的になされているが、この期間の各小委員会の作業は、ゼロから開始されたのではなく、大まかに決められた分野について、条項、条文に具体的に何を盛り込み、どういう文章にするかという詰めの作業が中心だった。

上記の小委員会で日本国憲法「第二章　戦争の放棄」に関する委員会がないのは、前述の「マッカーサー・ノート」ですでに決められていたからである。

民政局の初会合では、次のような「作業上の心得」が厳命された。[15]

1. この作業の一切の面が、完全に秘密にさるべきである。
2. この作業については、暗号の名称が用いらるべきである。
3. この作業で作成された草案、ノートなどはすべて「最高機密」として処理さるべきである。（後略）

民政局による新憲法草案の作成を「Top Secret（トップ・シークレット）」にすることは、「一九四六年二月六日民政局会合の議事要録」にも「機密保持」の項目で「この作業の進行中は、日本人は一人でも民政局に入れてはならないということについて、もう一度スタッフに注意するよう申し渡しがあった。この作業関係の書類は、夜間は一切金庫の中に入れておくように注意があった」と記録されている。[16] 軍の「トップ・シークレット」を洩らした場合は、軍法会議にかけられることになるほど厳しいものだった。

このように、「最高機密」主義を厳命したのは、ホイットニーの指示にあったように、マッカーサー・GHQが、新憲法草案がポツダム宣言の基本方針である日本国民を代表する日本政府によって作成されたということを連合国に「演出」するためであった。マッカーサーと幣原喜重郎の「秘密会談」と「秘密合意」も同じ性格を持ち、マッカーサーにとっては、日本国憲法が制定されるまで、連合国側に知られてはならず、幣原にとっては幣原内閣や日本国内に知られてはならなかった。両者の間に英語で言えば“Top Secret”“Off the Record”という暗黙の合意が成立し、幣原は「平野文書」を記録した平野三郎にも「他言しないように」念を押し、マッカーサーは、日本国内における幣原の立場を配慮して、幣原が政界の現役であった間は「幣原喜重郎」の名前を出すことは控えたのである。

四九年にＧＨＱ民政局の報告書として Political Reorientation of Japan, September 1945 to September 1948, Vol. I、Vol. II が発行された[17]（日本では『日本の政治的再編成』という訳で紹介されているが、本書では『日本の政治的改革』と訳す）。同報告書は、ＧＨＱ民政局の占領期日本の諸分野における民主改革の成果を報告したものであるが、そのなかに、占領当時は憲法草案作成の作業に従事した事実が報告されている。同報告書には、四六年二月三日にマッカーサーがホイットニー民政局長に憲法改正草案作成を指示した当時は"Top Secret"（最高機密）とされた「マッカーサー・ノート」が掲載されている。「マッカーサー・ノート」を受けたホイットニー民政局長が憲法改正草案作成のスタッフと二月四日に初会合を開いたときに、「作業上の心得」として「この作業の一切の面が、完全に秘密にさるべきである」と厳命したように、民政局の憲法草案作成者にたいして厳密に極秘を守ることが要求されたことは、さきに述べたとおりである。

それなのに『日本の政治的改革』には、"The New Constitution of Japan"というタイトルでＧＨＱ民政局が憲法草案を作成したことが報告されている。そのストーリーは、四六年二月一日付『毎日新聞』に憲法改正「松本草案」（宮沢俊義の試案）が掲載されてその内容が大日本帝国憲法の部分的修正に過ぎないことを知り、二月八日に幣原内閣の討議を経た「松本草案」がGHQに提出されたのにたいし、二月一三日に民政局長ホイットニーから「松本草案」を拒否する旨を通達し、マッカーサーは予定されている総選挙の前にGHQの側で憲法草案を作成するという決定をした、というのである。これは、日本国憲法草案をGHQ民政局が作成して、日本政府に提示した（「押しつけた」）ことがほぼ公然化した現実をふまえて、そうなったのは、日本政府が作成した憲法改正草案はあまりにも旧態依然としたものであり、日本政府にはポツダム宣言に即した新たな憲法草案を作成する能力がないことが判明したので、GHQ民政局側でやむを得ず新憲法草案を作成して日本政府に提示したというストーリーである。

本書で述べてきたように、連合国極東委員会および対日理事会が機能を開始する前に憲法改正草案（新憲法草案）を日本政府草案のかたちをとって発表させることを目指して、SWNCC―二二八を指針にして、『毎日新聞』スクープ前から憲法改正草案作成の作業を進めていたことをカモフラージュする意図で民政局の報告書が公刊されたように思える。

同書が日本国憲法草案を作成したGHQ民政局の公式報告であることから、『毎日新聞』のスクープがきっかけになって、草案作成を命ずる「マッカーサー・ノート」が民政局に出され、民政局スタッフが「九日間」の突貫作業で草案を作り上げたというこのストーリーが、一般的に受け入れられている。

『日本の政治的改革』には、ホイットニーがマッカーサーに日本に新憲法作成を指令する権限があることを保証した一九四六年二月一日付のホイットニーの文書（本書一九八頁）も原文が収録されており、[18] マッカーサー・ＧＨＱによる日本国憲法草案の作成の法的根拠があったことを連合国側や世界にアピールしようとした意図がうかがわれる。

「密室の九日間」で日本国憲法草案を作成した民政局のメンバーについて、前述のベアテ・シロタ・ゴードンの自伝では、こう記している。[19]［ ］の所属小委員会は引用者が挿入した。なお、前掲拙著『憲法九条と幣原喜重郎』でも「新憲法草案を作成した民政局メンバー」という項目で詳述しているので参照されたい。

民政局は、軍服こそ着ていたが、弁護士や学者、政治家、ジャーナリストといった知識人の集団だった。マッカーサー元帥の信任があつく、書体まで似ていたという元帥の信奉者だったホイットニー民政局長は、コロンビア・ナショナル・ロー・スクール出身の弁護士で、法学博士だった。のちに民政局次長になるチャールズ・Ｌ・ケーディス大佐［運営委員会］も、ハーバードのロー・スクール出身の弁護士。ラウエル中佐［運営委員会］、ハッシー海軍中佐［運営委員会］も弁護士で法学博士の学位を持っている。フランク・ヘイズ中佐［立法権に関する委員会］も弁護士、スウォープ中佐［立法権に関する委員会］は、プエルトリコ総督で元下院議員、サイラス・ピーク博士［行政権に関する委員会］は、コロンビア大学助教授、ティルトン少佐［地方行政に関する委員会］は、ハワイ、コネチ

カット大学教授とそうそうたる顔ぶれだ。（中略）

民政局のメンバーの多くが、かつてルーズベルト大統領が大恐慌克服のために諸改革を行った、かの〈ニューディール政策〉の信奉者で、ニューディーラーを自任していた。彼らはアメリカで果たせなかった改革の夢を、焼け野原の日本で実現させたいという情熱を持っていた。

軍服を着た法律家や教授たちは、物腰もソフトで、どこまでも紳士だった。のちに憲法草案に携わるのは、その内の二五人だが、その中に女性は私も含めて六人いた。

憲法草案の作成にたずさわった民政局のメンバーがルーズベルトのニューディール政策の信奉者で、ニューディーラーを自任していたというのは、拙著『憲法九条と幣原喜重郎』で明らかにしたように、日本国憲法の原点といえる「大西洋憲章」に始まるアメリカの日本占領政策と民主化政策はルーズベルトの構想にもとづくものであったということだ。したがって、日本の占領下の民主化政策を実行する民政局のスタッフとして、多くの若手のニューディーラーたちが、志願者もふくめて、アメリカ政府から送り込まれたのは、それなりに必然的な理由があったともいえる。

鈴木昭典『日本国憲法を生んだ密室の九日間』は、テレビドキュメンタリー・プロデューサーの著者が、憲法草案作成にたずさわった民政局メンバーの生存者を尋ねて長時間にわたりインタビューした記録を中心に、文字どおり、憲法草案作成の「密室の九日間」を再構成したドキュメンタリーで、民政局のスタッフによって日本国憲法草案が作成された経緯がよくわかる。民政局のメンバーの生存者とインタビューした鈴木昭典は、「インタビューした方々に共通していたのは、例外なく人間味豊かで、民主国家の理想的な憲法を生み出すために情熱を燃やしたという自負を持っていたことだ。人生のある時期を、理想に燃える仕事に費やしたという人々が、実に羨ましく見えた。その実在感は、何よりも勝る収穫であった」と書いている。[20]

二月四日の民政局の会合に始まった民政局の二五人のスタッフによる新憲法草案作成の突貫作業は、前文と全九二条のＧＨＱ草案が出そろった二月一一日の夕刻で終わり、二月一二日にはホイットニーが参加した運営委員会で最終検討と修正がおこなわれた。この間、一〇日の夕方には地方行政の部分を除いた全草案がマッカーサーに届けられ、マッカーサーのチェックを受けた。

ＧＨＱの新憲法草案は二月一三日、外務大臣官邸において、吉田茂外相と松本烝治国務大臣にたいして、ホイットニー民政局長と運営委員会責任者のケーディスから、二月八日に日本側が提出した「松本私案」を拒否するとともに申し渡された。

3 GHQ民政局に拒否された憲法改正「松本私案」

(1) 閣議における憲法改正「松本私案」の議論

GHQ民政局の新憲法草案作成作業の進行と時間的に並行して、幣原内閣の憲法問題調査委員会では、GHQに提出する帝国憲法改正草案の検討が進められた。四六年一月二九日の幣原内閣の閣議において、調査委員会委員長の松本国務大臣から、二月一〇日ごろに総司令部に改正案を提出し、二週間で承認を得ることができるであろうから、四月中旬の特別帝国議会に憲法改正案を提出したい旨の発言がなされ、二月四日までに五回にわたって「松本私案」についての審議がおこなわれた。二月五日には「松本私案」について、吉田茂外相が松本国務大臣をともなって非公式に会談することをホイットニーに申し入れていた。この作業中に、調査委員会の事務局から毎日新聞政治部の記者が、宮沢俊義委員の作成した試案のプリントを持ち出して、社内のスタッフ総がかりで筆写したのちに事務所に戻したうえで、二月一日付『毎日新聞』にスクープしたのであった(前述)。

このときの幣原内閣の議論については、入江俊郎『憲法成立の経緯と憲法上の諸問題——入江俊郎論集』（以下、『入江書』と略す）に収められた「日本国憲法成立の経緯」[21]から詳細に知ることができる。入江俊郎は、調査委員会発足当時は法制局第一部長として委員となり、一カ月後には法制局次長となり、幣原内閣の閣議に参加して丹念にメモをして記録していたので、幣原内閣における議論を知るうえでの第一次史料を残した。入江は四六年三月に法制局長官となり、日本国憲法のもとで、初代衆議院法制局長の要職に就き、さらに五一歳の若さで最高裁判所判事に就任、一八年余の長きにわたってつとめあげた人物である。

一月三〇日は臨時閣議であったが、「松本私案」の謄写印刷が配布され、幣原内閣において初めて、本格的な討論がおこなわれた。松本烝治国務大臣が憲法問題調査委員会の審議の経過を説明したのちに「松本私案」について説明し、つづいて各閣僚の意見を求めた。

七七条からなる「松本私案」の第一一条と第一二条の軍の規定があり、松本と幣原総理大臣との間で次のような意見が交わされた[22]。

松本国務大臣　憲法問題調査委員会では軍の規定は全部削除せよとの論があった。しかし、自分は、独立国なら軍隊はある。わが国は軍は現在はないが、ある時期に国防軍的のものができたときに憲法を改正することは適当ではない。将来の軍は、独立して何でもできるというような統帥権独立の上に立つべきものではなく、軍の行動も法律の制限を受けるべきであり、統帥も一般国務の中に含まして内閣の責任にする立前をとるべきであると思うが、そのような立前を今日から、すなわち軍のない今日から、憲法で明定しておくことが望ましいのだ。

幣原総理大臣　軍の規定を憲法の中に置くことは、連合国はこの規定について必ずめんどうなことを言うにきまっておる。将来軍ができるということを前提として憲法の規定を置いておくということは今日としては問題になるのではないかと心配する。この条文を置くがために司令部との交渉に一、二箇月もひっかかってしまいはしないか。

［二人の発言があった後に］

幣原総理大臣　世界の大勢から考えるとわが国にも軍はいつかはできるかもしれない、しかし今日この規定を置くことは刺戟が強過ぎるように思う。

（幣原さんが、その真意はどうであったか知る由もありませんが、この日の閣議で、憲法の中から軍の規定を削ってしまうことを、再三主張されたことは、改正憲法九条の真の発案者が、マッカーサーか幣原さんかという、後に論議されたことと思い合せて興味があります）。

最後の（　）のコメントは、憲法九条の発案者をめぐって幣原かマッカーサーかという論争が起こってから入江が「そういえば」と思い当たったことを記したものである。入江は、幣原が「松本私案」の軍条項を削ることを再三主張したのは、一月二四日の幣原とマッカーサーとの「秘密会談」で、憲法改正案に「戦争放棄」「戦力不保持」を入れることの「秘密合意」をしていたので、「松本私案」に軍条項を入れることに反対したのではないかと思いいたったのである。入江が憲法九条は幣原発案によると考えていたことは本書第Ⅱ部で再述する。

幣原内閣の臨時閣議における、「松本私案」の審議は二月四日に終わったが、これは閣議決定ではなく、閣議での検討をふまえて松本が国務大臣として憲法改正草案をとりまとめ、「松本私案」としてＧＨＱに提出し、その意向を聞いてからさらに閣議で検討して最終案を政府案として固めるという方針がとられた。

（２）天皇、「松本私案」を「裁可」せず

松本は、ＧＨＱに提出する前の二月七日と九日に皇居に参内し、天皇にたいしてアメリカ側に出す憲法改正草案を説明した。『昭和天皇実録　第十』には、こう記録されている。[23]

午後一時四十五分、御文庫において国務大臣松本烝治に、約二時間にわたり謁を賜い、憲法問題調査委員会（昭和二十年十月設置）の経過、閣議の経過、「憲法改正要綱」（甲案）並びに「改正案」（乙案）等につき奏上を受けられる。「憲法改正要綱」は、松本の「憲法改正私案」を憲法問題調査委員会委員の東京帝国大学教授宮沢俊義が要綱化し、さらに松

本自身が加筆した私案で、小範囲の改正を内容としており、翌日連合国最高司令部へ提出される。一方「改正案」は、憲法問題調査委員会総会における各種意見を取り入れ、宮沢及び法制局次長入江俊郎・法制局第一部長佐藤達夫によってまとめられた、より広範囲な改正案である。

この後、松本の奏上内容について御下問を思召され、九日午前、改めて松本を表拝謁ノ間にお召しになる。天皇は「憲法改正要綱」に関して、大日本帝国憲法第一条「大日本帝国ハ万世一系ノ天皇之ヲ統治ス」は語感も強く、第四条「天皇ハ国ノ元首ニシテ統治権ヲ総攬シ此ノ憲法ノ条規ニ依リ之ヲ行フ」との重複もあるため、両条を合併して「大日本帝国ハ万世一系ノ天皇此ノ憲法ノ条章ニヨリ統治ス」とし、従来の統治権の「権」を除くこと、第五十七条「司法権ハ天皇ノ名ニ於テ法律ニ依リ裁判所之ヲ行フ」の「天皇ノ名ニ於テ」の部分を削除することの可否につき御下問になる。さらに摂政設置期間においては、皇室典範の改正又は皇位継承の順位変更を禁じるか否かにつき検討するよう御下命になる。

天皇が「松本私案」について同意できなかったことは、御下問の内容からもわかる。木下道雄侍従次長の『側近日誌』には、七日に松本の上奏を受けた天皇が、直後に木下にたいして「松本国相の内奏内容につき御質議ある由にて、右事項侍従長より書面にて同相に御尋ねあらんかの思召なりしも、予は事重大なれば御疑問の点は何度でも御召の上御尋ねありてしかるべく旨申上ぐ。御召のことに決す」となったことが記されている。[24]この結果、九日に再び松本国務大臣を参内させて、上記の御下問をしたのであった。

ただし『昭和天皇実録　第十』には、九日に「内廷庁舎御政務室に宮内大臣松平慶民をお召しになり、この度の憲法及び皇室典範の改正について御内慮を示される」とある。天皇として「松本私案」について同意できずに苦慮していたようであるが、「内慮」の内容は書かれていない。

天皇は一二日に木下道雄侍従次長を呼んで、七日と九日に松本国務大臣から「松本私案」である「憲法改正要綱」について上奏を受け、御下問もしたことを述べたうえで、「内慮」について、以下のようなやりとりがあったと木下道雄の『側近日誌』に記されている。[25]

松本は自己の在任中に憲法改正を終了したき意思の如し。これは幣原にも云おうと思うが、左程急がずとも改正の意思を表示し置けば足ることにて、改正案は慎重に論議をなさしむべきなり。松本の考えにては現行憲法中、手を触れざる点、即ち、現行のままとしてある所について議論が出たときは、議会に其の権能なしとして、これを拒絶する考えなりと。これは如何なものなりや。予申す。この点は重大なり。憲法中改正か、憲法の改正か、二者何れなりやの議論必ず出ずべし。むしろ憲法改正とされては如何。

天皇は連合国に認められるためには、象徴天皇制に相応した憲法改正を望んでいたのであり、「松本私案」ではGHQに受け入れられないと認識していたので、松本が国務大臣として望んだに違いない天皇の「裁可」を与えなかったのである。

ところで、天皇が木下侍従次長に「これは幣原にも云おうと思うが」と言っているのは注目される。それは『昭和天皇実録　第十』では、松本国務大臣の七日と九日の「松本私案」上奏に前後して、天皇は六日には表拝謁ノ間で、八日には御文庫で幣原首相に「謁を賜う」ているのである。実録には天皇と幣原が話した内容は書いていないが、「松本私案」の上奏にかかわって、天皇の御下問を受けて幣原首相は、閣議の議論の様相と松本の「憲法改正要綱」が「松本私案」であることなどの報告をしていたことは想像に難くない。天皇の「これは幣原にも云おうと思うが」という言い方は、それをうかがわせる。

天皇が松本に言い、幣原にも「左程急がずとも改正の意思を表示し置けば足ることにて、改正案は慎重に論議をなさしむべきなり（憲法改正を急がずに慎重に）」と伝えようとしたことから、天皇はその当時、GHQ民政局が「密室の九日間」において大車輪で新憲法草案の作成作業を進めていたことは知らなかったようである。民政局メンバーが“Top Secret”（最高機密）として進めていたゆえに幣原首相も知らなかったと思われる。

（３）ＧＨＱ民政局、「松本私案」拒否

二月八日、松本国務大臣は、ＧＨＱに「松本私案」を提出した。前述（本書一二九頁）したように、松本が外務省をとおして提出した「昭和21年2月8日　日本政府より連合国最高司令官総司令部宛」の以下の三つの文書が『日本外交文書』に収録されている。[26]

①「憲法改正松本案（「Gist of the revision of the constitution」）付記　昭和二十一年一月四日松本（烝治）国務大臣作成「憲法改正私案」」

文書末に〈付記〉憲法改正私案（一月四日稿）松本烝治として、本書一二九頁に掲載した「松本私案」の第三条から第七十五条まで主要な条項が日本語で掲載され、その各条項にたいする英文の解説が GIST OF THE REVISION OF THE CONSTITUTION と題して冒頭から書かれていた。欄外に「松本甲案」の記入あり。

②「憲法改正松本案」に関する一般的説明　GENERAL EXPLANATION THE CONSTITUTIONAL REVISION DRAFTED BY THE GOVERNMENT

③「憲法改正松本案」中の陸海軍に関する説明　Proposed Revision of the Army and Navy Provision in the Constitution

松本国務大臣が提出した文書は①が主要で②と③は補足の解説文である。THE GOVERN-

MENT（日本政府）提出とされている帝国憲法改正案は本書一二七頁に掲載した、一月四日に書き上げ、七日に天皇に上奏した「松本私案」そのままである。松本国務大臣は天皇が「裁可」しなかった（本書二二〇～二二二頁）「松本私案」をそのままGHQに提出したのである。

②は「日本政府による改正草案の一般的説明」の英文で、憲法改正案はポツダム宣言第一〇条（本書四七頁）に基づいて「民主主義的傾向の復活強化」をはかったものと説明されているが、帝国憲法とほとんど変わっていないことは、本書一二七～一二八頁に例示したとおり。

③は、一月三〇日の閣議で、幣原が「松本私案」の第一一条と第一二条の軍の規定について、幣原首相が削るように要求したことをふまえて（本書二一七、二一八頁）、改正案のArmy（陸軍）とNavy（海軍）という言葉を単にArmed forcesと変更し、日本の占領が終われば、日本は天皇の統帥ではなく、内閣の統制下に再軍備を許されるべきであるという説明である。

幣原首相とマッカーサーとの「秘密合意」に反する内容であるが、閣議において幣原は真っ向から「松本私案」に反対する議論を展開しなかった。その理由は、既述のように戦前の内閣制度が国務大臣の単独輔弼責任制のもとにあったこと、主要には幣原首相がマッカーサーと「秘密会談」を持ち、「秘密合意」にしなければならなかった当時の政治状況が大きかった。

松本国務大臣が天皇から「裁可」を得られなかった「松本私案」、それも憲法調査委員会で検討し、『昭和天皇実録　第十』にも記されている、より広範囲な「改正案」（乙案）ではなく、小範囲の改正を内容とした「松本私案」を松本はGHQに提出したのであった。

松本は、ポツダム宣言を、連合国は「最終的の日本国政府の形態」について民主化された国民が選べば立憲君主制を認めるものと理解し、自分が責任者となって進めている天皇制を基底とする憲法改正案を日本の議会で採択すれば、連合国はそれを認めざるを得ないと思い込んでいた。そのため、松本委員会はマッカーサーやGHQと接触を持って意向を確かめることなく、没交渉なまま憲法改正作業を進めてきたのであった。[27]

「松本私案」を提出した松本国務大臣にたいして、GHQから二月一三日に会見する旨の連絡があった。この間、GHQ民政局のスタッフが突貫作業で秘密裏に新憲法草案作成をしていたことは、述べたとおり。

二月一三日の午前一〇時ごろ、吉田外相および松本大臣は麻布の外相官邸にGHQ民政局長ホイットニー准将とケーディス大佐ほか二名（ローウェル中佐およびハッシー海軍中佐）の来訪を受けた。以下は、松本烝治が一九五〇年一一月二三日に、憲法調査委員会のメンバーであった佐藤功、宮沢俊義からのヒヤリングにたいして語ったことである。[28]

ホイットニー少将は先方の提案六、七部を持って来て、それを机の上へ出して、そうしてきわめて厳格なる態度でもって宣言していわく……

一、日本政府より提示せられたる憲法改正案は、司令部にとりては承認すべからざるものである、アンナクセプタブルだ。

二、当方の提案は司令部にも、米本国にも、また連合国極東委員会にも、いずれにも承認せらるべきものである、アクセプトされるべきものである。
三、マッカーサー元帥はかねてより天皇の保持につき深甚の考慮をめぐらしつつありたるが、日本政府がこの提案のごとき憲法改正を提示することは、右の目的達成のために必要なり。これなくしては天皇の身体（このときの言葉をよく覚えておりますが、）パーソン・オブ・ザ・エムペラーの保障をなすことあたわず、（中略）しかもこの提案と基本原則――ファンダメンタル・プリンシプル、ベーシック・フォームス、根本形態というのですが、――を一にする改正案をすみやかに作成提示せられんことを切望す、ということを言いました。

右の松本の証言の、これを受け入れなくては「天皇の身体」が保障できない、つまり東京裁判における天皇の死刑の可能性をほのめかしての脅迫的言辞については、憲法調査会の「憲法制定の経過に関する小委員会」の調査の結果、この会見に同席していた通訳の白洲次郎、吉田外相、長谷川嘱託の三人とも記憶にないこと、さらに『日本外交文書』の記録にも記載がないことが判明したので[29]、松本の聞き違いの可能性が高い。しかし、ホイットニーが強圧的にこう言ったという説は、日本国憲法をＧＨＱが「押しつけた」事例として、けっこう広まっている。

松本大臣らは、ＧＨＱの提案が日本側の案とあまりにも違いが大きいので、即座に意見を開陳できないから、後日意見を述べることを申し出た。会見は一時間あまりで終わった。

ホイットニー民政局長から憲法改正草案を渡された二月一三日について、当時法制局第一部長であった佐藤達夫は「この日こそは〝日本国憲法受胎の日〟ともいうべき歴史的な日である」とその著書に書いている。[30]

『昭和天皇実録　第十』には、二月一六日に「表拝謁ノ間において内閣総理大臣幣原喜重郎に謁を賜う」とだけ記され、会見の内容は記していない。幣原首相は二月六日と二月八日に松本大臣の「松本私案」の天皇への上奏に前後して会見したことは言及したとおりである。

今回の会見は、松本大臣がＧＨＱへ提出した「松本私案」が拒否され、代わりに民政局の新憲法草案が提示され、内閣の返答が要求されたことを、松本大臣から伝えられた幣原首相がその旨を天皇に報告したものと思われる。繰り返すが、天皇は幣原首相から常時報告を受けていたのである。

いっぽう松本大臣は、幣原首相とも相談のうえ、「松本私案」にたいする追加説明書を起草して二月一八日に終戦連絡中央事務局次長としてもっぱらＧＨＱとの連絡、通訳の仕事をしていた白洲次郎をとおしてＧＨＱに提出させた。以下は松本烝治の口述資料による。[31]

しかるに司令部においては、一読するや否や、ただちにこんなものは考慮の要はない。

こちらの案については、もう再考する余地は全然ない。向こうの案を基礎として進行する意思があるかないか。明後日の二十日までに回答しろ、もし回答しなければ向こうの案を発表すると言った。これはおそらくケーディスがいったのだろうと思います。

二〇日までに回答をするように迫られた松本大臣は、幣原首相にその旨を報告して、二月一九日に閣議を開いて交渉の顚末を報告することにしたのである。松本は「それまでは総理にだけ相談して、われわれ主任者だけでやっておったのです。それを初めて二月十九日の閣議で報告したのであります」と述べている。

ところで、同じ二月一八日に天皇は、アメリカのAP通信社社長ロバート・マクリーン、同副社長ノーマン・チャンドラー、『ワシントン・スター』紙主筆ベン・M・マッケルウェイとの会見に表拝謁ノ間で応じている。マクリーンから日本の商工業復興の見通しについて質問されたのにたいし、天皇は「米国の協力によりその期間の短縮は可能であること、新しい日本が平和的で民主的な国家になることを希望していること、さらに同人等が日本の現状を見聞したとおりに報道することが国際理解と世界の平和に寄与することになるとの思召しを述べられ」たのである。[32]

アメリカ社会では戦争犯罪人としての天皇が論議され、天皇退位の問題も報道されていた状況にあって、AP通信などの記者会見に応じ、平和的、民主的国家への希望を語る天皇像をアピールしようとした天皇と皇室の配慮がうかがえるので注目したい。

（4）憲法改正の"Bombshell"

ＧＨＱの憲法草案を受け入れるかどうかの回答期限（二月二〇日）を翌日にひかえた二月一九日の幣原内閣の定例閣議の劈頭《へきとう》で、松本国務大臣が憲法改正について「極めて重大な事件が起こった」と蒼ざめた顔で発言を求め、この間のＧＨＱとのやりとりの経過を報告し、ＧＨＱの憲法草案の大要を口頭で紹介した。以下は『入江書』に記された当日の閣議の様子である。[33]

各閣僚にとって（もっとも、総理大臣と外務大臣は松本さんから既にきいてこの事を知っておりましたが）全く思いもかけないことを突然きいたわけなので、これは驚くべき報告でありました。

三土内相と岩田法相は、「アメリカ交付案はとうてい受諾できない」と言い、安倍文相は「日本側から提示したという松本案も、これは正式に閣議で日本側の案として決定したものではない。アメリカ案を反駁するならば、各閣僚の意見も十分聞いた上で、内閣として案をまとめたらどうか。かような重大問題に対しては、各閣僚の意見を充分発表する機会を与えてもらいたいものだ。各閣僚の意見が十分反映しないままで内閣の意見がきまってしまうようなことになるのは遺憾である」と発言せられたが、この安倍文相の意見は、その時の多くの閣僚の心持ちであり、かかる重大な問題を、閣議の正式の決定を経ずして、いつの間にか松本案がそのまま内閣の確定した意見の如く進行してしまっているところへの不満の感情であったように見受けられました。

各閣僚の気持としては、一月末から二月初めに松本私案乃至甲案を一応閣議で検討したとは言え、それは内閣としての確定案をきめたわけでなく、先方よりの要求により、一応の日本側の改正案を示し、更に先方の意見によって適当に善処しようと考えていたものであり、このような驚くべき案が司令部から十三日に交付されたというなら、それこそ即刻閣僚に意見を聞き、その上で速かに司令部へ説明なり反駁なりをすべきであるのに、十八日に松本国務大臣だけで追加説明を提出したことに非常に割切れないような気分であったと思います。それは、この日閣議に列席して、その場の空気に接していた入江には、まざまざと感ぜられたのであります。

引用が長くなったが、入江俊郎が批判的に述べた松本国務大臣の専権的、独断的行為は、松本烝治の個性がたぶんに影響しているが、本書でも述べてきたとおり、戦前の国務大臣が天皇を輔弼するものとして特権を持ち、閣議やさらに首相さえも軽視する意識を持っていたことの現れであった。

一九日の閣僚会議は、幣原首相が「松本私案はもちろん内閣の確定案ではなく、一応日本側の仮案を示して、先方の意向を叩くつもりであったが、事ここに至ってはきわめて事態重大であるから、自分も至急マッカーサーに面会して話をしてみたい」と述べ、二〇日までという総司令部への回答を、二二日に延期することを求めて、二一日に幣原首相がマッカーサーを訪問することになった。

この日の松本報告をめぐる閣議について、幣原内閣の厚生大臣であった芦田均は『芦田均日記』（後述）において「憲法改正に Bombshell」というタイトルをつけて詳述している。Bombshell は爆弾のことであるが、「突発的な事件」という意味がある。

『芦田日記』は、松本報告を詳細に紹介した後、「以上の松本氏の報告終わるとともに、三土内相、岩田法相は総理の意見と同じく『吾々は之を受諾できぬ』と言い」と書いている。[34] 日記の記述に従えば、閣議は劈頭に松本国務大臣の報告があり、つづいてすぐに三土内相と岩田法相が発言したのである。その前に幣原は「総理の意見」を発言していない。『入江書』も、松本報告のすぐ後に三土内相、岩田法相が「アメリカの交付案はとうてい受諾できない」と言ったと記載しているだけで、その前に幣原が「総理の意見」を発言したとは記載していない。[35]

したがって「総理の意見と同じく」という『芦田日記』の記述を、幣原首相が「アメリカ交付案に反対」の発言をしたかのように解釈するのは誤っている。アメリカの交付案の報告を閣議で初めておこなった松本報告の後、幣原首相は何も「意見」を述べていない。芦田は幣原総理が「アメリカ交付案」をどう考えているか、知りようがなかった。

この『芦田日記』の誤りに気づかない研究者が、幣原首相が閣議で「アメリカの交付案は受諾できない」と反対発言をしたかのように理解して、憲法九条幣原発案を否定する根拠にしているので、本書第Ⅱ部で研究者の著書を取り上げて個別に批判してみたい。

ここでは、松本国務大臣が閣議で初めてアメリカの交付案を報告し、幣原首相がそれについて何も発言していないのに、芦田は、幣原が「アメリカ交付案」に反対したかのように日記に書いた誤りを指摘しておきたい。

4　幣原内閣がGHQ憲法草案の受け入れ決定

(1) マッカーサーと幣原の第二回「秘密会談」

二月二一日、幣原首相はマッカーサー元帥を訪問し、三時間余の会談をおこなった。ここで、重要なのは、幣原とマッカーサーとの会談は、通訳、随行員をつけずに、一月二四日と同様に二人だけの「秘密会談」(会談を持ったことそのものは公然であった)であったことである。本来ならば、憲法改正問題担当の松本国務大臣を同行すべきであったが、幣原は意図的にそうしなかった。松本国務大臣を随行してはマッカーサーと「秘密会談」ができなかったからである。マッカーサーはすでに民政局の新憲法草案に承認を与えていたので、内容についても熟知しており、第二回目の「秘密会談」では、日本国憲法の第一章の天皇の条項、さらに第二章の憲法九条となる条項、そして憲法前文など、民政局の作成した憲法改正草案について、具体的に踏み込んだ会談がおこなわれたことは間違いない。会談ではさらに、閣議において受け入れを決定させるために、これで天皇制の護持が保証されることになる、「戦争放棄」と「軍備全廃」で日本は国際的モラルにおいてリーダーシップをとることになる、など内閣閣僚を説得する方法までも話し合われた可能性もある。

しかし、「秘密会談」の内容については、幣原が翌日の閣議で報告した以外は記録がないので、三時間余にわたり、マッカーサーと幣原が何を話し合ったかの全貌はわからない。三時間といえば、多岐にわたって、踏み込んだ話し合いができる。これまで、この第二回目の「秘密会談」については、ほとんど注目されてこなかったが、この会談において、日本国憲法草案について、マッカーサーと幣原の「基本的合意」が成立したきわめて重要な「秘密会談」であったと思われる。

マッカーサーと幣原の「秘密会談」について、幣原首相が翌日の閣議でおこなった報告と、つづいておこなわれた議論について、『入江書』にはこう記している。[36]

二月二十二日、金曜日の定例閣議で、幣原総理は前日のマッカーサーとの会見のてんまつを詳細報告せられました。それによると、「マッカーサーは今日の国際情勢のもとではアメリカ側の交付案はぜひとも必要な改正案であって、これにより天皇の地位も確保できるし、またそれは日本側の案、すなわち松本私案と本質的に異なるものとも思われないといい、また主権在民と戦争放棄は交付案の眼目であり、特に戦争放棄は日本が将来世界における道徳的指導者となる規定であるといった」とのことであります。

この幣原さんの報告に対して松本国務大臣は「この閣議の席上においてもとうていこのようなアメリカ案を受諾できないであろう。若しこれを基として早急に憲法改正案を起草するとするならば議会を前にして時間的にも不可能であり自分の力としても到底できないことで、仮にそのような案ができても、衆議院は通っても貴族院は決して通らないであろう」といいました。松本さんとしてはあくまで松本私案を固執するような様子に見えたのであります。この時厚生大臣の芦田氏が発言して、「戦争放棄を非常に珍しい規定の如く言うも、すでに不戦条約その他の前例もあることだし、松本先生の学識をもってすれば改正案の立案も不可能なことではないであろうから、一つ努力して頂きたい」と申しました。

かくして、閣議は結局、アメリカ交付案の眼目は「天皇の象徴」と「戦争放棄」であるようであるから、この点は変更は困難の如くであるが、他の諸点はなお交渉の上で打開の道はないことはあるまい、要するに、松本私案とアメリカ交付案とは妥協の余地がないことでもあるまいから、政府はひとつこのアメリカ案を基本として、できるだけ日本側の意向を取入れたものを起案してみることとしようではないかということに意向が一致したのであります。妥協の余地があると発言したのは幣原総理、三土内相、副島農相の三人でありました。この日の閣議できわめて深刻かつ印象的であったのは、安倍文相が次のような発言をしたときのことでありまして、閣議に陪席していた入江の記憶に深くきざみこまれた印象を残しました。即ち安倍氏（安倍氏は幣原内閣ではパージでその地位を去った文相前田多門氏のあとをうけて、二十一年一月十三日に文相になった）は大体閣議ではいつも寡黙の方であったが、この日は諸氏の発言を深刻な面持で聞いておられた末、おもむろに曰く、「松本私案は内閣で閣議決定した案でもないのに、これにあまり固執するのはどうかと思う」と言い、松本氏の議論に対して一矢を放すごとき顔つきをした上で、さらに幣原総理、三土内相、副島農相が、アメリカ案も日本側の案と本質はさして異ならないから何とか妥協の余地はあろうと述べたのに対して「アメリカ案が日本側の案とさして違わないという意見もあるようであるが一条の天皇に関する規定といい、第二章の戦争放棄といい、自分は、両者はかなり著しい違いだと思う。政府が、このアメリカ交付案をもととして改正案をつくるということは、これは実に非常な事柄であると思う、内閣としては真に重大な決意を、天皇に対し、また日本国民に対し固めなくてはならない事柄である」ときわめて沈痛な面もちをして言われたのであります。この一瞬、閣僚一同しんとして深い感慨に打たれた如く、居ならぶ者皆身の引きしまるを覚えた情景でありました。

右のように、この日の閣議は、マッカーサーと会談した幣原の報告を了承して、松本国務大臣の反対意見を取り上げず、安倍能成《あべよししげ》文部大臣のGHQ民政局作成の新憲法草案を厳粛に受け入れなければならない、という意見に賛同した。こうして内閣の方針はGHQの交付案を受け入れることで一決した。幣原首相のマッカーサーとの「秘密合意」をした「天皇の象徴」と「戦争放棄」の条項以外はGHQとの交渉の余地があるという発言は、本書でいう閣議における幣原の「芝居」を彷彿とさせる。

二月二二日の閣議における幣原首相のマッカーサーとの会談の報告について、『芦田均日記』は詳しく書いているが、『入江書』には記述されていない。芦田の聞き間違い、思い違いがある。それは、マッカーサーが幣原に「戦争放棄」と「軍備全廃」で日本は国際的に「Moral Leadership を握るべきだと」と言ったのにたいし、幣原は「leadership と言われるが、おそらく誰も follower とならないだろう」と否定的に言ったと記録している。[37] この記述を根拠に、幣原はGHQ草案に反対していたのだと幣原発案否定論者は論理を展開する。芦田日記の誤りについては、第Ⅱ部の憲法九条幣原発案否定説への批判で具体的に指摘したい。

（２）天皇のＧＨＱ憲法草案「裁可」

ＧＨＱの新憲法草案を受け入れることにした二月二二日の閣議は午前中で終わり、同日午後、松本国務大臣はＧＨＱの意向をただす必要があると吉田外相をともなって総司令部を訪れ、ホイットニーと会談し、日本側から現行憲法（大日本帝国憲法）の改正と新規追加という方法はどうかと申し入れたところ、拒否された。松本国務大臣からＧＨＱ草案の第二章の戦争放棄は一個の宣言なので、これを前文の文中に入れたらどうかと提案したところ、ホイットニーから「むしろ第一条におきたいほどの規定である」と反対された。松本大臣らは、先方がほとんど譲歩の意を示さないので、失望して辞去せざるを得なかった。[38]

同日の午後、幣原首相は一人で皇居に参内、天皇と会見した。『昭和天皇実録　第十』には、「午後二時五分、御文庫において内閣総理大臣幣原喜重郎に謁を賜い、一時間以上にわたり憲法改正につき奏上を受けられる。その際、幣原は連合国最高司令部作成の憲法草案を天皇の御手許に提出する」と記されている。[39]

幣原首相は二月二一日のマッカーサーとの「秘密会談」の顚末と二月二二日の閣議においてＧＨＱ草案の受け入れ決定の方針を決めたことを天皇に奏上したのである。さらにホイットニーが松本に渡したＧＨＱ憲法草案の一冊を天皇に提出、内容を説明したのである。「はじめに」

でも一部紹介したが、「平野文書」にはこう書かれている。[40]

平野　天皇陛下は憲法についてどう考えておかれるのですか。

幣原　僕は天皇陛下は実に偉い人だと今もしみじみと思っている。マッカーサーの草案を持って天皇の御意見を伺いに行った時、実は陛下に反対されたらどうしようかと内心不安でならなかった。僕は元帥と会うときは何時も二人切りだったが、陛下のときには吉田君にも立ち会って貰った。しかし心配は無用だった。陛下は言下に、徹底した改革案を作れ、その結果天皇がどうなってもかまわぬ、と言われた。この英断で閣議も納まった。終戦の御前会議のときも陛下の御裁断で日本は救われたと言えるが、憲法も陛下の一言が決したと言ってよいだろう。もしあのとき天皇が権力に固執されたらどうなっていたか。恐らく今日天皇はなかったであろう。日本人の常識として天皇が戦争犯罪人になるというようなことは考えられないであろうが、実際はそんな甘いものではなかった。当初の戦犯リストには冒頭に天皇の名があったのである。それを外してくれたのは元帥であった。だが元帥の草案に天皇が反対されたなら、情勢は一変していたに違いない。天皇は己れを捨てて国民を救おうとされたのであったが、それによって天皇制をも救われたのである。天皇は誠に英明であった。

正直に言って憲法は天皇と元帥の聡明と勇断によって出来たと言ってよい。たとえ象徴とは言え、天皇と元帥が一致しなかったら天皇制は存続しなかったろう。危機一髪であったと言えるが、結果において僕は満足し喜んでいる。

幣原が、天皇がマッカーサー草案ともいわれたＧＨＱ民政局の憲法草案へ全面支持を表明したので「この英断で閣議も納まった」と言っているように、これによって、松本国務大臣といえどもＧＨＱ草案反対の立場を取ることができなくなった。ちなみに大日本帝国憲法には「第七三条①将来此の憲法の条項を改正するの必要あるときは勅命を以て議案を帝国議会の議に付すべし」とあるように、国家主権者とされた天皇の勅命がまず必要であった。日本国憲法は大日本帝国憲法改正という形式をとったので、天皇の同意は不可欠であった。その意味でＧＨＱ憲法草案を天皇に上奏して「裁可」を得たことは、形式的手続きとして重要であった。『入江日記』に「日本として憲法改正の画期的方向が決定したのは実にこの二月二十二日であったと言ってよいと思います」とあるのはこのことを指している。[41]

右の「平野文書」に二月二二日午後に「陛下のときには吉田君にも立ち会って貰った」と書いているのは誤りで、吉田外相は松本大臣とともにＧＨＱを訪ねている。幣原首相に立ち会って天皇に会見することはあり得ない。前に紹介したＧＨＱ民政局の報告書の Political Reorientation of Japan, September 1945 to September 1948, Vol. I にも「二月二二日に幣原首相が吉田と楢橋をともなって天皇の意見を求めた。裕仁は、自分の政治的権威がすべて取り上げられても、Ｇ

HQ憲法草案を全面的に支持すると幣原に表明した」と誤って記されている。[42]

二月二二日に幣原首相が一人で天皇と会見したことについては、徳川義寛・岩井克己『侍従長の遺言——昭和天皇との50年』は、「私の記録には『二月二十二日金曜日。晴れ。総理午後二時五分から三時十五分、御文庫』とあります。陛下はお風邪気味で、前日の仁孝天皇祭にもお出にならず、この日もだれにもお会いにならず終日吹上で過ごされていたのですが、幣原喜重郎総理が『どうしても』ということなので御文庫で拝謁された。それでも陛下は洋服に着替えてご政務室——今のご公務室です——まで出ていらした。この日の拝謁は総理お一人だけでした。中身はわかりませんでしたが、憲法のGHQ案のことだろうと私は思っています。」と記している。[43]

右の徳川義寛侍従の証言から、二月二二日には幣原首相が一人で参内して天皇にGHQ民政局の新憲法草案を「上奏」して内諾つまり「裁可」を得た事実が確認できよう。本書の「はじめに」に書いたように、幣原内閣の閣僚に「芝居」をしている幣原首相としては、吉田外相など他の閣僚を随行させることはなかったのである。これは幣原首相とマッカーサーとの会談でも同様であった。

さらに、重要なのは、幣原首相が天皇にGHQ草案を上奏するにあたって、本来ならば憲法改正問題担当大臣の松本烝治をともなっていくべきだった。後述するように三月五日には「憲法改正要綱」に天皇の勅語を得るために、松本国務大臣をともなって参内している（本書二四八頁）。しかしこの日は、幣原首相が一人で天皇と会見し、ＧＨＱ案を説明している。天皇から内諾を得るためには、松本国務大臣が同伴していては障害になり、本書で述べてきたマッカーサー、天皇、幣原首相の「三人の当事者」の関係が松本にも知られてしまう恐れがあったからである。

ところで、「平野文書」に天皇が幣原首相に自分は「どうなってもかまわぬ」と言い、「天皇は己れを捨てて国民を救おうとされた」とあるのは、幣原がそう言ったのか、平野がそう理解したのかは不明であるが、正確には、民政局の報告書にあるように、「自分の政治的権威がすべて取り上げられても」つまり新憲法によって、天皇は帝国憲法に規定された統帥権・立法権・外交権など国政に関するすべての権限を失って、新憲法にさだめる国事行為のみをおこなう「象徴天皇になってもかまわない」という意味であった。

本書の「はじめに」で述べたように、天皇とマッカーサーの第三回会見で、天皇は日本国憲法制定はマッカーサーの「御指導」の賜物と感謝し、マッカーサーは「陛下なくんば日本国憲法はなかった」と答えたことと、幣原が「平野文書」で「正直に言って憲法は天皇と元帥の聡明と勇断によって出来た」と述べていることと全く一致する。ここから本書「はじめに」に述べた、幣原喜重郎、マッカーサー、昭和天皇が憲法九条をふくめた日本国憲法草案作成の「三人の当事者」であったことが確認できよう。それは「三人の当事者」とも、当時の国内外に公表できない、したがって公式証言も、公式記録もない「大芝居」を打ったことの証明となる。

徳川義寛は徳川御三家の筆頭、尾張徳川藩主の末裔で、一九三六年から侍従をつとめ、敗戦の八月一五日、本土決戦を叫ぶ陸軍将校らが皇居を占領した際、軍刀で脅され、殴り倒されながら、「玉音盤」や内大臣らを守り抜いたエピソードは有名である。天皇の地方巡幸にも随行した。六九年から侍従次長となり、書名のサブタイトルのように昭和天皇側近を五〇年間もつとめあげた人物である。朝日新聞記者の岩井克己のインタビューには綿密な記録にもとづいて答えている。同書には、本書で述べている憲法改正草案作成をめぐっての天皇の動きにたいする徳川侍従の次のような興味ある観察が語られている。[44]

日本側の憲法改正案は幣原内閣の国務大臣だった松本烝治さんが昭和二十年の終わりごろに作り始め、二十一年二月にはできあがっていたんですが、それではだめだと占領軍司令部は不満でした。それに、「遅い」っていうんですね。ソ連、豪州の矛先が来てるから早く、という。陛下もお聞きになって「そう遅いんじゃだめだ」と。そこは司令部と一致したんで、それで司令部案が出てからサッと行ったんですね。
日本の松本案は、旧来の帝国憲法の発想から飛躍するのは無理だった。向こうのガバメントセクション（GHQ民政局）のほうがよく調べている感じでした。

徳川義寛の証言には、天皇は「松本私案」では帝国憲法の発想から飛躍していないと判断して、本書で述べてきたように「裁可」しなかったこと、二月二二日に幣原からＧＨＱ民政局の新憲法草案を提示されて、前掲の「平野文書」で天皇がそれを全面的に支持して「裁可」したので、以後は「サッと行った」こと、つまりＧＨＱ草案が幣原内閣から「憲法改正草案要綱」として発表され、やがて日本国憲法として公布されるようになったことが、実感として語られている。

吉田茂の回想録『回想十年』にも次のような記述がある。[45]

三月五日は、朝から閣議が開かれ、松本博士から前日の模様についての報告を聞いた。同時に総司令部でまとまった案が次ぎ次ぎと届けられてくるので、それを検討した。そして閣議としては甚だ不本意な点が多く、特に天皇の御地位については閣僚間に異議多く、なかなかまとまりそうもなかった。（中略）天皇陛下御自ら、「閣議決定が余り遷延するのはよろしくない。天皇の地位については総司令部案でいゝではないか」との御発言がありし旨、閣議の席上に伝えられるにおよんで、漸く各閣僚も大体この案に従う外はあるまいということにまとまったのである。結局、皇室の御安泰を図るにも、この外に途はないということであったわけである。

吉田茂の回想録からも、天皇が幣原首相との会見で、ＧＨＱ草案を内々に「裁可」したことが閣議にも伝えられたので、閣議がＧＨＱ草案受け入れにまとまったことが確認される。

さらに吉田茂の回想録には、幣原内閣がＧＨＱ草案を受け入れるうえで、幣原首相が天皇にＧＨＱ草案上奏の結果「裁可」を得たと報告したことで閣議の議論も結着がついたことをこう記している。[46]

この間、閣議で一番問題になったのは、天皇の地位を表現する象徴という字句であった。これをめぐって、閣僚間に議論百出の有様であったが、幣原総理大臣が陛下に拝謁して、憲法改正に関する総司令部との折衝顚末を委曲奏上し、陛下の御意向を伺ったところ、陛下親ら「象徴でいゝではないか」と仰せられたということで、この報に勇気づけられ、閣僚一同この象徴という字句を諒承することとなった。故に、これは全く聖断によって決まったといってもよいことである。

右の吉田の回想録からも二月二二日午後に幣原首相が吉田外相を同伴せずに一人で参内したことが裏付けられる。幣原首相が天皇に拝謁してＧＨＱ憲法草案を説明し、その結果事実上の「裁可」を得たことを内閣に報告したのを受けて、幣原内閣のＧＨＱ草案受け入れがまとまったことを知ることができる。

第7章　幣原内閣による「憲法改正草案要綱」の発表

1 天皇による「憲法改正草案要綱」の「裁可」

松本国務大臣は、三月四日になってもGHQ民政局憲法草案にたいする対案および説明書を日本文のまま携帯し、白洲次郎と外務省の通訳二人、法制局第一部長の佐藤達夫を帯同してGHQにおもむき、ホイットニーに面会、持参の対案が閣議の決定を経ていない試案であることをことわって提出した。GHQ民政局も二人の通訳により松本試案を検討したが、「かくのごとき対案では審議を進むるも益なかるべく、翻訳はこれを打ち切るのほかなし」といわれた。その後、ケーディス大佐が対応して議論したが、松本が「白洲君の通訳を待っていられないで、ブロークンのイングリッシュ」で反論し、「先生（ケーディス）まっさおになってふるえている、神経衰弱でしたね、先生は」と松本が言うほどの激昂した討論になった。

最後は「ケーディス大佐は相当興奮せる状態にあるをもって、議論激化の結果、他日の交譲妥協の余地を減殺する虞《おそれ》あることを慮り、後事を佐藤氏に委ね、職務に籍口して帰って、総理大臣に概略報告をなせり」と松本は、前掲の「松本烝治氏に聞く」で三月四日のことを述べている。[1]

この日、松本大臣に随行してきた法制局第一部長で憲法問題調査委員会委員の佐藤達夫は松本大臣が帰った後も総司令部に残り、ケーディス大佐とハッシー海軍中佐を相手に、憲法草案の日本文案について条項ごとにチェックする作業をさせられることになった。松本大臣は「健康上の都合で来られないから、然るべく」と帰ったまま戻らなかった。

逐条ごとの日本文条項チェックは徹夜でおこなわれ、全部が終わったのは、三月五日の午後四時ごろであった。GHQ民政局では、成案の憲法草案のプリント一三部を作成、一部を幣原内閣の楢橋渡書記官長に渡し、他のプリントは、憲法草案作成運営委員のハッシー中佐自らがそれを持って、特別仕立ての飛行機で本国政府に届けたという。[2]この間、マッカーサーの督促下にGHQ民政局が日本政府が作成した体裁をとった新憲法草案の作成を急いだのは、ワシントンの極東委員会が活動を開始する前に、既成事実を作ってしまうためであった。

幣原内閣では、三月五日に閣議が開かれ、松本大臣が前日の交渉の報告をし、再対案を作成して交渉を再開することを主張した。これにたいして、「アメリカ側はわが方に対して、『この案を日本政府案として発表せよ、アメリカも同時にこの案をアプルーブ〔同意〕したことを発表する』ということを申して来た」ことが報告されると、松本大臣は「もしアメリカ側がこれを発表するという案なら、先方の勝手に発表させておいてよいではないか」とすこぶる激昂した放言の如き発言をした。これにたいし石黒武重法制局長官、入江俊郎法制局次長、楢橋渡書記官長等よりこもごも、「事態かくの如くなっては一刻も猶予すべきではない。何としても日本は日本としての自主的態度を持すべきであるから不満足でもあることは重々わかるが、これを日本側の自主的の案として先方と同時に発表するという態度に出るほかあるまい」と発言した。これにほとんどの閣僚が同意し、閣議は日本側の自主的な案として、アメリカと同時に発表することに決定した。[3]

最後に幣原首相から、「(憲法草案の)前文の文章にも明らかにしたように国民が憲法をきめるということになるが、それは帝国憲法の上では認められないことではないのか」と発言し、この点に不安の面持ちであったが、閣議に陪席していた入江法制局次長から「この案を総理より内奏して御嘉納を乞い、勅語を仰いで、かかる案を改正案とすることについて天皇の御意思を決定していただき、その御意思に基いて内閣がこの改正案を要綱として発表することにすればよいのではありませぬか。そうすれば、将来これを議会に提出する際にも、国民が作成する憲法改正案の原案を天皇が発案されることになるので、憲法上さしつかえないのではないか。憲法の改正は大権ではあるが、いわば天皇の大権の具体的行使をこの場合国民にまかせるということにもなるように思います」と発言、石黒法制局長官もこれに賛成し、閣議決定された。

松本国務大臣はこの考え方を、「それは三百の議論だ」(「三百代言」の略、詭弁を弄すること)と不快げな様子であったが、結局それも一方法であろうと渋々賛成した。

以後、GHQの憲法草案は入江の提案したとおりの大日本帝国憲法の手順を踏んで、日本国憲法として公布されることになる。

閣議決定を経て幣原首相は今回だけは松本大臣を同伴して参内し、この間の経緯を天皇に説明した結果、「陛下は実によく事態を認識せられておられ、この改正案につき御異議ない旨を仰せられました」となった。参内から帰った幣原は夜に再開された閣議で、佐藤達夫内閣書記官が書いた勅語案のとおりの勅語が下賜されたことを報告した。[4]

以上は、法制局次長であった入江俊郎の記録から幣原内閣の「憲法改正草案要綱」決定の経緯を整理した。松本大臣は最後までＧＨＱの新憲法草案に強固に反対し、最後は民政局のケーディスと激昂した討論をおこない、三月五日の閣議でもＧＨＱ草案を認めることに反対して孤立し、最後は渋々決定に従うことにしたのである。こうした松本大臣の保守的で頑迷固陋の性格の人物ぶりから、幣原首相が、閣議において正面から「松本私案」に反対することを控えて、「芝居」を打たざるを得なかった理由の一面が理解できよう。

『昭和天皇実録　第十』には、「憲法改正草案要綱」発表前日の三月五日、幣原首相が松本国務大臣とともに参内し、天皇に同要綱を奏上した経緯がこう記録されている。[5]

午後五時四十三分より七時十分まで、御文庫において内閣総理大臣幣原喜重郎・国務大臣松本烝治に謁を賜い、憲法改正草案要綱についての奏上を御聴取になる。昨日午前、連合国最高司令部に提出された日本国憲法草案（三月二日作成）は、同司令部において終戦連絡中央事務局次長白洲次郎・法制局第一部長佐藤達夫らも加わり、夜を徹しての修正作業が進められ、この日午後、司令部での作業が終了する。一方、首相官邸においては、この日、朝より閣議が開かれ、同司令部から順次送付された改正案について対応策が協議される。閣議においては、改正案を日本側の自主的な案として速やかに発表するよう同司令部から求められたことを踏まえ、改正案を要綱の形で発表することとし、さらに、この前文において国民が憲法を決める形式となっていることについては、大日本帝国憲法第七十三条（将来此ノ憲法ノ条項ヲ改正スルノ必要アルトキハ勅命ヲ以テ議案ヲ帝国議会ノ議ニ付スヘシ）に添うべく、首相より内奏の上御聴許を乞い、勅語を仰いで同案を天皇の御意志による改正案とすることを決定する。

奏上を聞き終えられた後、これまでの連合国最高司令部との折衝経緯に鑑み、内閣に一任する旨を仰せになる。併せて、憲法改正を御下命になる勅語の奏請を受けられ、御聴納の上、次の勅語［後掲する］を賜う。

右の記録から明らかなように、日本国憲法改正は大日本帝国憲法の第七三条にもとづき、天皇が「天皇の御意志による改正案」を帝国議会の議にかけるという手続きをとることにしたのである。実際にはGHQ作成草案を幣原内閣決定草案とし、それを天皇が「裁可」して「天皇の御意志による改正案」としたのだった。

三月六日は朝九時から夕方四時まで臨時閣議が開かれ、法制局が徹夜で整理した「憲法改正草案要綱」のガリ版刷が閣僚に配布され、逐次審査したうえで、午後五時に、楢橋渡書記官長より、勅語、総理談話とともに新聞発表された。それぞれが英訳とともに謄写印刷して新聞社とその他の報道機関に配られた。「憲法改正草案要綱」は、憲法改正草案が全九五条にわたって書かれ、正式な条文ではないという意味で、条文末が「コト」という語で終わっているが、ほぼ新憲法の条項がわかる。日本国憲法の第一条・第二条と第九条は「要綱」ではこうなっている。

第一　天皇

第一　天皇ハ日本国民至高ノ総意ニ基キ日本国及其ノ国民統合ノ象徴タルベキコト

第二　皇位ハ国会ノ議決ヲ経タル皇室典範ノ定ムル所ニ依リ世襲シテ之ヲ継承スルコト

第二　戦争ノ抛棄

第九　国権ノ発動トシテ行フ戦争及武力ニ依ル威嚇又ハ武力ノ行使ヲ他国トノ間ノ紛争ノ解決ノ具トスルコトハ永久ニ之ヲ抛棄スルコト

陸海空軍其ノ他ノ戦力ノ保持ハ之ヲ許サズ国ノ交戦権ハ之ヲ認メザルコト

翌三月七日の朝の各新聞は第一面に「主権在民、戦争放棄」の大見出しで、「憲法改正草案要綱」を紙面いっぱいに掲載し、要綱とともに勅語、総理大臣の談話、さらにマッカーサー元帥の全面的支持の声明を掲載した。本書の「はじめに」で述べた憲法九条の発案、同意、承認の「三人の当事者」の「揃い踏み」であった。

朝日新聞
主權在民・戰爭拋棄を規定
憲法改正政府草案成る
天皇は國家の象徴
國民至高の總意に基く
憲法改正草案要綱
根本的改正を御明示
勅語を ひ政府御鞭撻
勅語
マ元帥全面的に承認
交戰權拋棄の特點指摘
男女は平等人權不可侵
民主政治の確立

新聞3　憲法改正政府草案発表を報じる『朝日新聞』（1946年3月7日付）。天皇の勅語とマッカーサーの声明が掲載されている

以下に天皇の勅語の全文と幣原総理談話とマッカーサー元帥声明の一部を紹介する。

天皇の勅語[6]

朕曩《さき》にポツダム宣言を受諾せるに伴ひ日本国政治の最終の形態は日本国民の自由に表明したる意思に依り決定せらるべきものなるに顧み、日本国民が正義の自覚に依りて平和の生活を享有し、文化の向上を希求し、進んで戦争を抛棄して誼《よしみ》を万邦に修むるの決意なるを念《おも》ひ、乃ち国民の総意を基調とし人格の基本的権利を尊重するの主義に則り、憲法に根本的の改正を加へ、以て国家再建の礎を定めむことを庶幾《こいねが》ふ、政府当局其れ克く朕の意を体し、必ず此の目的を達成せむことを期せよ。

天皇が勅語により、主権在民と国民の基本的人権を認め、世界平和のために戦争の放棄を決意した憲法改正草案（新憲法草案）を作成し、これにより国家再建に努めるという天皇の意思を表明したことは、当時の旧軍勢力や右翼もそれを受け入れざるを得なくなったことにおいて、大きな影響力を持った。マッカーサー・ＧＨＱならびにアメリカ政府が天皇制を利用しながら日本の民主主義改革を図るという占領政策が成功したといえる。

いっぽう、天皇が時代状況を察知して、敗戦後の天皇制護持のために、アメリカ政府、マッカーサー・ＧＨＱの占領政策を分析しながらそれに柔軟に対応していった執念にはなみなみならぬものがあった。右の勅語には、「最終的の日本国政府の形態は『ポツダム』宣言に遵い日本国国民の自由に表明する意思に依り決定せらるべきものとす」という、ポツダム宣言に関する日本政府の照会にたいして発せられたバーンズ国務長官名の連合国の回答文（本書五三頁）のとおりに、日本国民の自由意思が天皇制護持を決定したことを連合国にアピールする意図がこめられている。

幣原総理の談話[7]

畏くも天皇陛下におかせられましては、昨日内閣に対し勅語を賜りました。わが国民をして世界人類の理想に向い同一歩調に進ましむるため、非常なる御決断を以て現行憲法に根本的改正を加え以て民主的平和国家建設の基礎を定めんと明示せられたのであります。(中略) ここに政府は連合国総司令部との緊密なる連絡の下に憲法改正草案の要綱を発表する次第であります。

幣原首相が一番懸念していたのは、国内の旧軍勢力、戦前的な天皇制の継続を望む勢力、さらに保守・右翼勢力が戦争放棄、戦力不保持ならびに国民主権下の天皇象徴制への変革を謳った憲法改正草案に反対、阻止する動きを見せることであった。そのために、幣原首相の談話は、天皇が勅語により、民主的平和国家建設のための憲法改正草案を下賜したことを強調したのである。

マッカーサー元帥の声明[8]

余は今日、余が全面的に承認した新しき且つ啓もう的な憲法を日本国民に提示せんとする天皇ならびに日本政府の決定について声明しうることに深き満足を表するものである。この憲法は、五カ月前に余が内閣に対して発した最初の指令以来、日本政府と連合軍最高

司令部の関係者の間における労苦に満ちた調査と数回にわたる会合の後に起草されたものである。（中略）

条項の最初に述べられているものは、国家の主権の発動としての戦争を除去し、他国との紛争解決の手段としての暴力による脅威またはその使用を永久に廃棄し、さらに将来陸・海、空軍またはその他の戦争能力を承認すること、あるいは国家がいかなる交戦権を持つことをも禁止している。かかる計画と公約によって、日本はその主権に特有な諸権利を放棄し、その将来の安全と生存を世界の平和愛好民族の誠意と正義にゆだねることになった。

実にこれによって日本国民は、戦争が国際的紛争の調停者としては無効であることを認識し、正義と寛容と人類相互の理解とに対する信仰への方向を示す新しい道を描きうるのである。日本国民は、かくして過去の神秘主義と非現実性に背を向け、代うるに新しい信仰と希望を持つ現実主義的の将来にその面を向けている。

マッカーサー声明には、アメリカ社会そして連合国、さらに連合国極東委員会と対日理事会にたいして、象徴天皇制を認めさせるために憲法九条をセットにした幣原との「秘密合意」の結果が、憲法改正草案にストレートに具現化したことのアピールの意味がこめられている。それが効果を奏したことは、外務省総務局がまとめた「憲法草案要綱に関する内外の反響」[9]（昭和二一年三月一八日）に、アメリカの主要新聞の報道記事を紹介したうえで「米側において最も論評が多いが、概観すればこれをもって軍国主義封建主義を払拭した進歩的な草案として歓迎しており、天皇の存置についても何等反対なく、その外、内容的には一応批判がないか、一般にはこれは単に紙上の草案に過ぎず、日本をして真に平和的民主国家たらしめるには、上より課せられた憲法ではなく、これを活用しうる国民の政治意識の向上こそ問題であり」と肯定的な論評が多かったことに示される。

また、マッカーサーが、日本政府が「憲法改正草案要綱」を発表した即日、これを全面支持する声明を発表したのは、日本国民にたいしては、マッカーサー・GHQが背後にあって憲法改正草案（新憲法草案）を作成したことを明示して、これを受け入れるようにある意味の威圧効果をねらったことが考えられる。「平野文書」で幣原が語った、憲法九条がGHQによって「押しつけられた」かたちにして制定するという幣原の意図どおりになったのである（本書一七二頁）。

2　帝国議会における憲法改正草案の審議と採択

（1）枢密院における審議と裁可

幣原内閣は、日本国憲法となる「憲法改正草案要綱」を大日本帝国憲法の第七三条にもとづいた手順を踏襲して憲法改正として施行する形式を決定した。そのため、幣原内閣が決定した「憲法改正草案要綱」を天皇が「裁可」した旨の詔勅を発布して、それを帝国議会の審議に付す天皇の勅命による憲法改正の手続きを開始することになった。最初に「憲法改正草案」を帝国議会に付す前に枢密院の審議にかけた。大日本帝国憲法においては、元大臣・政府高官などで構成される枢密院が天皇の最高諮問機関として、衆議院と貴族院の議会に提出する前に憲法草案の審査審議をおこない裁可することになっていた。

幣原首相は三月二〇日の枢密院本会議の冒頭において、三月六日に内閣が憲法改正要綱を公表したのは、枢密院にたいしての重大な権限侵犯行為であったことを指摘するとともに、GHQとの関係上どうしても枢密院諮詢《しじゅん》前に憲法改正要綱を発表しなければならなかった経緯を報告して釈明し、了解を求めた。そのときの幣原首相の説明は、幣原が憲法九条を発案したことを示唆する内容になっているので、要旨であるが、紹介する。[10]

草案の中、特に重要なる点は国体の本義に関係する第一と戦争の抛棄を宣言した第九であると思う。第一は天皇は世襲の御威光のみに依らず、別に国民至高の総意に基づき、其の御位に在らせらるることとなるのであって、皇位の淵源はこれにより一層深くその基礎は一層確《かた》いこととなった。国民が天皇を奉戴するという点、この点に深い意味が在るものと考えるのであって、二千余年培われた国民精神は過日の天皇の横浜地方御巡幸の際の御様子を拝してもよく判ると思う。余はこれにより皇室の御安泰は永久に保持さるるものと確信するのである。

次に第九は何処の憲法にも類例はないと思う。日本が戦争を抛棄して他国もこれについて来るか否かについては、余は今日直にそうなるとは思わぬが、戦争抛棄は正義に基づく正しい道であって、日本は今日この大旗を掲げて国際社会の原野を単独に進んで行くのである。その足跡を踏んで後方より従ってくる国が有っても無くても、顧慮するに及ばない。事実においては原子爆弾の発明は世の主戦論者に反省を促したのであるが、今後は更にこれに幾十倍幾百倍する破壊的武器も発明されるかも知れない。今日は残念ながら世界はなお旧態依然たる武力政策を踏襲しているけれども、他日新たなる兵器の威力により、短時間に交戦国の大小都市ことごとく灰燼に帰し、数百万の住民が一朝鏖殺せらるる惨状を見るに至らば、列国は漸く目醒めて戦争の抛棄を真剣に考えることとなるであろう。その時は余はすでに墓場の中に在るであろうが、その墓場の陰から後をふり返って列国がこの大道につき従って来る姿を眺めて喜びとしたい。

以上は戦争放棄の条項に関し外国新聞記者に語った余の所感である。

右の枢密院会議における幣原首相の説明から、日本国憲法第一章の象徴天皇制の規定よりも第九条に幣原の信念がこめられていることが理解できよう。憲法九条については「余」という主語を使って幣原が発案したことの思想と信念を語っているのが理解できる。この幣原の人類の未来において理解され、評価されるであろうという憲法九条の意義づけは幣原でなくては語れないことであり、マッカーサーには語れないことである。

このときに幣原首相が二月一九日、二〇日におこなわれた天皇の神奈川地方巡幸を取り上げて、「二千余年培われた国民精神は過日の天皇の横浜地方御巡幸の際の御様子を拝してもよく判ると思う。余はこれにより皇室の安泰は永久に保持さるるものと確信するのである」と言っているのは重要である。これは、本書で指摘したように、天皇の最初の神奈川県巡幸の成功が、国民の天皇イメージを「大元帥」から「国民の天皇」すなわち象徴天皇制へ大きく変換させるのに効果があることが証明されたからである。

幣原首相が内山岩太郎神奈川県知事をわざわざ首相官邸まで呼んで報告させ、天皇にも報告させているところから（本書一五三頁）、内山を神奈川巡幸の一カ月前に知事に任命した背後には、内山が外務省の後輩で、気骨のある外交官であったことに目をつけた幣原首相の意思がはたらいていたことをうかがわせる。

枢密院においては、四月二二日、枢密院の憲法改正草案の第一回審査委員会が開催された。審査委員会の冒頭に、枢密院議長鈴木貫太郎が、議長としては異例の次のような発言をおこなった。[11]

> ポツダム宣言が国体を変革するものであるかどうか、終戦のときから疑問を持つ者が多かった。付和雷同する人達は、これを捉えて策動さえもした。然し私は、宣言のうちに日本国の形態は日本国民の意思によって決められるとあるので、予てから絶対に大丈夫だという確信を持っていた。しかも今度の憲法改正案の第一条によって明らかに国体が護持されたことを知り、大いに安心し且つ敬意を表するものである。また第九条の戦争抛棄の条項について心配する向きも多いが、古来「柔よく剛を制す、柔弱は正路なり、強剛は死の道なり」という言葉がある。第九条は正にその点をあらわすもので、これまた大いに敬意を表する。

鈴木貫太郎が戦前最後の首相となって、戦争終結をおこなったことは本書で述べたとおりである。前枢密院議長の平沼騏一郎が戦犯容疑で逮捕されたので、その後任として鈴木を考えたのは幣原首相であった。天皇も大いに賛同して鈴木を参内させ、枢密院議長就任を懇請した結果、四五年一二月一五日に親任式がおこなわれた（本書一一二頁）。鈴木が枢密院議長であったことは、憲法改正草案（日本国憲法草案）の枢密院における審査の裁可を容易にした。枢密院では鈴木議長が指定した「帝国憲法改正案を帝国議会の議に付する」ための審査委員会によって審査がおこなわれ、改正案を帝国議会の審議に委ねることを諒とする報告書が作成され、六月八日の天皇が臨席する枢密院本会議において、美濃部達吉一人が反対したので全会一致とならなかったが、可決され、帝国議会へ提出されることになった。枢密院における憲法改正草案の裁可を果たした鈴木貫太郎は、六月一三日付で枢密院議長を依願免官して、千葉県の関宿に帰り（現在、野田市関宿に鈴木貫太郎記念館がある）、全くの野人となった。七九歳であった。

（2）衆議院における憲法改正草案審議と修正

四六年六月二〇日、第九〇回帝国議会の開院式が衆議院においておこなわれ、四月一〇日に新選挙法によって戦後初めておこなわれた衆議院総選挙によって選出された国会議員が出席した。新選挙法で女性にも初めて普通選挙権が与えられ、女性議員三九名が誕生した。

幣原首相は政党に所属せず、内閣も政党内閣ではなかったので、四月二二日に総辞職した。総選挙の結果第一党となった自由党が過半はもとより三分の一にもならなかったうえに、総裁の鳩山一郎が公職追放となり、後継首相選びは混とんとしたが、吉田茂が自由党総裁となって、五月二二日に第一次吉田茂内閣（自由党と進歩党の連立）が成立、幣原は国務大臣として入閣し、幣原内閣が作成した憲法改正草案（日本国憲法草案）の議会での審議にかかわった。

吉田内閣でも注目されるのは、幣原内閣と同様に二重政府構造が継承されていたことである。『昭和天皇実録　第十』によれば、五月二二日に宮中の表拝謁ノ間において、吉田茂内閣総理大臣親任式がおこなわれた。天皇の「組閣大命」である。五月二五日には、内閣総理大臣吉田茂より、帝国憲法改正案を帝国議会の議に付し、併せて枢密院会議に付されることを請う旨の上奏書類を天皇が「御聴許」した。さらに第九〇回帝国議会の開院式の前日の六月一九日に吉田首相は参内して天皇に謁見、開院式における内閣総理大臣の演説案を上奏、裁可を願っている。新憲法が制定されるまでは、天皇と内閣総理大臣の関係は「元首と大臣」という大日本帝国憲法制度が継承されていたのである。

六月二〇日、天皇は第九〇回帝国議会の貴族院における開院式に出席し、次の勅語を与えた[12]。

本日、帝国議会開院の式を行い、貴族院及び衆議院の各員に告げる。

今回の帝国議会には、帝国憲法の改正案をその議に付し、なお、国務大臣に命じて緊要な予算案及び法律案を提出せしめる。各員心をあわせて審議し、協賛の任をつくすことを望む。

右の勅語は従来のかたちとは異なって、初めて口語体が用いられ、天皇の自称の「朕」を使わなかった。

この日、衆議院に帝国憲法改正案が提出され、憲法改正案を審議することになったので、衆議院本会議において、樋貝詮三議長より、以下の天皇の勅書が朗読された。[13]

朕は、国民の至高の総意に基いて、基本的人権を尊重し、国民の自由の福祉を永久に確保し、民主主義的傾向の強化に対する一切の障害を除去し、進んで戦争を抛棄して、世界永遠の平和を希求し、これにより国家再建の礎を固めるために、国民の自由に表明した意思による憲法の全面的改正を意図し、ここに帝国憲法第七十三条によって、帝国憲法の改正案を帝国議会の議に付する。

御名　御璽

天皇の勅語は、大日本帝国憲法において憲法改正の大権を有する天皇が、帝国憲法第七三条にもとづいて、憲法改正案を帝国議会の審議に付すことを宣言したのであった。そして帝国憲法では元首であった天皇がその地位を放棄して、国民主権と基本的人権の尊重を謳い、戦争放棄を掲げた、大日本帝国憲法の全面的改正すなわち日本国憲法草案を裁可したことを内外に宣言したのである。このように、マッカーサー・GHQが、天皇制を利用しながら日本の民主化をはかろうとした意図がこの段階では効を奏したのである。

衆議院では、帝国憲法改正案の審議は議長の指名した七二人で構成された特別委員会によっておこなわれ、委員長に自由党の芦田均が選ばれた。

特別委員会での審議が終了したあと、さらに芦田均を委員長とする一〇名からなる小委員会が設けられ、憲法改正案の条項文について七月二五日から八月二〇日にかけ一四回にわたり検討がおこなわれた。

九条に「平和」を加筆

政府案が議会に上程された時、憲法九条の政府案は、以下のようであった。

第九条　国の主権の発動たる戦争と、武力による威嚇又は武力の行使は、他国との間の紛争の解決の手段としては、永久にこれを放棄する。

陸海空軍その他の戦力は、これを保持してはならない。国の交戦権は、これを認めない。

「九条」といえば「平和」を連想するが、上程された政府案にはなかった「平和」を加筆したのは、衆議院議員の鈴木義男（日本社会党）が「平和はいまや安全保障抜きには考えられない」と本会議ならびに憲法改正条項文を検討した小委員会で積極的に発言した結果であった。鈴木義男は、戦前に東北大学や法政大学で憲法・行政法の教授をつとめ、その間、ワイマール期のドイツに留学、敗戦と同時に社会党に入党、戦後最初の総選挙で議員になったばかりの理論家であった。憲法研究会（本書一二四頁）にも参加していた。鈴木の提案は「日本国は平和を愛好し、国際信義を重んずることを国是とする」という条文を挿入するという社会党の修正意見として小委員会に提出されたが、討議の結果、現行憲法の「日本国民は、正義と秩序を基調とする国際平和を誠実に希求し」という格調高い文章を挿入することに決定し、その後の衆議院本会議、貴族院を通過した。[14]

「芦田修正」の問題

芦田小委員会では、芦田委員長の起案で憲法九条の第二項の前に「前項の目的を達成するため」という文言を挿入することになり、これが「芦田修正」といわれる。この結果、第九条に二つの文章を追加して先の鈴木義男の提案の「日本国民は、正義と秩序を基調とする国際平和を誠実に希求し」と芦田均提案の「前項の目的を達するために」とすることになった。これにより、第九条は、日本国民が他の列強に先駆けて正義と秩序を基調とする平和の世界を創造するためであるという、高邁な世界平和実現の先駆となる理念を掲げた格調高いものとなった。

ところが朝鮮戦争を契機に日本が再軍備するようになると、芦田は「芦田修正」の意図を異なって説明するようになった。

（1）四六年八月二一日の衆議院帝国憲法改正案委員会における芦田均の報告[15]

【第九条を修正、二句を挿入した理由】

憲法第九条において第一項の冒頭に「日本国民は、正義と秩序を基調とする国際平和を誠実に希求し、」と付加し、その第二項に「前項の目的を達するため、」なる文字を挿入したのは戦争抛棄、軍備撤廃を決意するに至った動機が専ら人類の和協、世界平和の念願に出発する趣旨を明らかにせんとしたのであります。第二章の規定する精神は人類進歩の過程において明らかに一新時期を画するものでありまして、我等が之を中外に宣言するに当たり、日本国民が他の列強に先駆けて正義と秩序を基調とする平和の世界を創造する熱意あることを的確に表明せんとする趣旨であります。

（2）五七年一二月五日憲法調査会第七回総会における講演「改憲案作成内閣の一閣僚としての回顧」速記録より[16]

【第九条修正の提案者としてひとこと】

憲法小委員会においても日本国が自衛権を持つとの点については何人も疑いを持たなかった。自衛権はたしかにあるという確信を持っておったのであります。自衛権とは侵略に抵抗するという権利である。そこで第九条の規定をみると第二項があって自衛権が一体あるのかないのかさえも疑問の種となったのでありますが、（中略）私は第九条の二項が原案のままではわが国の防衛力を奪う結果となることを憂慮いたしたのであります。それかといってGHQはどんな形をもってしても戦力の保持を認めるという意向がないと判断をしておりました。（中略）

修正の辞句はまことに明瞭を欠くものでありますが、しかし私は一つの含蓄をもってこの修正を提案いたしたのであります。「前項の目的を達するため」という辞句を挿入することによって原案では無条件に戦力を保有しないとあったものが一定の条件の下に武力を持たないということになります。日本は無条件に武力を捨てるのではないということは明白であります。これだけは何人も認めざるを得ないと思うのです。そうするとこの修正によって原案は本質的に影響されるのであって、従ってこの修正があっても第九条の内容には変化がないという議論は明らかに誤りであります。

芦田は（1）では、日本国憲法に戦争放棄と軍備撤廃を規定したことが、人類の和協、世界平和の念願の先駆となるためであることを明示するために追加したことを説明している。自衛権は認められるとは言っていない。（2）では、朝鮮戦争を契機に再軍備したあとの意図的な解釈をしている。日本の再軍備を認めるための憲法九条の精神と理念を否定するものである。「芦田修正」をめぐる議論は、自衛隊を憲法違反とみるかどうかにつながる重要な問題であるが、ここでは指摘するにとどめる。

小委員会の修正案の報告を八月二一日の衆議院帝国憲法改正委員会が承認し、それを八月二四日の衆議院本会議で芦田委員長が報告して、修正事項を加えた改正憲法草案を三分の二以上の多数の賛成で可決して、衆議院における審議を終了した。

(3) 貴族院における審議と可決

「帝国憲法改正案」は八月二四日、衆議院の議決ののち、八月二六日の貴族院本会議に上程され、吉田首相が提案理由を説明したあと審議に入り、三〇日までの五日間にわたり質疑応答がおこなわれ、八月三〇日、改正案は四五人の帝国憲法改正案特別委員会に付託された。同委員会は、委員長に安倍能成、副委員長に橋本実斐《さねあや》が互選され、九月二日から改正案の審議に入り、一〇月三日に帝国憲法改正案の修正可決をおこない、ついで一〇月五日、六日の貴族院本会議で審議されたうえで六日に議決され、貴族院の審議は終結した。衆議院、貴族院において各議員の質問や意見にたいして臨機応変の答弁に活躍をしたのが金森徳次郎大臣であった。金森大臣については後述する(本書二八六頁)。

貴族院においては幣原が国務大臣として何回か答弁をしており、重要なので終章であらためて取り上げる。

帝国憲法改正案は一〇月六日に貴族院から衆議院に回付され七日の衆議院本会議で三分の二以上の多数で貴族院の修正に同意する旨が可決され、ここに帝国憲法改正案（日本国憲法草案）は確定した。衆議院、貴族院で修正・議決された「帝国議会において修正を加えた帝国憲法改正案」は再び、枢密院に諮詢され、枢密院で二回の審査委員会が開かれた。政府側から吉田総理、金森徳次郎国務大臣、入江法制局長官、佐藤達夫法制局次長が出席、法制局の佐藤功事務官が補助員として出席した。金森徳次郎国務大臣は、幣原内閣の総辞職にともなって辞職し、公職追放となった松本烝治国務大臣に代わって、吉田内閣で憲法改正問題に専門的にかかわった。一〇月二九日、天皇臨席のもとに枢密院本会議が開かれ、審査委員会の帝国議会における修正を承認する旨の報告を全会一致で可決した。

以上のように、日本の元首である天皇が、帝国憲法改正を発議、帝国憲法改正案の審議を帝国議会に付し、枢密院、衆議院、貴族院それぞれの審議を経て採択された改正案を日本国憲法として公布するという手続きが踏まれたのである。その結果、日本国憲法はさながら欽定憲法のように、天皇が国民に公布するかのような儀式がおこなわれた。

3 天皇による日本国憲法公布

一一月三日、日本国憲法が公布された。『昭和天皇実録 第十』はこの日おこなわれた儀式について七頁にわたって記録しているので、以下に抜粋して紹介する。

一一月三日午前九時、賢所《かしこどころ》皇霊殿神殿において日本国憲法公布の親告の儀がおこなわれた。賢所は宮中で天照大神の御霊代《みたましろ》として神鏡の八咫鏡《やたのかがみ》を模した別の神鏡を祀ってある所。賢所・皇霊殿・神殿は皇居吹上地区にあり、宮中三殿という。天皇が御拝礼になり御告文を奏される。ついで、朝融王・盛厚王・故成久王妃房子内親王・恒徳王・春仁王が拝礼し、つづいて内閣総理大臣吉田茂・枢密院議長清水澄《とおる》以下一九名が拝礼。

午前一一時ごろ、貴族院において天皇臨席のもと日本国憲法公布記念式典がおこなわれ、「朝融王・盛厚王・恒徳王・春仁王ほかが参列する。便殿において内閣総理大臣吉田茂・貴族院議長徳川家正・衆議院議長山崎猛に謁を賜う。徳川の先導にて議場に出御され、左の勅語を賜う」[17]。

本日、日本国憲法を公布せしめた。

この憲法は、帝国憲法を全面的に改正したものであって、国家再建の基礎を人類普遍の原理に求め、自由に表明された国民の総意によって確定されたのである。即ち、日本国民は、みずから進んで戦争を放棄し、全世界に、正義と秩序とを基調とする永遠の平和が実現することを念願し、常に基本的人権を尊重し、民主主義に基いて国政を運営することを、ここに、明らかに定めたのである。

朕は、国民と共に、全力をあげ、相携えて、この憲法を正しく運用し、節度と責任とを重んじ、自由と平和とを愛する文化国家を建設するように努めたいと思う。

「終わって、勅語書を吉田に授けられる。ついで吉田・徳川・山崎よりそれぞれ奉答をうけられ」る。

午後二時二〇分、皇后と共に馬車に乗って宮城前広場へ。東京都議会主催日本国憲法公布記念祝賀都民大会に「御臨場」。「天皇が玉座に着かれた後、内閣総理大臣吉田茂の発声による万歳三唱を皇后と共に受けられ、同所をお発ちになる。御帰途、鉄橋（宮城正門鉄橋、通称二重橋）上において馬車を停められ、奉拝者の歓呼にお応えになる。」

この日、日本国憲法公布につき、左の恩赦の詔書を発せられた。[18]

「本日、帝国憲法を全面的に改正し、人類普遍の原理に基く日本国憲法を公布せしめた。朕は、この憲法によって、民主主義に徹した平和国家を建設する基礎が定まるに至ったこ

朝日新聞

祝賀大會の都民に埋まつた陛下

理想實現に努力

歴史の日・新憲法公布

新聞4　東京都議会主催「日本国憲法公布記念祝賀都民大会」を報じる『朝日新聞』（1946年11月4日付）。写真のキャプションに「祝賀大会の都民に埋まった陛下」とあり、左の円内に馬車に乗った天皇の位置を示している。新憲法公布と「国民の天皇」（象徴天皇制）への変身を象徴する写真といえよう

とを深くよろこぶ。

　ここに、朕は、政府に命じて、恩赦を行わしめることとした。全国民は、みな、その趣意を理解して、事に当ることを望む。」

　また、勅令を以て大赦令・減刑令・復権令が公布・施行された。

　この日、憲法改正の功労につき、内閣総理大臣吉田茂・国務大臣幣原喜重郎（前内閣総理大臣）・国務大臣金森徳次郎・法制局長官入江俊郎・前枢密院議長鈴木貫太郎ら一一名に天皇の「御署名入りの御写真」が下賜された。

　以上、賢所皇霊殿神殿における神事に始まった昭和天皇による日本国憲法公布

の行為は、本書で述べてきた天皇を元首とする米軍占領下の「裏の政府」が公然と「表の政府」となって現れた一日であった感がする。

帝国憲法改正は「日本国憲法」として一一月三日付官報号外で公布され、その際、次の上諭《じょうゆ》（天皇の裁可文）が付された。[19]

朕は、日本国民の総意に基いて、新日本建設の礎が、定まるに至ったことを、深くよろこび、枢密顧問の諮詢及び帝国憲法第七十三条による帝国議会の議決を経た帝国憲法の改正を裁可し、ここにこれを公布せしめる。

天皇の上諭は、帝国憲法第七十三条にもとづいて、帝国憲法の改正を裁可して日本国憲法を公布したことを宣告したのである。

一一月三日の各新聞は、渉外局発表として、マッカーサーの次のような声明を掲載した。[20]

新憲法の採択は、議会を通過した各種の進歩的な措置とともに、新日本建設の確固たる礎石となるものである。あらゆる人間の努力の成果と同じく、新憲法もまた多少の欠点を免れないが、大局から見れば、終戦以来われわれのたどったあとが、いかに遠く且つ遥かなものであったかを如実に示している。新憲法は、世界平和と善意と平静への偉大な一歩前進である。

天皇は、日本国憲法公布の翌日の一一月四日、午後、宮中の表拝謁ノ間において、来日中のアメリカの『タイム』誌・『ライフ』誌・『フォーチュン』誌社長ヘンリー・ロビンソン・ルース、『タイム』誌主筆ロイ・アレキサンダー、および『タイム』誌・『ライフ』誌・『フォーチュン』誌ワシントン代表ロバート・T・エルソンと会見し、日本国憲法公布についての「お言葉」を述べている。[21]

本書で縷々述べてきた、「ポツダム宣言に遵い日本国民の自由に表明する意思により」象徴天皇制を掲げた日本国憲法が公布されたことをアメリカ社会にアピールしようとした天皇の強い意思がうかがえる記者会見であった。

天皇は一一月五日に、伊勢神宮、神武天皇山陵、大正天皇山陵に、六日には明治天皇山陵にそれぞれ勅使を派遣し、日本国憲法公布の「奉告の儀」をおこなった。皇大神宮（伊勢神宮、祭神は天照大神）においては、掌典長《しょうてんちょう》甘露寺受長《おさなが》により御祭文が奏された。[22]

天皇がおこなった一連の神事は、万世一系の末裔としての昭和天皇が、日本国憲法の公布によって、象徴天皇制のかたちで「国体（天皇制）を護持」したことを皇祖皇宗へ奉告しようとしたものであった。

本書の第1章で述べたように、敗戦に際しても「国体護持」に執着した天皇は、敗戦による連合国軍占領下においても「国体護持」のために奮闘し、象徴天皇制を規定した日本国憲法の公布によって、「国体護持」を成し遂げたといえるのである。

『昭和天皇実録　第十』は、一一月三日に東京帝国大学でおこなわれた日本国憲法公布記念式典において、南原繁総長が以下のように講演したことが天皇に報告されたと記している。[23]

新憲法により「君主主権」から「主権在民」へと国体の観念が変革されたが、一方、天皇を「日本国の象徴」「日本国民統合の象徴」として規定して、否定を超えて永遠に肯定したところに、新たな天皇制の不動の基礎が確立されたこと、この変化と発展を認め、新たな意義を有する国体の生誕を祝し、これを育成すべきである。

南原繁の言う、「新たな国体」として誕生した象徴天皇制はその後、日本国民によってどう「育成」されてきたのか、現在の日本国民にも問われている問題である。

第II部　憲法九条幣原喜重郎発案否定説への批判

第8章　幣原内閣閣僚の幣原発案肯定者と否定者

1　幣原の「芝居」に気づいた閣僚――幣原発案説

本書の「はじめに」で述べたように、幣原首相は、自分が発案した憲法九条構想をマッカーサーとの「秘密会談」で提案し、マッカーサーとの間に「秘密合意」が成立、それを天皇にも報告して天皇からも承認を得ていた。いっぽうでは閣議において、あるいは閣僚にたいしては秘密にして、素知らぬ態度を示して「芝居」を打っていた。そうせざるを得なかった当時の内外の政治状況についても本書で説明してきた。幣原は生前、自分の九条発案について公的に証言し、公式記録に残すことはしなかった。当時公表、公開できなかった証言を幣原から「口外するな」という条件で聞き取って記録したのが「平野文書」であることも本書の「はじめに」で述べたとおりである。

ところで、幣原内閣の閣僚は、幣原首相の「芝居」に感づいて、幣原が憲法九条を発案したことに気づいていた者と気づかなかった者とに分かれた。まずは気づいていた、あるいは後から思い当たって気づいた閣僚の記録から紹介したい。

（1）入江俊郎法制局長官

入江俊郎は、四五（昭和二〇）年一〇月の幣原内閣組閣時の法制局第一部長、ついで一一月に法制局次長となり、四六年三月一九日から法制局長官を歴任した。幣原内閣につづいた第一次吉田茂内閣においても法制局長官をつとめた。法制局は、内閣に置かれ、閣議に付される法律の立案・審査や法制調査をおこなう機関であった。それゆえ、法制局第一部長であった入江俊郎が幣原内閣の憲法問題調査委員会のメンバーとなって松本国務大臣のもとで憲法改正草案づくりの作業に参加し、さらに幣原内閣の閣議に陪席して、とくに憲法問題に関する審議を詳細に記録した。法制局長官は閣僚としてはなじみが薄いが、年表等の閣僚名簿の末端に記されている。本書では法制局次長もふくめて閣僚とみなして述べる。

本書は『入江書』から多くを引用している。後述する憲法九条幣原発案説を否定する論者が引用する『芦田均日記』よりも、幣原内閣における憲法改正問題の審議を知るうえでの史料的価値が高いことはいうまでもない。

以下は、入江俊郎が一九五四年の夏に東京大学占領体制研究会においておこなった報告を編集した「日本国憲法制定の経緯」（『入江書』に収録）からの引用である。[1]

戦争放棄の条項は誰が発案者かということが最近問題になっておりまして、特にあれはマッカーサーが［昭和］二十六年の五月五日に上院で証言（本書一八四頁）をしたとき以来、日本では問題になったと思うのです。それまでは大体日本では、あの条項もマッカーサーの初めからの発案であると思っておったのですけれども、あれによって、あるいはそうでなく、幣原さんの発案なのかというような疑問を持つに至ったわけなんです。そこで私はあの当時『時の法令』の五十一号、すなわち昭和二十七年の三月三日の号に、短文を書きました。それは、幣原さんの思い出を書いたのですが、その中に、あの条項は結局幣原さんがマッカーサーと懇談をしているうちに、幣原さんからあの思想を強く言い出して、これに対してマッカーサーが、またこれも彼の多年抱懐する思想であるということで、大いに共鳴して、そこでマッカーサーは、日本の憲法の草案にこれを入れるということを決意し、司令部側の案に入っておったのではないか。すなわち実質的の発案者は幣原さんなので、マッカーサーはいずれかといえば形式的といっても、もちろんそれはマッカーサーの信念にも合致したのでしょうけれども、いずれかといえば形式的に発案者になったのではないかという見方を書いたわけです。(中略)

それから、なお、その当時マッカーサーと幣原さんがどのように会見しているかということを、これは別の方から調べてみた。これは、岸倉松氏という幣原総理大臣の秘書官ですが「本書一七五頁に記したように、一月二四日に警護官と二人でGHQの建物まで随行した秘書官―引用者」、その方の話を聞いてみたのですが、それによりますと、……これは岸氏のノートにも記され……幣原さんは「一九四五年」十二月二十六日に肺炎になって病臥した。ところがマッカーサーがペニシリンをくれたものですから、それによって非常に早く直った。一月中旬に回復しまして、一月二十一日に参内をして拝謁をして、一月二十四日にマッカーサーを訪ねております。これは病気見舞のお礼に行ったのですけれども、このときもまた二時間以上の会談をしている。こういう事実があるわけです。私が前に『時の法令』に書いたように、幣原さんはいろいろな場合に軍のことについて発言もしておりますし、それから自衛戦争といいながら侵略戦争に移ることがしばしばあるので、自衛戦争そのものが非常に危険なのだということを前前から言っておった。それらを総合しまして、私はやはり幣原さんが少くとも、マッカーサーとの座談の中かもしれませんけれども、戦争の絶対放棄について、マッカーサーに強い印象を与え、幣原氏にかような意思のあることをマッカーサーが知ったのではないかと思うのです。

入江俊郎は、さらにGHQ民政局の関係者から聞いた話や一九五〇年の春に国会議員団が戦後初めて渡米し、そのとき衆議院の渉外課長の島静一がマッカーサーを訪ねて直接聞いた話などを島自身から聞いて総合、さらに一月二四日のマッカーサーと幣原の「秘密会談」の以前に幣原が天皇に拝謁していることと（本書一七四頁）、以後の一月三〇日の臨時閣議における幣原の「松本私案」にたいする軍に関する発言の微妙な変化に気づくなど（本書二一八頁）、幣原の閣議における発言を記録しているなかで、幣原からは直接マッカーサーとの「秘密会談」「秘密合意」の内容について聞いてはいないが、幣原の言説、言動を身近に見ていることで、総合的に幣原が憲法九条を発案したことに確信を抱いたのである。

以上にみた入江俊郎の憲法九条幣原発案説は、法制局次長（後に法制局長官）の立場からの証言であり、本書ですでに提示してきた資料に加えて、幣原の発案であることをさらに決定づける証言記録である。

（2）佐藤達夫法制局次長

佐藤達夫は幣原内閣発足時には法制局第二部長をつとめ、憲法問題調査委員会の委員となった。入江俊郎の法制局次長への昇格にともなって法制局第一部長になり、四六年三月に入江の長官昇格にともない、法制局次長に就任した。佐藤は本書で述べたように、四六年三月四日に松本烝治国務大臣とともにGHQに赴き、松本が民政局のケーディスと口論して帰ってしまったあとGHQに残り、GHQ憲法草案の日本語訳を徹夜でおこなわされたのであった（本書二四六頁）。

佐藤達夫は、法制局第一部長として、閣議や憲法問題調査委員会の記録メモをきちんととり、資料となるものは、もれなく保存するように努めた。四七年から五四年まで法制局長官をつとめ、五五年に国立国会図書館専門調査委員となってから時間的余裕ができ、さらに本書「はじめに」で記した高柳賢三を委員長とする岸信介内閣の憲法調査委員会が発足してから、同委員会に協力しながら大著『日本国憲法成立史』（全四巻）を書き上げたのである。[2] 憲法成立の全過程を随筆風に記述した『日本国憲法誕生記』も刊行している。[3]

佐藤は『日本国憲法成立史』第一巻の「まえがき」に、「幸か不幸か――今日では〝幸いにして〟といっていいかも知れない――わたしは、日本国憲法成立の全過程を通じて、終始これにふかいかかわりをもった」と書いている。「まえがき」にはまた、「当時はまだ、憲法成立の内幕については、発表をはばかられるという事情もあって、その記録のとりまとめも延びのびになっていた」と、日本国憲法成立の内幕については、公表できない時代状況にあったことが記されている。佐藤が『日本国憲法成立史』の編集に着手するきっかけに、GHQ民政局の報告書 Political Reorientation of Japan, September 1945 to September 1948 が一九四九年に公刊されたことがあった、と書いている。同書については本書でも言及した（本書二一一頁）。

「憲法九条の発案者は誰か」という日本国憲法成立にまつわる「内幕」について、佐藤の著作では慎重であったが、一九六四（昭和三九）年二月一四日付『朝日新聞』に掲載された、「マッカーサー回想記」の「日本占領」を読んで、「あの当時の思い出」という朝日新聞主催の座談会に参加して、「戦争放棄　幣原氏が発案」と記事小タイトルになった発言をしている。座談会参加者は吉田茂、岡崎勝男（第三次～第五次吉田茂内閣の外相）、佐藤達夫、大金益次郎（元侍従長）の四名であった。以下は、佐藤達夫の発言である。

【佐藤】

「いま、問題になっている〝戦争放棄〟の発案者がだれかの問題、これも実は昭和二十六年でしたかね、マッカーサー元帥がアメリカの上院で『幣原がいい出した』ということを証言していて、そのことはわかっているが、それ以外の資料としてはこの手記〔「マッカーサー回想記」〕が、非常にくわしく、幣原氏との間の感激的な情景をよく出している。これも貴重な一つの資料だと思っています。」

【本社】

「憲法の『戦争放棄』の条項（第九条）をめぐるエピソードが書かれている。幣原さん（当時首相）が、いいにくそうにしているから、マッカーサーが何んでもいいからというと、戦争放棄の条項を憲法に入れたいという。こんどは、マッカーサーがびっくりしてしまって、『私も戦争手段の廃止が夢だ』というと、幣原さんは涙で顔をくしゃくしゃにして、二人は、いまは夢想家と笑われるだろうが、百年後には二人は予言者になるだろう、というくだりがありました。こういうことについて何かおききになってませんか。」

【佐藤】

「あれは、憲法調査会あたりでも、あの点を中心にして、掘り下げ掘り下げ、いろんな材料を集めたりしてやっていたんですけれども、私どもはやはり、ああいう話が出たことは事実だと思います。それから幣原さんが、平和主義者であったことは、われわれ幣原さんと接触しておって、常に感じていましたし、ことに草案ができたあと、九条は自分の信念であると、非常に強い言葉で、議会や枢密院で説明しておられたから、それをマッカーサーに述べられたこともわかるんです。

ただ最後の問題は、憲法の例の第二項（「前項の目的を達するため、陸海空軍その他の戦力はこれを保持しない。国の交戦権は、これを認めない」）に当ることを、憲法の条文に入れたい、というところまで、幣原さんがマッカーサーに訴えたものか、依然としてナゾは残るが、ふんい気はわかってきましたね。」

右の座談会は、当時『朝日新聞』が「マッカーサー回想記」と題して連載していたときにもたれたものである。連載は『マッカーサー回想記』上・下巻として朝日新聞社から一九六四年に刊行された。本書で引用した『マッカーサー大戦回顧録』（中公文庫）は、「第三、四部　太平洋戦争」と「第五部　日本占領」を抜粋して文庫化したものであった。

佐藤達夫の発言は、本書一七六頁で引用した『マッカーサー大戦回顧録』のなかで、四六年一月二四日の幣原とマッカーサー「秘密会談」において幣原が発案した憲法九条の内容をマッカーサーに提案したと記述されていることは事実と認めたのである。最後に、憲法九条の第二項の条文に類することまで幣原が提案したかどうか「ナゾは残る」と言っているのは当然であろう。ただし、マッカーサーが幣原との「秘密合意」にもとづいて書いた「マッカーサー・ノート」の第二の原則（本書二〇五頁）を見れば、憲法九条第二項に相当する内容にまで踏み込んで二人が話を深めていたことは推測できよう。

（3）金森徳次郎吉田内閣国務大臣

金森徳次郎は幣原内閣の閣僚ではなかったが、幣原内閣をついだ第一次吉田茂内閣の国務大臣となり、幣原内閣の総辞職にともない辞任、かつ公職追放された松本烝治国務大臣に代わって憲法改正問題を担当した。幣原も同じ憲法改正問題担当の国務大臣となったので、幣原とは接触する機会を持つようになった。

金森徳次郎は東大法学部を卒業、一九三四（昭和九）年七月岡田啓介内閣のもとで法制局長官となったが、翌三五年美濃部達吉の天皇機関説事件のあおりで、著書『帝国憲法要綱』に天皇機関説的な説明があると右翼議員からつるしあげを受け、岡田内閣が二・二六事件に遭遇する一月前に法制局長官を退官させられた。戦時中は晴耕雨読に生きた。戦後、第一次吉田内閣になって、憲法改正案を議会で審議、可決させるための議会対策用の国務大臣として起用された。

吉田内閣では衆議院で憲法改正草案を審議するために帝国憲法改正審議特別委員会（芦田均委員長）（本書二六四頁）が設置された。特別委員会は四六年七月一日から七月二三日まで改正案の逐条審議をおこなった。

　この特別委員会では、金森大臣が主として答弁にあたり、独り舞台の感があった。その答弁回数は八〇〇回、憲法議会といわれた第九〇回帝国議会における答弁回数を全部通算すれば、千何百回におよび、一回の答弁最高一時間半という記録を残した。帝国議会において日本国憲法誕生の〝産婆役〟をつとめたといえる。憲法公布と同時に大臣を止め、一九四八年に初代国立国会図書館長に就任した。

　国会図書館長になった金森が、「平野文書」にあったように、憲法九条の成立経緯について幣原から直接聞こうとした。しかし、幣原は「去年金森君からきかれた時も僕が断わったように、このいきさつは僕の胸の中だけに留めておかなければならないことだから、その積もりでいてくれ給え」とマッカーサーとの「秘密会談」と「秘密合意」のことは「そのことをお話するのはまだ時機が早い」と金森にも語らなかったのである（本書二三頁）。

　その金森も、憲法九条が幣原の発案であったと、一九五四（昭和二九）年三月一九日に首相官邸でおこなわれた自由党憲法調査会の第二回総会において、次のように語っている。[4]

　［「マッカーサーがアメリカに帰国して、一九五一年五月、米国議会上院軍事・外交委員会において三日間にわたり証言、そのなかで憲法九条は幣原の発案であると証言したことを紹介した後に—引用者」］

この言葉が正しいとすれば、戦力不保持のあの規定というものは歴史の上から言えば幣原さんの発案であり、つまり日本側の申し入れであったというふうに考えられます。それ以外に幣原さんが書かれたものにも出ておりまして、マッカーサー氏の言に信用を置きうるような気がいたします。のみならず、幣原さんの身辺におった人々の意見を聞いてみますると、非常に的確なところはわかりませんけれども、平素の幣原さんの言葉や、また幣原さんとマッカーサー氏との定例会見はいつもならば一時間くらいで終るのに、あるとき特に三時間も会見をした［四六年一月二四日と二月二一日の「秘密会談」のこと―引用者］というようなこともありまして、何か根拠ありげに感ずるのであります。今まで申し上げましたのは、あの協定は日本側からの発案規定であるということを言ったわけです。

ところでこれが向こうに受け入れられまして、今度はマッカーサーのノートという段階に入って来るのであります。多分、マッカーサーがこういう話を聞いて、自分の帳面に日本の憲法はかくあるべしということを書いておったというのでございましょう。そのノートというのはアメリカ政府出版物の中にはっきり引用せられております。そのマッカーサー・ノートの引用文を見てみますと、これはかなりはっきりしておりまして、日本は戦争を紛争を解決する手段として放棄するのみならず、自国の安全を保持するためにもまた同様であるとしている。つまり自国の防衛のための戦争もなし得ないという意味でございましょう。（中略）

私がこんなことを事珍しく申しますのは、マッカーサー・ノートというものは今日の憲法と必ずしも同じじゃございません。けれどもこういうものがあるということは何か深い意味を持っておるから特に引用したわけであります。これを総合してみますると、幣原さんの意見でも全部戦争をやめなければならない、マッカーサー・ノートでも日本は自衛戦争といえどもやめなければならない、こんなところまで徹底しておったような気がするのであります。

幣原とマッカーサーの「秘密会談」(四六年一月二四日)において幣原が憲法九条となる戦争放棄と軍備全廃を提案して「秘密合意」が成立し、それをマッカーサーが「マッカーサー・ノート」にして憲法改正案作成をホイットニーに命じたことは本書においても確認したとおりである。幣原が金森から憲法九条成立のいきさつを尋ねられて、金森にさえ答えなかったのは、身近な問題としては、幣原が「芝居」を打って、結果的に松本烝治を「騙した」ことになったので、松本に顔向けできないことがある。もっと大きな問題は、本書で明らかにしてきたように、天皇がマッカーサー・GHQとも通じて「内諾」を与えていたことが内外に知られることを恐れたからと思われる。

以上、幣原内閣の憲法問題調査委員会委員として松本烝治国務大臣の下で憲法改正問題にかかわり、法制局の幹部として正確な記録を残してきた入江俊郎・佐藤達夫と、吉田内閣の憲法改正担当国務大臣として、同じく国務大臣であった幣原と接触する機会を持った金森徳次郎がともに、憲法九条幣原発案説を証言していたことは、幣原発案を証明する確証になっている。

2 幣原の「芝居」に気づかなかった閣僚――幣原発案否定説

（1）松本烝治国務大臣・憲法問題調査委員会委員長

憲法九条を幣原が発案したことに全く気づかずに、最後まで幣原発案を否定し続け、さらに「松本私案」が拒否された屈辱的な体験から、日本国憲法はマッカーサー・GHQによって「押しつけられた憲法」であると主張し続けたのが松本烝治であった。

〔資料〕

①憲法調査会事務局「松本烝治氏に聞く（昭和三十五年六月）」（国立国会図書館憲政資料室所蔵）

一九五〇（昭和二五）年一一月二三日、東京大学占領体制研究会の宮沢俊義、佐藤功、丸山真男らが松本烝治宅を訪れ、憲法制定当時の思い出を聞いた時の速記録で、一九五五年一月に佐藤功が文章に整理したものを、一九六〇年に憲法調査会事務局が資料として印刷したもの。

②憲法調査会事務局「憲資・総第二十八号　昭和三十三年十月　松本烝治口述　日本国憲法の草案について」（国立国会図書館憲政資料室所蔵）

一九五三年一二月一五日に岸信介を会長とする自由党憲法調査会が発足、憲法改正にむけた動きが活発化する。五四年七月七日に開催された自由党憲法調査会総会に松本烝治が招かれ、日本国憲法草案作成までの経過について講演をおこなった。その講演記録である。

本書でみてきたように、松本烝治は憲法問題調査委員会の委員長となり、憲法改正問題担当の国務大臣という自負を持って、憲法改正案作成に着手、大日本帝国憲法にもとづいた憲法改正手続きを踏もうと、「松本私案」を作成して、それを天皇に直接上奏し、天皇の詔勅を得て、日本政府案とすべく奮闘したのであった。しかし、天皇は「裁可」しなかったことは本書に述べたとおり。

松本は国務大臣が直接天皇を輔弼するという意識から、幣原内閣において十分に審議して閣議決定をするという方法はとらずに、強引かつ独断的に進めた。GHQに求められて提出したのは、「松本私案」であったが、本人には日本政府案であるかのような意識があった。それがGHQから拒否されて、代わりにGHQの民政局作成の憲法改正草案を提示され、それを幣原内閣は受け入れたのである。それは天皇の詔勅も得て、三月六日に政府から「憲法改正草案要綱」が正式に発表されるにいたった。松本が憲法担当の国務大臣として松本なりの信念と、ある意味ではGHQに対抗する意識を持って奮闘してきたことが、砂上の楼閣のごとき結末を迎えたのであった。あえていえば、松本国務大臣は、その保守性、頑迷固陋さゆえに、天皇も「裁可」できないような旧態依然たる憲法改正「松本私案」を作成してGHQに提出し、GHQ民政局の日本国憲法となる憲法改正草案の作成と提示を引き出す役割を担ったと逆に評価することも可能である。

松本烝治は、①「松本烝治氏に聞く」において、「憲法改正草案要綱」を発表した三月六日のショックを以下のように述懐している。[5]

三月六日午前九時より閣議再開、晩方に至りて憲法改正要綱を議了し、ただちにこれを発表することとして散会せり。昨年十月以来の苦心労作はかく倏忽裡《しゅくこつ》に結局せられたこと実に意外千万なり。翌七日は在宅、休養、八日閣議後新聞記者団と会見して帰宅、九日朝より血圧亢進と座骨神経痛を併発、約一週間病臥を要し、うたた七十の頽齢大事に当たるに耐えざるを痛感せりといえども、にわかに骸骨を乞うは誤解を惹起するおそれあると思い、草案の成文化と付属法令の起案等に努力するためしばらく奉公を続くることに決意せり。

最後の「しばらく奉公を続くることに決意せり」とあるのは、松本が憲法改正の業務を辞した場合は、公職追放執行免除、延期の理由が消失するからである。その後、幣原内閣の総辞職にともない、松本も国務大臣を辞職するや公職追放の身となった。

右の松本の述懐にあるように、幣原内閣が憲法改正要綱を発表した三月六日に松本が受けた心身ともの衝撃を思うと、本書の「はじめに」に紹介した「平野文書」で、幣原が「私としては松本君らに打明けることのできなかったことは忍び難いものがあったが、それは止むを得ないことであった」「松本君にはすまない事をした。気の毒をかけた」と言ったことが（本書二四頁）、真実味を持って想起される。

松本は②の一九五四年七月七日、自由党憲法調査会総会で岸信介会長の挨拶につづいて、講演の冒頭でこうも述懐している。[6]

私自身は二一年の五月に辞職をいたしますとともに追放になりまして、引続いて病気になりまして、まったく世と離れておりましたために、実は新しい憲法がどういうふうにできたのか、国会の議事等については、注意もしておりませんでしたので、従ってただいまの憲法自体の内容につきましては知りませんので、決して有益なお話はできません。ただ憲法のできますにつきまして、一番先にひどい目にあっておりますので、そのことをお話をして、御同情を仰ぐというだけのことしかできないのであります。

松本は、四六年五月から公職追放となり、五〇年一〇月に追放解除となったのであるが、この間、病気にもなり、「一番先にひどい目にあった」という体験から日本国憲法にも関心がなかったのである。それが、一九五四年一二月に第一次鳩山一郎内閣が成立、五五年の保守合同により自由民主党を結成して鳩山が総裁となり、第三次までつづいた鳩山政権が憲法改正を政治目標に掲げるような時代が到来した。短命に終わった石橋湛山内閣の後、一九五七年二月に岸信介内閣が成立すると自由民主党の憲法改正の策動はさらに強まった。こうした保守党の日本国憲法改正の動きが強まるなかで、松本烝治の「日本国憲法GHQ押しつけ論」がもてはやされるようになった。それは憲法九条幣原発案説を否定するものであったからである。

②の自由党憲法調査会総会の講演で、松本は憲法九条の幣原発案を次のようにはっきりと否定した。[7]

向こうのこの間の議会のヒアリングにおいては、マッカーサーが、幣原さん自身が軍隊を廃することに大変熱心であったということを言ったと伝えておりますが、これは非常な間違いだと思います。私の改正案には、もちろん軍というものはあった。それについて特に説明書を出したのですが、その説明書は幣原さんその他閣僚みんなの御賛成で出したものなのです。少なくともこれを出したときにおいては、陸海軍を廃止するとか何とかという考えが幣原さんになかったことは疑いのないところと思っております。（中略）もうこのときから軍というものは置き、且つそれは内閣が統帥して行くようにしたいということを言っているのであります。そしてこの説明書を出すについては、幣原さんはもちろん同意されて、特にこれをいいとか、賛成するとかいう意味を言われたかどうか記憶しませんが、何ら異議なく出されている。しかるにその幣原さんが、軍の廃止は自分の初めからの考えなんだということをマッカーサーに言われたというのですが、幣原さんが後日マッカーサーに会っておられることは［二月二一日の会談、本書二三二頁―引用者］あとで申しますが、そのときにでも言われたか、どうもそのときに言われておらないように思うのです。言われたとすれば、そのときにそうきまった以上は、自分は最初から考えておったというようなことを言われたかもしれません。軍の廃止は最初向こうからこしらえて押しつけて来たので、それに対してこちらは相当反抗したのでありますが、それをこちらの意思で何か軍の廃止をしたいからと言ったからマッカーサーがそういうことを書いたのだと言われるのは、前後まったく転倒している。はなはだしい間違いだと思います。

以上の講演で明確のように、松本烝治は憲法九条幣原発案を確信を持って否定している。松本は幣原内閣の憲法問題調査委員会の委員長として、憲法改正案作成作業をリードしてきた経緯から、彼の証言は幣原発案を否定する格好な証言として、否定論者が多く引用してきた。しかし、右の講演から推測できるように、彼の認識は、『入江書』から検討するとかなり不正確で誤認が散見する。

松本がＧＨＱに提出する「松本私案」を一月三〇日の臨時閣議で論議したときに、幣原は軍の規定についてクレームをつけている。さらに、幣原が「松本私案」の提出を最後には認めたのは、政府案としてではなく、あくまでもＧＨＱの意向を知るために提出するという条件をつけてであった。松本が、幣原が「松本私案」に同意したというのは誤りである。さらに入江が感づいたように、幣原が一月二四日のマッカーサーとの「秘密合意」をふまえて、「松本私案」の軍規定を削るように何度も発言したことは忘れている（本書二一八頁）。

松本烝治国務大臣は、入江俊郎法制局次長が察知していた幣原首相がマッカーサーとの「秘密会談」による憲法九条の「秘密合意」に最後まで気づくにいたらなかったのである。

松本は、本書で詳述したように、二度にわたって天皇に憲法改正「松本私案」を上奏したのにたいし、天皇から遠回しながら「裁可」されなかったことの自覚はなかったようである。

（2）芦田均厚生大臣

〔資料〕

芦田均『芦田均日記　第一巻』岩波書店、一九八六年

芦田均は幣原内閣の厚生大臣をつとめ、憲法改正問題にたいする幣原首相の閣議における言説や、松本烝治を委員長とする憲法問題調査委員会の閣議における報告、議論の様相、とくに

「松本私案」のＧＨＱへの提出とＧＨＱ民政局の憲法改正草案の提示にたいする閣議の議論については、各閣僚の発言もふくめてかなり詳細に日記に書きとどめていた。

しかし、『芦田均日記』は、先にあげた入江俊郎法制局長や佐藤達夫法制局次長が職務として記録していたのと違い、聞き間違い、思い違い、勘違いもふくめて個人日記につきものの主観的な理解や誤認などによる不正確さは避けられない。したがって、個人の日記を資料として利用する場合、他の資料を参照したりしながら、史料批判をしたうえでの引用が必須である。

芦田は幣原の閣議における「芝居」を見抜くことができず、気づかずにいたので、『芦田均日記』には閣議で「芝居」を打った幣原首相の言説がそのまま記録されている。そこから、幣原首相がどう「芝居」を打ったかがわかるが、問題は、『芦田均日記』が多くの憲法学者や歴史研究者によって、憲法九条幣原発案の否定の根拠に使われていることである。その具体的事例は、次章で研究者の著書にそって具体的に指摘したいので、ここで論ずることはしないが、お読みいただければわかるように、憲法九条幣原発案否定論者が共通に根拠にしているのが、四六年二月一九日の閣議で幣原首相がＧＨＱ憲法草案に反対したとする記述と、二月二一日のマッカーサーとの二回目の会談で幣原首相が憲法九条草案に異議を唱えたとする記述の『芦田均日記』の誤りである。なぜ誤りであるかは、否定論著の批判において詳述した。それにしても、多くの幣原発案否定論者が史料批判もせずに『芦田均日記』の誤りを前提にして否定論を展開していることには驚く。

（3）吉田茂外務大臣、首相

【資料】

吉田茂『回想十年　第二巻』新潮社、一九五七年

吉田茂『回想十年　第一巻』の「序文」に、終戦一〇周年になって、吉田の同僚だった者が回顧録編集委員会を組織して公式記録、新聞記事などの資料を収集し、一年有余にわたり毎週集まって吉田に質問して回想させ、話したことを記録して文章にまとめ、それを参考にしながら吉田が回想録に書き上げたものが『回想十年』である。吉田は外交官として日記を書かなかったが、それは「私は在外勤務中から日記をつけないと決めていた。どんなことで盗まれぬとも限らず、落とさないとも決まらない。日記のために問題を起こし、他人に、また国家に、類を及ぼしてはならない。そんな実例がないでもないからである」という理由からだった。

いっぽうで、吉田が「この仕事［回想録の執筆］に取り掛かってみて、今更の如く痛感したのは、人間の記憶力が如何に頼りなきものであるかということである」と述懐しているように、[8] 戦後一〇年経って想起した記憶であり、詳細なこと、とくに注意していなかったこと、気づかなかったことなどについては忘却してしまっていることも考慮する必要がある。

『回想十年　第二巻』には「『戦争放棄』の発案者は誰か」と、おそらく編集者に質問されて

想起したことと思われるが、こう書いている。[9]

戦争放棄の条項を、誰が言い出したかということについて、幣原総理だという説がある。マッカーサー元帥が米国に帰った後、向こうの議会——一九五一年五月米国上院の軍事外交合同委員会の公聴会——で、そういう証言をしたということも伝えられておって、私もよくそのことを質ねられるが、私の感じでは、あれはやはりマッカーサー元帥が先に言い出したことのように思う。もちろん幣原総理と元帥との会談の際、そういう話が出て、二人が大いに意気投合したということは、あったろうと思う。

吉田の右の回想を、憲法九条マッカーサー発案説の根拠に引用する研究者が少なくないが、吉田の話は「マッカーサー・幣原合作説」ともいえるものである。

回想録にみる吉田の言説を引用するに際しては、幣原首相がマッカーサーと会談した際には本来同伴すべき外相の吉田を同伴させず、いつも一人であったことに注意する必要がある。それは、幣原首相がマッカーサーとの憲法九条にかかわる「秘密会談」と「秘密合意」について吉田外相に知られてはならないという配慮からであった。前述のようにGHQ民政局からは吉田外相は松本国務大臣とともに「幣原内閣の反動グループ」とみなされ、民政局と吉田の関係はよくなかった。

そのようなことから、吉田茂が幣原首相とマッカーサー、さらに天皇の「三人の当事者」関係を知るよしもなく、閣議における幣原首相の「芝居」に気づかなかったのは当然といえよう。

したがって、幣原とマッカーサーの憲法九条発案をめぐる「秘密会談」と「秘密合意」、さらに天皇の「内諾」に気づかなかった吉田茂の回想類を引用して憲法九条幣原発案を否定している論者は的が外れているのである。

第9章　憲法九条幣原発案否定説への批判

本書第Ⅰ部において、憲法九条幣原発案を証明してきたが、幣原発案を否定する研究者の論著を批判する前に、筆者が整理した範囲でという限定をつけてであるが、幣原発案説に立っている研究者と否定説に立っている研究者、そしてそれらの著書を一覧表に整理しておく。本書は、幣原発案を証明することを第一の目的としたため、幣原発案を肯定する論者の著書については名前のみをあげ、内容については紹介しなかったことをお断りしておきたい。また幣原発案説に立つ研究者の著書を先行研究として紹介することは、新書版という容量の制限から省略したことをご理解いただきたい。

表1は、憲法九条は幣原の発案であることを述べている著者と著書の一覧である。**表2**は、憲法九条はマッカーサーと幣原の合作であると述べている著者と著書の一覧である。合作説は幣原発案の否定の範疇には入れない。本書で述べてきたように憲法九条は幣原の「発案」にマッカーサーが「同意」し、彼の権限によって憲法九条条項が作成されたのであるから、広い意味では、憲法九条は両者の合作の賜物ととらえられる。

本章では**表3**にあげた、筆者が整理した範囲での幣原発案否定説という限定をつけたうえであるが、**表3**に記した番号順に、否定説の誤りとその根拠を指摘していきたい。

なお、これらは憲法九条発案者の問題に特化しての批判であり、各著書の他の叙述や全体を批判するものではないことはお断りしておきたい。

表1　憲法九条幣原発案説

名前	著書
高柳賢三	『天皇・憲法第九条』有紀書房、一九六三年
田中英夫	『憲法制定過程覚え書』有斐閣、一九七九年
堀尾輝久	『教育基本法はどこへ――理想が現実をきり拓く』有斐閣新書、一九八六年／『いま、教育基本法を読む――歴史・争点・再発見』岩波書店、二〇〇二年
深瀬忠一	「幣原喜重郎の軍縮平和思想と実行」（芦部信喜ほか編『日本国憲法の理論――佐藤功先生古稀記念』有斐閣、一九八六年）
河上暁弘	『日本国憲法第9条成立の思想的淵源の研究――「戦争非合法化」論と日本国憲法の平和主義』専修大学出版局、二〇〇六年
山室信一	『憲法9条の思想水脈』朝日選書、二〇〇七年
堤堯	『昭和の三傑――憲法九条は「救国のトリック」だった』集英社文庫、二〇一三年
鉄筆（編）	『日本国憲法――9条に込められた魂』鉄筆文庫、二〇一六年
ケン・ジョセフ・ジュニア、荒井潤	『憲法シミュレーションノベル　KENが「日本は特別な国」っていうんだけど……』トランスワールドジャパン、二〇一七年
大越哲仁	『マッカーサーと幣原総理――憲法九条の発案者はどちらか』大学教育出版、二〇一八年

笠原十九司	『憲法九条と幣原喜重郎——日本国憲法の原点の解明』大月書店、二〇二〇年
酒井則行	『幣原喜重郎とその時代を探る——新しい「不戦の道」を提案した「公直無私」の宰相』清風堂書店、二〇二二年

表2　マッカーサー・幣原喜重郎合作説

名前	著書
小林直樹	『憲法第九条』岩波新書、一九八二年
芦部信喜著・高橋和之補訂	『憲法　第四版』岩波書店、二〇〇七年
塩田　潮	『日本国憲法をつくった男——宰相幣原喜重郎』朝日文庫、二〇一七年

表3　幣原喜重郎発案否定説

表3と表4の番号は以下の本文に取り上げて論ずる節の番号である

名前	著書
2　ジョン・ダワー著・三浦陽一・高杉忠明・田代泰子訳	『敗北を抱きしめて——第二次大戦後の日本人　下』岩波書店、二〇〇一年
3　幣原道太郎	「解題」（幣原喜重郎『外交五十年』所収）原書房、一九七四年
4　服部龍二	『幣原喜重郎と二十世紀の日本——外交と民主主義』有斐閣、二〇〇六年

5	熊本史雄	『幣原喜重郎――国際協調の外政家から占領期の首相へ』中公新書、二〇二一年
6	種稲秀司	『幣原喜重郎』吉川弘文館、二〇二一年
7	佐々木高雄	『戦争放棄条項の成立経緯』成文堂、一九九七年
8	西　修	『日本国憲法成立過程の研究』成文堂、二〇〇四年
9	古関彰一	『憲法九条はなぜ制定されたか』岩波ブックレット、二〇〇六年／『平和憲法の深層』ちくま新書、二〇一五年／『日本国憲法の誕生　増補改訂版』岩波現代文庫、二〇一七年
10	川村俊夫	『日本国憲法はこうして生まれた――施行70年の歴史の原点を検証する』本の泉社、二〇一七年／『「戦争は違法」の世界の流れと日本国憲法９条』学習の友社、二〇一九年
11	塩田　純	『日本国憲法誕生――知られざる舞台裏』日本放送出版協会、二〇〇八年
12	加藤典洋	『９条入門』創元社、二〇一九年

表４　幣原喜重郎発案説に近い説

	名前	著書
13	長尾龍一	『憲法問題入門』ちくま新書、一九九七年
14	五百旗頭　真	『占領期――首相たちの新日本』講談社学術文庫、二〇〇七年

最初に、佐々木高雄『戦争放棄条項の成立経緯』について「平野文書」を全面的に否定した部分を批判する。それは、本書が同文書を憲法九条幣原発案を証明する第一の傍証史料としてきたので、本書にかかわる重要な問題と考えるからである。ついで、**表3**の著者・著書に表記の順に批判を述べていくが、佐々木書も「平野文書」以外の内容について再度批判する。なお、掲示した著書からの引用は、文中に頁を記して注記にはしない。

表4は、著者は幣原発案を否定と述べているが、発案の定義の問題であり、本書でいう発案説に近い著書なのでその理由を記した。

1　「平野文書」について――佐々木高雄『戦争放棄条項の成立経緯』をふまえて

（1）佐々木書の「平野文書」全面否定

「平野文書」とは、憲法調査会事務局『昭和三十九年二月　幣原先生から聴取した戦争放棄条項等の生まれた事情について――平野三郎氏記』（国立国会図書館憲政資料室所蔵）のことで、同史料の「はしがき」に「この資料は、元衆議院議員平野三郎氏が、故幣原喜重郎氏から聴取した、戦争放棄条項等の生まれた事情を記したものを、当調査会事務局において印刷に付したものである」と記されている。

「平野文書」については、平野三郎という人物とともに、本書「はじめに」に紹介したものを参照していただきたいのと、多少重複するところがあることもお断りしておきたい。

本書では「平野文書」を憲法九条幣原発案を証明する第一の傍証史料として引用してきたが、佐々木書は「『平野文書』には、『ひょっとすると、捏造された文書ではないか』との指摘もなされている。私も平野文書にはさまざまな疑問を禁じえない。学界でも平野文書を論拠に幣原発案説を展開する人は、ごく少数になった。それにもかかわらず、平野文書は――『自然淘汰を待つ』という便利な言葉で、自らが評価することを避ける学界の傾向に加えて、それが幣原発案説を説いているためであろう――まだ完全否定されずに生き延びている。資料の厳選を求める者としては、制憲史を学ぼうとする後進に無用な労をかけさせるべきでないと考え、平野文書の『正当な位置づけ』をここにおこないたい。」（二〇六頁）と「平野文書」の史料的価値を全面的に否定している。

佐々木書は、「外形上の疑義」として、衆議院議員であった幣原喜重郎との関係について、「平野文書」を掲載した岐阜日日新聞が平野三郎を「元幣原首相秘書官」と紹介したことに疑問を呈し、「幣原の首相在職中の秘書官は、岸倉松・福島慎太郎・武藤文男の三氏である。（中略）『秘書官』という表現は正しくない。『側にあって、雑事の処理にあたった』というほどの意味で―本来『（私設）秘書』とすべきを―ルーズに『秘書官』の語を用いた、というのであれば、納得できるが、こうした理解にも、批判が多い」と指摘している（二〇九、二一〇頁）。

たしかに平野三郎『天皇と象の肉』の「序にかえて」においても「戦後すぐの首相、幣原喜重郎先生の秘書官を勤め」と書いているのは厳密には正しくない。[1] 平野三郎は他の著書の著者略歴には「幣原衆議院議長秘書役」と書いているが、佐々木書は「平野氏が幣原に私淑し、幣原との親しさを表現しようとして、『秘書役』を自称したのだと主張するなら、それをも『経歴詐称』と決めつけることは難しい」（二一〇頁）とも書いている。

佐々木書が「外形上の疑義」として平野三郎が幣原の「秘書官」であったと書いたことを問題にしたのは、平野三郎の人物が信用できないという印象を与えるための手法である。ただ「平野文書」においては、「側近にあった私は、常に謦咳《けいがい》にふれる機会があった」と書いているだけで「秘書役」であったと名乗っているわけではない。したがって「平野文書」の信憑性とは関係ない。

「平野文書」の冒頭に「私が幣原先生から憲法についてお話を伺ったのは、昭和二十六年二月下旬である。同年三月十日、先生が急逝される旬日ほど前のことであった。場所は世田谷区岡本町の幣原邸であり、時間は二時間ぐらいであった」と、このときに平野が幣原から憲法について聞き取った内容が「平野文書」となったと書いてある。この聞き取りをした日について、平野三郎が『世界』第二二〇号（一九六四年四月）に「制憲の真実と思想――幣原首相と憲法第9条」と題して書いた論稿に「当時先生は衆議院議長であった。私は先生門下の若輩議員であったが、その日は比較的閑だったので、お邸であった世田谷区岡本町の庭に面した廊下で日向ぼっこをしながら、ゆっくりお話を承ったのである」（同書、二六八頁）と書いてある。

これに注目した佐々木書は、昭和二六（一九五一）年の二月下旬の東京都の天気のデータを調べ、「日向ぼっこ」のできた天気は二日だけであると割り出し（二二二頁）、ついで衆議院議長であった幣原は第一〇回国会の会期中であったので、幣原が「本会議をほったらかして日向ぼっこするわけにはいかない」（二二一九頁）、さらに日没時間のデータを調べて「二月下旬、日は五時半に没する」から「会議を終えてから幣原邸に出向き、二時間ほどの日なたぼっこは、通常では無理」と断じて、「平野文書」となった「『日向ぼっこしながら秘話を聞いた機会』はなかった、と考えるべきであろう」と結論している（二二〇頁）。

つづいて佐々木書は「平野文書」の「内容上の疑義」として、「平野文書」に散見する事実誤認の記述例を指摘したうえで「失礼ながら、『平野文書』には、こうした杜撰さの例は事欠かないが、このようなズレを指摘してみても、それらには『単なる記憶違いにすぎない』とか、『後日の学習上の間違いにすぎない』という弁明の余地が残される。それらが平野文書の本質にかかわらないなら、あえて目くじらを立てる要もないが、右とは異なり『文書の成立事情』にかかわるズレは、『記憶違い』で済ますことなどできないし、『幣原から直接聞いたはずの九条論』については、『後日の学習』による改変を許さない箇所だといえる。こうした本質にかかわるズレについては、それを無視せず、むしろ、その存在を明らかにしておくべきであろう」（二一一、二一二頁）と述べている。

佐々木書は、「平野文書」は平野が「幣原から直接聞いた」のではなく、「後日の学習」すなわち関係文書を読んで書いたという推定で「典拠の推定」として、「ＳＷＮＣＣ―二二八」「羽室メモ」『幣原喜重郎』（幣原平和財団）などをあげ、「平野文書の多くの箇所は、一般に入手し得る各種資料を寄せ集め、適宜、手を加えれば、幣原との接触などなくとも、生み出しうる内容だといえるように思われる」（二一六頁）と断定している。

佐々木書は「平野文書」の否定意識が先行して内容を正確に理解していないようであるが、本書で引用した文章を読んでいただいてもわかるように、幣原が松本国務大臣を欺いて申し訳なかったと言ったことを書いていたり、幣原が天皇にＧＨＱ草案を奏上したのにたいして、天皇がそれを「裁可」したこと、金森徳次郎国会図書館長に憲法九条成立の経緯を聞かれたが断ったこと、幣原が平野に話したことはまだ口外しないように言ったことなど、幣原から聞いたから書けたことであって、他の各種資料の寄せ集めなどで書けるものではない。

幣原も平野三郎に目をかけていたと思われる。平野の著書に散見する以下のような記述からも、幣原が、「口外するな」と釘を刺して、憲法九条や日本国憲法制定にまつわる話をしていたことがわかる。

「天皇からは敢然として、『最も徹底した改革案を作ることを希望する。その結果、天皇がどうなってもかまわぬ』との断が下った。私はその日の模様について幣原先生から度々話を聞いたものである。天皇陛下は実に偉い人である、と先生は大変感激してよく語った」[2]

その日とは四六年二月二二日に幣原内閣がＧＨＱ憲法草案受け入れを決定したことを幣原首相が参内して天皇に報告した日である。

「こと天皇のこととなると、幣原議長は童顔を紅潮させ、大変に熱がこもった」と、幣原が上奏のために頻繁に拝謁し、下問や、裁可などを受けるなどして親しく接することになった天皇についても平野によく語ったという。[3] 平野は『天皇と象の肉』を出版したが、その動機について、「戦後すぐの首相、幣原喜重郎先生の秘書官をつとめ、天皇と先生の頻繁な接触における先生の天皇観と、そこから受けたありのままの印象を通じ、いささかなりとも『昭和の天皇』の人間像に近づいてみたい気持に駆られたのである」と書いている。[4] そしてその内容は、「天皇の信任が厚かった幣原先生から伝聞した話をそのまま記述したものである」と書いている。[5]

さらに平野は、幣原が「亡くなる少し前の言葉である」として、「元来、象徴が天皇本然の姿であり、権力などとは関係はなかった。民族のふるさとと言うか、日本人全体のお友達である。だから永くつづいてきたのであり、本来のその在り方に戻るのが陛下の願いであった。私にはよくわかる。（中略）だからこそ『人間宣言』を御覧にいれたとき、心からうれしそうな顔をされたのだ。一人の人間に権力を集中するようなことが間違っていた。国民全部が権力者という今日の体制こそほんものであり、それを一番望んでおられたのが天皇陛下だ。私はそう思うが、陛下もさぞかし今はお喜びと思っている」と語ったと書いている。[6]

　国民主権にもとづく象徴天皇制を規定した新たな日本国憲法を天皇が大いに喜んだというのは、前に述べた、マッカーサーとの第二回目と第三回目の会見で、天皇からマッカーサーにＧＨＱにより新憲法が公布されることの感謝を述べたことと共通する。

　以上の天皇について幣原が平野に語ったのは「亡くなる少し前」というのは、「平野文書」の作成と関係して重要である。それは、「平野文書」に書かれた「先生が急逝される旬日ほど前」に「時間は二時間」というように特定される日時ではないが、憲法改正草案作成の経緯の真相を聴取しようとした金森徳次郎に「そのことをお話するのはまだ時機が早い」と断った五〇年晩秋以降、さらに読売新聞社から出版されることになった『外交五十年』に、「回顧談としては余りに生々しいので、それは後の機会に譲ることとし」と注記の原稿を書いて以降、秘書役をして側近にいた若い平野三郎を信頼して、当時は公表できないが、真実は伝えておきたいという思いから、「口外するな」という条件をつけて、思いのたけを語ったと思われる。

「平野文書」は、幣原が亡くなる前に、平野からの質問に答えて、あるいは幣原の方から積極的に話したことを、高柳賢三から報告書の依頼を受けたのをきっかけに、メモ類もあったと思われるが、平野が記憶していた幣原の言説をまとめたものである。歴史学的に厳密な意味での聞き取り史料とはいえないが、これほど豊富に幣原の言説を記録した史料は望めないのが事実である。本書で傍証史料として「平野文書」を重視する所以である。

（2）「平野文書」は憲法九条幣原発案証明の決定的傍証史料

これまで、憲法九条の発案者は誰かをめぐって、日本では通説、定説がないとされ、真相は「謎」であるかのごとく言われてきたのは、アメリカ側ではマッカーサーの証言があり、日本側では、幣原発案を証明する決定的傍証史料として「平野文書」があるにもかかわらず、日本の憲法学者の間ではほとんど無視されてきたことが大きい。

本書では「平野文書」に依拠して「憲法九条幣原発案の証明」としたが、「平野文書」の傍証史料としての価値を認めようとしない論者には、承服できないであろうことも予想される。

しかし、「平野文書」の傍証史料としての価値を評価しなければ、憲法九条発案者論争に結着はつかないであろう。以下、「平野文書」の問題点にも触れながら、同文書が憲法九条幣原発案の決定的傍証史料であることを説明していきたい。なお、本書の「はじめに」で「『平野文書』について」（本書二一六〜三一一頁）として記述したことも参照していただきたい。

「平野文書」とその問題点

高柳賢三憲法調査会長からの依頼を受けて作成し、憲法調査会に提出したのが、「昭和三十九年二月　幣原先生から聴取した戦争放棄条項等の生まれた事情について——平野三郎氏記」で、「平野文書」といわれるものである。

「平野文書」は第一部と第二部に分かれ、第一部は平野が幣原に質問をし、それに幣原が応答した聞き取り（ヒヤリング）の記録という形式になっている。

しかし、「私が幣原先生から憲法についてお話を伺ったのは、昭和二十六年二月下旬である。同年三月十日、先生が急逝される旬日ほど前のことであった。場所は世田谷区岡本町の幣原邸であり、時間は二時間ぐらいであった」と書いたために、佐々木書からそのような日はないはずであったと批判されたのであった。

これは、佐々木書の指摘どおりである。「平野文書」を読めば、内容は多岐にわたり、分量からいって一度きりのしかも二時間の聞き取りで、録音機もなく、速記技術もない平野に記録できる分量ではない。平野は、「その後間もなくメモを作成したのであるが、以下はそのメモのうち、これらの条項の生まれた事情に関する部分を整理したものである」（「平野文書」一頁）と書いている。佐々木書は「何分にも記録のないことであり、また古いことであるから、私の記憶もかなりずれたものではあるが、以下その日の話をまとめてみた」（前掲『世界』第二二〇号、二六八頁）とあることを指摘して、「原本の存否にかかわるズレであり、見逃すわけにいかない。（中略）平野氏は、訪ねていった憲法調査会の事務官にそれ「原本」を見せていない」（「佐々木書」二一二頁）と書いている。

以上から結論できるのは、「平野文書」は、聞き取り調査（オーラル・ヒストリー）では常識である、聞き取り作業において作成される質問事項のメモとそれに応答したことを記録した「メモ」はなく、高柳賢三から「報告」を求められた平野が、かつて平野が幣原に憲法九条発案や日本国憲法草案にまつわる質問をし、それに幣原が応答した内容を思い出しながら記憶していたことを、あたかも一度の聞き取りで聞き取ったかのようにまとめて報告書にしたことである。ただ、本書が重視するのは、「平野文書」に書かれていることは、間違いなく幣原が幣原でなくては語れないことを平野に語り、それを平野が記憶していて「平野文書」にまとめたということである。さらに、「平野文書」や平野の著書のなかで、幣原が言ったことは「幣原先生が言った」と書いており、記憶していた幣原の言説はそれとわかるようになっている。佐々木書が批判するような、平野が読んだ論稿の寄せ集めではないことは判然とする。

平野三郎の人物については本書の「はじめに」に紹介した。平野は一九四九年一月の衆議院総選挙で民主自由党から立候補して初当選して国会議員となった。同じ選挙で幣原も民主自由党で当選、選挙後は衆議院議長となった。それから平野は幣原が亡くなる五一年三月までの二年間、幣原に私淑して秘書役をつとめ、幣原の側近にあってさまざまなサポートをおこなった。平野が「私は二十四年一月、岐阜県第二区から衆議院議員に当選し、かねて尊敬する幣原先生の門下に入った。先生は幣原派といった派閥を作る気持ちはないようだったが、何となく先生に私淑する議員が相当数あった。当時三十代で最若輩の私は秘書役の形で先生の側近に在った」と書いているとおりである。[7]

当時、幣原の邸宅は世田谷区岡本町にあり、平野の家は世田谷区中町にあったので、幣原の家には歩いて行ける距離にあった。「幣原先生が議長時代、世田谷区岡本町のお邸の庭は割と広く、その庭に面した廊下に椅子を持ちだしよく日向ぼっこをされていた。そんな閑なとき、私は憲法について色々お話を承ったものである」と平野が書いているように、[8]平野は幣原の閑なときに、幣原邸を訪れ、憲法について話を聞いていたのである。そのようにして幣原から聞いていたいろいろな話の記憶のなかから（簡単なメモは作っていたようであるが）、「平野文書」が書かれたのであった。

「平野文書」の第二部の冒頭に、「私が幣原先生にお会いして憲法について伺ったお話の内容は、前記［第一部］のように、メモにとどめておいたのであるが、当日のお話の中には、先生が、なぜ非武装平和主義といった、誰しも思い及ばないような考えに到達されるにいたったかということについての、先生の世界観というようなものも、多分に出ていたのである。以下は、このような先生のお考えがよくわかるよう、先生の世界観で記憶に残るものをも加えて、当日伺った戦争放棄条項の生まれた事情を一文にまとめたものである」(「平野文書」二一頁)と書かれている。

これは、「第一部」のような聞き取り形式のように質問と応答というスタイルではまとめられないので、「先生の世界観で記憶に残るものを加えて」として、平野が「憲法について色々お話を承ったもの」の記憶をまとめて書いたものである。「平野文書」にいう二月下旬の二時間で聞ける内容ではない。

平野三郎は頻繁に幣原邸を訪問していた

佐々木書は、平野氏の幣原訪問は、「それほど足シゲクではない」「周囲が同氏について、幣原と緊密な関係にあったとは見ていない」(二一〇頁)と、平野は幣原とそう緊密な関係になかったことを強調しているが、以下に平野の著書から引用するように、平野は頻繁に幣原邸宅を訪問し、憲法や平和思想、天皇のことなど、いろいろな話を聞いていたことがわかる。

①先生はアメリカ大使はじめ海外勤務が長く語学も超一流だったが、いわゆる西洋かぶれは全くなく古武士型の風格があった。居室は純日本風でいつも畳に正座し、机上には硯が置かれており、揮毫を頼まれると、「落日心猶壮」の漢詩を好んで書かれた。書斎兼用の十畳間には自筆の「水流任心境常静落花雖頻意自閑」という掛軸がかかっていた。

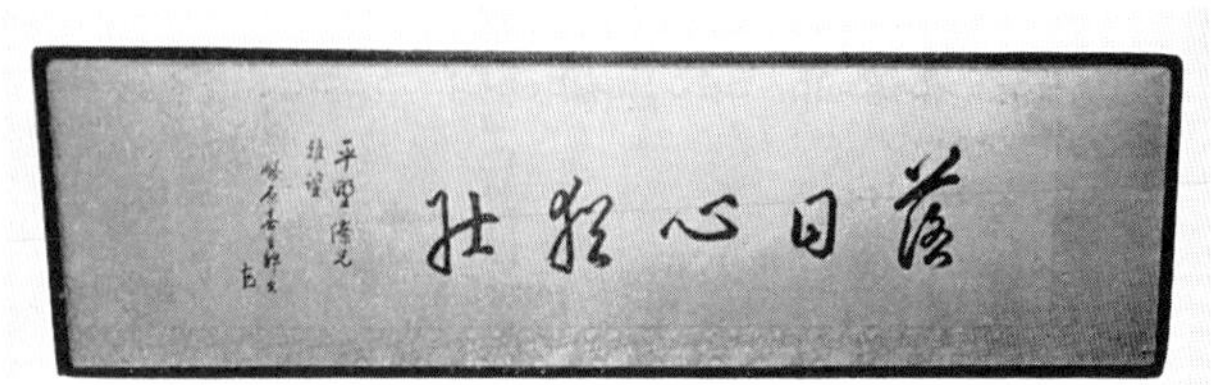

写真８　幣原喜重郎から平野三郎に贈られた扁額「落日心猶壮」（平野三郎著『平和憲法秘話——幣原喜重郎その人と思想』講談社より）

先生は酒豪であった。日本酒がお好きで、常に灘の生一本が手許にあり静かに独り酒を愛するタイプだった。[9]

②幣原氏から秘書役だった筆者に、当時の心境をこめて贈られた扁額、「落日心猶壮」（上掲の写真8参照）。この文句は先生の心境をよくあらわしているように思われる。[10]

③幣原先生が議長時代、世田谷区岡本町のお邸の庭は割と広く、その庭に面した廊下に椅子を持ちだしよく日向ぼっこをされていた。そんな閑なとき、私は憲法について色々お話を承ったものである。[11]

④先生は二十六年三月十日の夕刻なくなった。突然のことで、私らが駆けつけた時はもう眠っておられた。文字通り静かな大往生であった。[12]

⑤幣原衆議院議長の死は突然であった。二十六年三月十日、その朝も元気であった。夕刻、眠るがごとき静かな大往生であった。葬儀は築地本願寺で執行した。祭壇には陛下の花輪だけを飾った。（中略）こと天皇のこととなると、幣原議長は童顔を紅潮させ、大変熱がこもった。以下は、亡くなる少し前の言葉である。（中

略）「天皇は今度、象徴ということになられた。（中略）今まで日の丸は戦争のシンボルみたいだったが、これからは平和のシンボルだ。陛下は、平和の旗——日の丸の旗手である。」[13]

幣原は生存中に公言し、記録にできなかったことを平野三郎に言い残した

本書の「はじめに」で紹介したように、「平野文書」の第一部の最後に、「なお念のためだが、君も知っている通り、去年金森君からきかれた時も僕が断ったように、このいきさつは僕の胸の中だけに留めておかねばならないことだから、その積りでいてくれ給え」といわれたと書いている（「平野文書」一九頁）。これも本書の「はじめに」に述べたように、五〇年晩秋に金森徳次郎国会図書館長が憲法草案作成の経緯について幣原から聞こうとしたときに、幣原は「そのことをお話するのはまだ時機が早い」と語らなかった（本書二三頁）。

佐々木書は、このことに触れ、「幣原は、『そのことをお話しするのはまだ時機が早い。』と金森からの申し入れを素気なく断っている。こうした幣原が、その僅か三、四箇月後、頻繁な行き来があったわけでもなさそうな人物に『世紀の秘密』を打ち明けたという話には、やはり胡散臭さを禁じえない」（二一一頁）と書いている。

佐々木書の理解がおよばなかったのは、幣原が金森国会図書館長に語るのを断ったのは、公表するのは「まだ時機が早い」ということであった。『外交五十年』と同じ理由である。つま

り、金森に話せば、それが公表され、社会に知られることを意味した。

ところが、幣原が「平野文書」で語ったのは、口外しない、つまり公表しないという大前提で、平野に「遺言的」に言い残しておきたいという思惑から、秘密にしてきた事実や憲法九条に託した自分の平和思想など、思っていることを率直に語ったのである。この点に、「平野文書」の決定的に重要な意義がある。つまり、当時すでに七八歳を越えていた幣原には、自分の死もいつかということが念頭にあったのは当然である。そこで、今はそのときではないが、将来いつか公表できるときがくる、あるいは公表する必要があるときがくる、そのときにそなえて、幣原に私淑して秘書役を担いながら側近におり、幣原の平和思想を理解し、共鳴してくれている若手議員の平野にたいして、今は公表できないことを語っておきたいという思いで語ったことが「平野文書」に記録されたということである。

平野が自分の家から近くにあった幣原邸を訪れ、幣原と官邸や議員室では語れない話ができたことも、幣原が秘密に属する話をするのに好都合であったと思われる。

さらに平野が著書を書くにあたって、簡単なメモはあったようであるが、大半は平野が記憶していたことの回想記録である。平野は、幣原の平和思想に共鳴していたので、幣原が語ったことを、砂漠に水が沁みとおるように記憶していたと思われる。人の記憶力には差があって、驚異的な記憶力を持っている人はわれわれの周辺にもいる。平野は記憶力がよかったようである。さらに「はじめに」で触れたように青春時代の平野は「小林多喜二の影響などもあって、作家を志していた」というから（本書三二頁）、文章を書くのは得意であった。

平野は自分の記憶力には自信があったのではないかと思われるが、「平野文書」や自身の著書の原稿を書きながら、年月日や歴史事項について、辞書や年表などで確認することなく原稿を書き進めたと思われ、佐々木書が指摘するように誤認、誤記が散見する。

そうした問題点をふくみながらも、「平野文書」の傍証史料としての価値は、平野の回想とはいえ、すぐれた記憶力で幣原の言説を思い起こし、文書に記録したことである。「平野文書」をきちんと読めばわかるように、幣原でなくては言えない、幣原でなくては発想できない、したがって（佐々木書がいうような）平野には捏造しようがない幣原の言説が記録されている。本書ではそれを傍証史料として引用したのである。

「平野文書」を引用して書いた本書の叙述において、他の史料や文献と照らし合わせて書いた歴史事実の叙述と辻褄が合って、矛盾、齟齬がなかったことは、読んでおわかりいただけたのではないかと思う。

憲法九条発案について、幣原が公言せず（できず）、公式記録に残さなかった幣原の言説や思想を記録した傍証史料として「平野文書」は決定的に重要である。

2　ジョン・ダワー『敗北を抱きしめて――第二次大戦後の日本人 下』

ジョン・ダワー著、三浦陽一・高杉忠明・田代泰子訳『敗北を抱きしめて――第二次大戦後の日本人 下』（岩波書店、以下ダワー書）は、「第一二章 GHQが新しい国民憲章を起草する――憲法的民主主義（一）」「第一三章 アメリカの草案を日本化する――憲法的民主主義（二）」において、かなり詳細に日本国憲法草案の作成経緯を述べている。

ダワー書は、「憲法における戦争放棄条項は、SCAP［連合国軍最高司令部――引用者］の『くさび戦術』の輝かしい実例の一つであった」（一四三頁）と、国家主権を戦前の軍国主義勢力から戦後の急進的な反軍国主義勢力へと「くさび」を打ち込んだと高く評価している。マッカーサー・GHQにより、新憲法草案の戦争放棄条項は天皇制を護持するために使われ、東京裁判において天皇を免責するとともに、天皇のかつての部下であった軍人や政府高官との間に「くさび」を打ち込んで彼らを切り捨てたと評価する（一四四頁）。

ダワー書は、松本烝治や芦田均らの幣原首相の「芝居」に気づかなかった閣僚の資料に依拠して、当初、幣原もGHQ草案にたいして「アメリカの立場は絶対に受け容れられないとただちに反対する者」に「同感だった」と書いている（一五五頁）。ダワー書は「戦争放棄の理想を日本国憲法に入れようと最初に口にしたのは誰かという問題が、多くの関心を集めてきた」

が、「それが幣原首相であったという議論は成り立ちえない」「結局のところ、戦争放棄の理想を憲法に入れる基本的決断をしたのは、明らかにマッカーサーであった」と結論している（四四六頁）。

そのうえで、「自分たちは後世の人々から軽蔑を受けるだろう、と涙ながらに閣僚を前に語った前総理大臣・幣原は後年、自分こそがマッカーサー元帥に戦争放棄の理想を語ったのだ、と自負心をもって主張するようになった。これは十中八九、たんに年老いた男の思い違いの回想であろう」と結論している（一九三頁）。

ダワー書は「日本における日本国憲法制定過程の最近の優れた研究」（四四二頁）とする古関彰一『新憲法の誕生』に依拠しているが、古関書の問題点については後述する。

ダワー書の幣原発案説否定の誤りは、本書で詳述した、幣原とマッカーサーの「秘密会談」と「秘密合意」の事実を考慮しないことにある。二人の「秘密会談」において幣原から戦争放棄と軍備全廃の発案をマッカーサーに提案し、二人が「秘密合意」に達したことは、本書で詳述したように、マッカーサーの証言と『回顧録』ならびに「平野文書」「羽室メモ」における幣原の証言と二人の証言は一致しているのでダワー書の否定説は成り立たない。それでも幣原発案を否定したいならば、マッカーサーと幣原がともにウソを言っていたという証拠をあげなければならない。それは不可能であろう。さらに、マッカーサーが幣原発案を証言し、回想記に書いていることにたいしてマッカーサーがウソを言ったことを、推測ではなく、資料的根拠をあげて証明、裏付ける必要があるが、それも不可能であろう。

また、幣原が後年、自負心を持って自分がマッカーサーに戦争放棄の理想を語ったと主張するようになったのは、「十中八九、たんに年老いた男の思い違いの回想であろう」とまで結論づけているが、その証拠として、年老いた幣原が「思い違い」をするほどに老耄《ろうもう》していたことを裏付ける資料を提示する必要がある。幣原は死亡の半年前に『読売新聞』の「外交五十年」と題した連載記事に生涯の外交生活の回想を語り、それが、読売新聞社から単行本として五一年四月一〇日に発行されるに際して、昭和二六年三月二日付の「序文」を書いている。幣原はこの序文を書いてから八日後の三月一〇日に亡くなった。ある人物の回想録を「年老いた男の思い違い」と断定するには十分な裏付け資料が必要であることは言うまでもない。

3　幣原道太郎「解題」（幣原喜重郎『外交五十年』）

幣原の『外交五十年』には、憲法九条を発案するにいたった幣原の思いが語られているが、それを全面否定する「解題」を長男の幣原道太郎（元獨協大学教授、国文学）が書いた異例の本である。幣原喜重郎の長男という身内であることから、憲法九条幣原発案を否定する論者が引用しているので、本の「解題」ではあるが、取り上げておきたい。

「解題」の結論は「第九条幣原提案説は百％マッカーサーの嘘である」というものである（三二三頁）。幣原道太郎は「マッカーサーが虚言家であることは種々の文献と言動がこれを立証しており」と決めつけている（三二六頁）。

幣原が戦争放棄、軍備全廃の条項を日本国憲法に入れたことは「一種の魔力とでもいうか、見えざる力が私の頭を支配したのであった」と『外交五十年』に書いていることを本書では、アジア太平洋戦争での内外の膨大な被害者、犠牲者たちの悲痛な魂の叫びが「魔力」および「見えざる力」となって、幣原に憲法九条発案という「天命」を与えたといえると紹介した（本書一六七頁）。

ところが、「解題」では全く異なり、「『一種の魔力とでも言うか目に見えざる力が私の頭を支配した』（自分が第九条の提案者だと矛盾の言を吐いた直後の言）」と解釈している。そして「第九条は父の本心に反して押付けられたにも拘わらず、占領下にあって真相を一切口にすることの出来なかった父が涙を呑んで自らを提案者と言わせられた仔細が判然すると思う」と書いている（三二五頁）。

幣原道太郎の解釈では、父がマッカーサーの「一種の魔力」「目に見えざる力」に頭を支配されて、「自分が第九条の提案者だと矛盾の言」を吐かされたというのである。その根拠に、「父がマッカーサー憲法草案につき、初めてマッカーサーに面会したとき、饒舌のマッカーサーを押さえて、第九条で世界のリーダーシップを握ると言われるが『誰もついて来る者はあるまい』（There will be no followers.）と反駁した一言は九鼎大呂《きゅうていたいりょ》よりも重く、この第九条が自分のものでないということを明らかに立証しているこの一語は絶対に紛更抹殺をゆるされない」（三二四頁）と、本書でその誤りを指摘している『芦田均日記』に記述されたこの言説を引用している。

「解題」は「昭和二十一年三月二十日以降父が幣原提案説を肯定するに至った矛盾の解明」という項を立てて、四六年三月二〇日の枢密院本会議において幣原が幣原内閣が憲法改正要綱を決定したと説明して以降、「父は三月二十日以前とそれ以後とでは矛盾した事を言い、後者の方が本心に反した言であることは火を見るよりも明らかである。当時日本民族は表面上、間接統治の形を採っていたとは言え、内実は隷従虜囚民族で、理不尽な無条件降伏の建前上、国はあたかも強制収容所の如く、首相は牢名主となり、日本側には外交交渉の権限なく、ただ命令服従の関係しか無かった事実を決して忘却してはならぬ」と述べ（三三四頁）、父の幣原喜重郎がアメリカ軍占領下の「牢名主」となってマッカーサーの命令に服従したとまで決めつけている。「牢名主」とは、江戸時代に、囚人から選ばれてその取締にあたった長で、牢内の制度や慣習に通じていて、囚人中で絶大な権力を持った囚人のことである。

本書では、三月二〇日の枢密院本会議における幣原の憲法改正要綱の説明は、幣原が「余」という主語を使って憲法九条発案の思想と信念を語ったものと紹介したが（本書二五七頁）、幣原道太郎の解釈は真逆である。本書の終章で紹介するように、貴族院における帝国憲法改正案の審議がおこなわれた際に、幣原喜重郎が憲法九条の思想と理念について、情熱をこめて答弁している。しかし幣原道太郎は、父はアメリカ軍占領下の「牢名主」であったとまで決めつけ、父の平和思想を理解できなかったのである。

「解題」の最後は「今日建国以来の国難にあってこの目的に生命を賭して戦うのみ。憂国の血汐は迸り、寸時も静まることはない。以上の論考は血涙滂沱の中に記したものである事を附言して置く」で終わっている（三三五頁）。三島由紀夫に傾倒したという国文学者らしい。

「解題」の特色は、幣原道太郎が父の喜重郎から直接に聞いた資料は全くなく、憲法九条幣原発案否定説の著書、資料から引用しているだけである。憲法九条や日本国憲法をめぐる父子の対話はなかったとしか思えない。「解題」は幣原喜重郎没後二三年に書かれたものである。

4　服部龍二『幣原喜重郎と二十世紀の日本――外交と民主主義』

服部書では「第6章　占領初期の首相」の「四　新憲法の制定」で、憲法九条の発案者は誰かについて論じている。

服部書の結論は、一月二四日のマッカーサーと幣原の会談で合意したのは「総じていうなら、幣原とマッカーサーが最重視したのは天皇制の存続であった。（中略）幣原がマッカーサーに語った戦争放棄とは、あくまで『理想論』としてであった。幣原が憲法の条項として主張したとは思えない。だがマッカーサーは、やがて憲法の草案に戦争放棄を盛り込んでいった」というものである（二二六頁）。

後半の「幣原が憲法の条項として主張したとは思えない」というのは、本書で引用した『マッカーサー大戦回顧録　下』に幣原との会談で「首相はそこで、新憲法を書上げる際にいわゆる『戦争放棄』条項を含め、その条項では同時に日本は軍事機構は一切もたないことをきめたい、と提案した」と述べているので（本書一七七頁）、服部書の指摘は誤っている。

ところで、服部書では「第九条の戦争放棄をマッカーサーの発案であるとする説に対して、マッカーサー自身は幣原首相の提案に基づくものだと回想している」（二二五頁）と述べた後に幣原発案を否定しているが、マッカーサーの回想が誤っているという指摘はしていない。

さらに服部書では全く無視した「平野文書」では、本書で紹介したように幣原はもっと明確に語っている。幣原は一月二四日に、幣原が発案した戦争放棄・軍備全廃条項をマッカーサーに提案する決意を持って秘密会談に臨んだのである。「天皇の人間化と戦争放棄を同時に提案することを僕は考えた訳である。（中略）この構想は天皇制を存続すると共に第九条を実現する言わば一石二鳥の名案である。尤も天皇制存続と言ってもシムボルということになった訳だが、僕はもともと天皇はそうあるべきものと思っていた」と幣原が憲法九条と象徴天皇制をセットにした憲法にすれば連合国も天皇制に反対しないだろうと提案したことを述べている。さらに「平野文書」では「マッカーサーは［天皇の戦争責任免責と象徴天皇制を連合国やアメリカ政府に認めさせるために―引用者］非常に困った立場にいたが、僕の案は元帥の立場を打開するものだから、渡りに舟というか、話はうまく行った訳だ。しかし第九条の永久的な規定ということには彼も驚いていたようであった。僕としても軍人である彼が直ぐには賛成しまいと思ったので、その意味のことを初めに言ったが、賢明な元帥は最後には非常に理解して感激した面持で僕に握手した程であった」（本書一七三頁）と記されている。

一月二四日の幣原とマッカーサーの会談で幣原から憲法九条となる日本の戦争放棄と軍備全廃を憲法に規定することを提案し、それにマッカーサーが共感して同意したことは、両者の証言で一致している。もっとも「平野文書」を認めない論者は、幣原の証言ではないと強弁するであろうが、以上のことは幣原でなくては語れないことであって、平野三郎が捏造できる内容でないことは、理解できよう。

服部書の憲法九条幣原発案の否定の論拠は「幣原は、天皇制を第一義に考えていた」（二二八頁）のであって、戦争放棄はあくまでも「理想論」として語ったに過ぎない、というところにある。

服部書では、「羽室メモ」といわれる、幣原喜重郎が生涯の親友の大平駒槌に語ったことを大平の三女の羽室ミチ子が記録したものを引用して、一月二四日の幣原とマッカーサーの会談において幣原がはじめに「『どうしても天皇制を維持させておいてほしいと思うが協力してくれるかとたずねた』。すると、『マッカーサーは出来る限り協力したいと約束してくれたのでホット一安心した』。さらに幣原は、『かねて考えた世界中が戦力をもたないという理想論を始め戦争を世界中がしなくなる様になるには戦争を放棄するという事以外にないと考えると話し出したところがマッカーサーは急に立ちあがって両手で手を握り涙を目にいっぱいためてその通りだと言い出したので幣原は一寸びっくりした』という」と書いている（二二五頁）。

幣原がマッカーサーとの会談で意気投合したのは、象徴天皇制による天皇制の護持よりも戦争放棄と軍備全廃を憲法に入れることであったことは、マッカーサーの証言や記録、「平野文書」に記録された「秘密会談」と「秘密合意」の内容から歴然とする。

拙著『憲法九条と幣原喜重郎』の「第1章　『幣原外交』の再評価」「第2章　幣原喜重郎の戦時生活と敗戦」で詳述したように、幣原は、戦前の大日本帝国憲法下の天皇制を利用した軍部強権政権からは弾圧された経験を持っていたので、戦前のような天皇制を積極的に支持する立場にはなかった。前述の「羽室メモ」には、幣原が天皇制について、公の立場と私的な立場が異なっていたことをこう記している。

幣原さんは天皇制を維持する事に努力をされたが、それは当時日本全体の国民感情からそうしなければならなかったので、いわば公の立場でされた事であったが、私的に天皇御自身の御幸福という点に於ては、御退位遊ばされる事が一番よいと考えていられた。

幣原が大平駒槌に語っていた本音から、幣原が絶対天皇制主義者でなかったことは理解されよう。

服部書にかぎらず、後述する憲法九条幣原発案否定説にも、一月二四日の幣原とマッカーサーの会談において、幣原がマッカーサーに語ったのは平和の「理想論」あるいは「一般論」であったに過ぎず、憲法九条の条文につながるものではなかった、したがって幣原が発案し、マッカーサーに提案したとはいえない、という否定説がある。そこで、それが誤りであることを確認しておきたい。

本書「はじめに」に述べたように、憲法調査会の高柳賢三会長が五八年末に訪米し、マッカーサーに会見を切望したが拒絶された（本書一八頁）。やむなく高柳会長は書簡でマッカーサーに質問を送り、その回答を得ている。[14]

高柳会長の質問は「幣原首相は、新憲法を起草するときに戦争および武力の保持を禁止する条項を入れるように提案しましたか。それとも、首相は、このような考え方を単に日本の将来の政策の問題として提示し、貴下がこの考えを新憲法に入れるよう日本政府に勧告したのですか」というものであった。これにたいしてマッカーサーは以下のような回答を寄せた。

「戦争を禁止する条項を憲法に入れるようにという提案は、幣原首相が行ったのです。首相は、わたくしの職業軍人としての経歴を考えると、このような条項を憲法に入れることに対してわたくしがどんな態度をとるか不安であったので、憲法に関しておそるおそるわたくしに会見の申込をしたと言っておられました。わたくしは、首相の提案に驚きましたが、首相にわたくしも心から賛成であると言うと、首相は、明らかに安どの表情を示され、わたくしを感動させました」

マッカーサーの回答は、服部書の誤りを明確にしている。なお、右の引用は本書二〇七頁と重なるが、後述の加藤典洋『9条入門』の批判にも重要なので、諒とされたい。

服部書で、幣原が一月二四日のマッカーサーとの「秘密会談」で最重視したのは天皇制の存続であり、幣原がマッカーサーに語った戦争放棄とはあくまで「理想論」としてであったとするのは、本書で詳述したマッカーサー・GHQが推進していた象徴天皇制へのシナリオを理解できていないからである。幣原がマッカーサーに願わなくても、マッカーサーは天皇制継続を考えていた。幣原が象徴天皇制と戦争放棄・軍備全廃をセットにした新憲法を作成すれば、他の連合国も反対しないことを提案したので、マッカーサーが「渡りに舟」と、「秘密合意」がなったのであった。

二月一三日にGHQ民政局から憲法草案を提示され、その受け入れをめぐって二月一九日に幣原内閣の閣議が紛糾、二月二一日に幣原首相が一人でマッカーサーを訪問、本書で「マッカーサーと幣原の第二回『秘密会談』」と項目を立て、その意義を書いたが（本書二三二頁）、幣原はマッカーサーとの会談結果を二月二二日の閣議で報告して、GHQ草案を受け入れる。服部書は、幣原は「アメリカ案を受け入れない限り、天皇の存在を保障できないというマッカーサーの論理」に説得され、そのとおりに報告した結果だと述べている。

　服部書では、幣原の報告で、マッカーサーは幣原に「『戦争を抛棄すると声明して日本が Moral Leadership を握るべきだと思ふ』と語った。これに対して幣原は『leadership と言はれるが、恐らく誰も follower とならないだらうと言った』。しかし、マッカーサーは『followers が無くても日本は失う処はない』と即座に切り返した。」と述べている（二三〇頁）。

　服部書の幣原が「follower が無い」と言ったというのは、『芦田均日記　第一巻』からの引用であるが、[15] ここに幣原内閣閣僚であった芦田均厚生大臣の日記の誤りの問題がある。二月二二日の閣議で幣原がマッカーサーとの会談の報告をこのようにしたという記述は、当時法制局次長であった入江俊郎の『入江書』には、マッカーサーが「特に戦争放棄は日本が将来世界における道徳的指導者となる規定であるといった」という記述はあるが（同書、二〇一頁）、「幣原が follower が無い」と言ったという記述はない。それは以下に述べるように、芦田が幣原の報告を聞き間違ったか勘違いした可能性がある。

　一月二四日に幣原と「秘密会談」を持ったマッカーサーが、幣原から憲法九条につながる戦争放棄と軍備全廃の提案を受けたときのことを、マッカーサーはロスアンゼルスの市民午餐会の演説で、「日本の賢明な幣原老首相がわたくしのところに来られて、日本人自身を救うには、日本人は、国際的手段としての戦争を放棄すべきであるということを強く主張されました。わたくしが賛成すると、首相は、わたくしに向かって『世界はわれわれを嘲笑し、非現実的な空想家であるといって、ばかにすることでしょうけれども、今から百年後には、われわれは予言者とよばれるに至るでありましょう』と言われました」と述べている（本書一八一頁）。同じことが『マッカーサー大戦回顧録』にも、幣原が「私の方を向いて『世界は私たちを非現実的な夢想家と笑いあざけるかも知れない。しかし、百年後には私たちは予言者と呼ばれますよ』といった」と書かれている（本書一七八頁）。

一月二四日の会談で、幣原がマッカーサーにこのようなことを言ったことは「平野文書」からも裏付けられる。「平野文書」にはこう書かれている。

非武装宣言ということは、従来の観念からすれば全く狂気の沙汰である。だが今では正気の沙汰とは何かということである。武装宣言が正気の沙汰か。それこそ狂気の沙汰だという結論は、考えに考え抜いた結果もう出ている。

要するに世界は今一人の狂人を必要としているということである。何人かが自ら買って出て狂人とならない限り、世界は軍拡競争の蟻地獄から抜け出すことができないのである。これは素晴らしい狂人である。世界史の扉を開く狂人である。その歴史的使命を日本が果たすのだ（本書四〇五頁）。

マッカーサーに「百年後には私たちは予言者と呼ばれますよ」と言った幣原が、二月二一日の会談で、「follower が無い」などと懸念を述べたとは考えられない。芦田が聞き間違ったか、勘違いをしたことは間違いない。

考えられるのは、マッカーサーが最初に「戦争を放棄すると声明して日本が Moral Leadership を握るべきだ」といい、つづいて「あるいは followers がいないかも知れないが、日本は失うところがない」と言ったと幣原が報告したのを、芦田は後者を幣原が言ったというように聞き間違ったのではないか、ということである。われわれは同じことを聞いても、人によって全く逆に受け取ることがあるのは、日常的に経験していることである。

さらに、芦田の聞き間違いを裏付けているのが、本書で引用した三月二〇日の枢密院本会議で幣原首相が憲法改正要綱を説明するなかで、「戦争抛棄は正義に基づく正しい道であって、日本は今日この大旗を掲げて国際社会の原野を単独に進んで行くのである。その足跡を踏んで後方より従ってくる国が有っても無くても、顧慮するに及ばない」と憲法九条にかけた信念を語っていたのである（本書二五八頁）。この信念はマッカーサーに言われたことではなく、幣原の信念であった。幣原は日本国憲法草案を審議した四六年八月三〇日の貴族院本会議で、国務大臣としてこう発言している。[16]

我々は今日、広い国際関係の原野におきまして、単独にこの戦争抛棄の旗を掲げて行くのでありますけれども、他日必ず我々の後に蹤いて来る者があると私は確信している者である。このことを、私は憲法の案が初めて発表されました時に、外国の新聞記者が参りましたので、私はこの確信をその当時、その新聞記者に説明をいたしたのであります。

右のように、幣原は枢密院においては、憲法九条に「従ってくる国［follower］が有っても無くても、顧慮するに及ばない」といい、貴族院において、憲法九条に「必ず我々の後に蹤いて来る者［follower］がある」と自分の確信を述べているのである（本書四一四頁）。幣原がマッカーサーに「follower はいないだろう」と憂慮を吐いたとは思えない。

服部書は芦田の聞き間違いと思われる『芦田均日記』を、幣原が憲法九条に不安を抱いていた、つまり発案者ではなく、発案者は幣原を説得したマッカーサーであるという根拠にしている。他にも『芦田均日記』に依拠して憲法九条幣原発案を否定する論者が少なくないが、『日記』には個人の思い込み、聞き間違い、勘違いが避けられないので、史料批判は厳密にしなければならない。

服部書は、幣原が死の半年前に『読売新聞』の求めに応じて口述筆記の連載を始め、それが『外交五十年』として読売新聞社から出版されたことを紹介している（二六八頁）。本書で書いたように、『外交五十年』には幣原が戦争放棄と軍備全廃を掲げた憲法九条を発案した動機が書かれている（本書一六五頁）。それを服部書は読み取ることができずに幣原の憲法九条発案の否定論を展開したのである。

『外交五十年』は、最後に「回顧談としては余りに生々しいので、それは後の機会に譲ることとし」と筆を置いている（本書一六九頁）。「余りに生々しい」というのは、マッカーサーとの「秘密会談」と「秘密合意」および天皇の「内諾」さらには幣原首相の閣議における「芝居」、とくに松本烝治国務大臣への「芝居」については、当時は公開では語れなかったことである。それが「平野文書」に記録されていることは既述したとおり。

5　熊本史雄『幣原喜重郎――国際協調の外政家から占領期の首相へ』

熊本書では「第7章　老政治家の再起――米占領下と制度改革」の「3　日本国憲法制定へ――『第九条』の発案者か」で憲法九条幣原発案否定説を展開している。

熊本書は、四六年一月二四日の幣原とマッカーサーの会談で、二つのことが話し合われ、「ひとつは天皇制の擁護についてである。幣原の申し出に、かねてよりその必要性を感じていたマッカーサーは、賛意を示した。もうひとつは日本国憲法第九条に連なる、平和主義と戦争放棄についてである。両者の間で、新憲法の基本的な理念としての平和主義が語られ、それを実現するための戦争放棄についても合意をみたと考えてよかろう」と書いている（二一三、二一四頁)。ところが、二月一三日にGHQ草案を渡された松本国務相が幣原に報告すると、幣原は「驚愕の表情をみせた」というのである。「幣原はこの時点で象徴天皇制を支持していなかった。だが、それ以上に幣原が目を見張ったのは、戦争放棄しかも戦力不保持にまで踏み込んだ条文だった。一月二四日の会談では、平和主義と紛争解決手段としての戦争放棄について、たしかにマッカーサーと意気投合し了解しあった。だが、日本が戦力を放棄することなど、合意した覚えはない、いったいマッカーサーは何を考えているのだろうか……。幣原の脳裏をめぐったのは、おそらくこの一事だったのではあるまいか」(二二五頁)。

右の二月一三日に松本国務大臣の報告を受けた「幣原の驚愕」であるが、典拠が書かれていない。憲法調査会事務局「松本烝治口述　日本国憲法の草案について」には、「ただちに総理大臣に報告して、いろいろと協議した末、一応自分の方の再説明書を出したらどうだろう」ということになったと松本は述べているだけで幣原が「驚愕」したことは全く述べていない。同じ口述の別の箇所に、二月一三日にGHQ草案を突きつけられた松本は「それで困ったことになったというので非常に心配しまして、総理に早速その点を報告して、そして二月十九日に閣議を開いていただいて初めてそれまでの交渉の顚末を述べたのであります。それまでは総理にだけ相談して、われわれ主任者だけでやっておったのです。それを初めて二月十九日の閣議で報告したのであります」(本書二二八頁)と述べているだけでやはり「幣原の驚愕」については触れていない。[17]

もう一つの憲法調査会事務局「松本烝治氏に聞く」においても、「右［二月一三日にGHQ案を渡されたこと］が終わってただちに首相に報告して、協議の末一応弁明書すなわち説明書と題しておるものをさらに出すことにして、書面をもって交渉したいと思って（中略）、二月十八日に白洲次郎氏がこれを司令部に持参した」と述べているだけで、「幣原の驚愕」について全く触れていない。[18]

熊本書は、松本国務大臣が二月一三日に渡されたGHQ草案を持って幣原に報告に行ったことを書いているのであるから、「幣原の驚愕」の反応は松本が目撃して書いたものでなければならない。そうでなければ、幣原自身が何かに書いた史料がなければならない。熊本書はそのような典拠を示さずに、「幣原の驚愕」を書いているのである。

一月二四日の幣原とマッカーサーの会談において、戦争放棄、軍備全廃について新憲法に規定することに合意し、それが憲法九条となったことは、本書で紹介した『マッカーサー大戦回顧録　下』（本書一七六頁）に記されている。それを熊本書は否定している。それならば、一月二四日の会談で幣原から戦争放棄、軍備全廃を憲法に規定するよう提案されたというマッカーサーの回想や米国議会上院軍事・外交合同委員会での証言、ロスアンゼルスの在郷軍人会午餐会での演説（いずれも本書一八四頁、一八一頁）が誤っていることの証明をすべきである。「幣原がマッカーサーと合意した覚えがない」というのも本書で紹介した「平野文書」で幣原が語っているように（本書一七一頁）あり得ない。一月二四日の会談において、戦争放棄と軍備全廃を新憲法の柱とすることで合意したことは、マッカーサーの回想、証言と「平野文書」とで、詳細にいたって一致しているのである（本書一八六頁）。

「幣原はこの時点で象徴天皇制を支持していなかった」というのも、本書「第4章　マッカーサー・天皇・幣原による『象徴天皇制』への移行」で詳述した「象徴天皇制のシナリオ」にそった幣原の努力をみれば明らかなように事実ではない。前の服部書批判で述べたように、一月二四日のマッカーサーとの会談で、幣原は戦争放棄、軍備全廃と象徴天皇制をセットにすればアメリカ政府も連合国も象徴天皇制を容認するだろうと提案し、マッカーサーは渡りに舟と、会談当日にアイゼンハワー宛に天皇制継続容認の電文を作成し、深夜に打電したのであった（本書一八八頁）。

熊本書では、一月二四日の会談で幣原は「平和主義と『不戦条約』レベルでの戦争放棄に賛成しつつも、戦力不保持を条文化することにまで考えを及ばせていなかった」（二三〇頁）と述べているが、『昭和天皇実録　第十』に記録されているように、幣原首相は会談翌日の二五日に参内して天皇に拝謁し、「ダグラス・マッカーサーと会見し、天皇制維持の必要、及び戦争放棄等につき懇談を行った」と奏上している。本書で指摘したように、天皇の大権である帝国憲法改正にかかわる重要な話をマッカーサーとおこなったのでわざわざ奏上に行ったのである（本書一八七頁）。

二月一三日に提示されたＧＨＱ草案の受け入れをめぐって二月一九日の閣議は紛糾し、幣原首相はマッカーサーの意向を確認するとして二月二一日にマッカーサーと第二回目の「秘密会談」をおこなった。翌二二日に幣原がマッカーサーとの会談内容を報告して、閣議はGHQ草案の受け入れを決定した。この会談の重要性については本書でも指摘したが（本書二三三頁）、熊本書はこう書いている（二三〇頁）。

一月二四日時点では、平和主義と「不戦条約」レベルでの戦争放棄に賛成しつつも、戦力不保持を条文化することにまで考えを及ばせていなかった幣原は、この二月二一日の会談で、戦力不保持の条文化への意思を固めた。そして、この会談で幣原は、その発案者は自分（マッカーサー）ではなく、あなた（幣原）であるべきだ、とマッカーサーに説得されたとみるべきだろう。マッカーサーがかねてから案じているように、新憲法はあくまでも日本国民による自由意思から出たものであるべきで、決してGHQからであってはならない。この点は幣原も深く同意するところだった。

かくして幣原は、二月二一日を境として憲法第九条の「発案者」となった。発案者は自分だと唱え続け、それを墓場までもっていくことを決意した幣原は、壮大な芝居を打つことになったといえまいか。

熊本書の二月二一日のマッカーサーと幣原の会談で、マッカーサーから説得されて幣原が憲法九条発案者と名乗ることに同意し、生涯壮大な大芝居を打つことになった、という新説であるが、資料的な裏付けがなく、単なる推測に過ぎない。こうした推測にもとづき「第九条に連なる戦力不保持の発案者は、マッカーサー以外には考えられない」(二三四頁) というのが熊本書の結論である。

幣原が二月二一日以後、憲法九条の「発案者が自分だと唱え続け」たというのは誤りで、松本国務大臣の手前もあり幣原は閣議ではそう唱えてはいない。

熊本書は「平野文書」を疑問視する根拠として本書でその史料的意味を否定した幣原道太郎の「解題」を証拠としてあげている。さらに『芦田均日記』に、二月一九日の閣議で「幣原が戦争放棄を謳ったGHQ案の受け入れに反対だった旨が記載されている」として『芦田均日記』の記述を否定の根拠にあげている (二三四頁)。

ここにも『芦田均日記』が憲法九条幣原発案を否定する論者に引用されている問題がある。『芦田均日記　第一巻』には、二月一九日の閣議で「以上松本氏の報告終わると共に、三土内相、岩田法相は総理の意見と同じく『吾々は之を受諾できぬ』と言い、松本国務相は頗る興奮の体に見受けた」と書かれている。[19] この記述だと幣原首相もGHQ草案を「受諾できぬ」と反対したことになる。ところが『入江書』には「三土内相、岩田法相は、『アメリカ交付案はとうてい受諾できない』と言い[20]」とあり、『芦田均日記』に記されていた「総理の意見と同じく」の文言はない。

幣原首相が「アメリカ交付案は受諾できない」と発言しなかったことは、『芦田均日記』の記述からも明らかであることはすでに述べた（本書二三一頁）。そこで、芦田は日記になぜ「総理の意見と同じく」と書いたのかである。

それは、芦田厚生大臣は「幣原の『芝居』に気づかなかった閣僚」だったからである（本書二九六頁）。幣原首相は閣議において、アメリカの交付案にたいして、意見や態度を表明しなかった。そこで芦田としては、幣原も松本や反対を述べた三土内相や岩田法相と同様に「アメリカ交付案」に反対であると「思い込んで」日記にそう書いたのであろう。したがって『芦田均日記』の記述は、幣原首相が閣議で発言したのではなく、芦田がそう思った「思い込み」を書いたのである。服部龍二書の批判において書いたが、二月二二日の閣議で幣原首相がマッカーサーとの前日の会談報告をしたことを記した日記で、幣原がマッカーサーに「followers が無い」とアメリカ交付案に反対であったかのように言ったという記述の誤りは（本書三三三頁）、芦田の同様な「思い込み」「勘違い」に由来するものであろう。

熊本書は「戦争放棄を規定した日本国憲法第九条の発案者は誰なのかという問いは、長らく歴史の謎とされている。膨大な先行研究の蓄積があり、いずれもがこの謎に挑んできた。ただ、現存する公文書や回想録といった史料に依拠して、いったいどちらが発案者なのかを確定することは、もはや不可能だとする指摘もある。たしかに、史料を根拠に発案者を実証することは一種の閉塞状態にあり、解釈の仕方を競うレベルで議論が蓄積されているのが現状である」と述べている（二三一頁）。

憲法九条の発案者をめぐっては、公文書記録はない。記録できなかった内外の政治状況があったことは本書で述べてきたとおりである。本書の「はじめに」に述べたように、憲法九条成立の当事者は発案者の幣原、同意者のマッカーサー、内諾者の天皇の三人であるが、マッカーサー以外は公式に記録や証言を残していない。だからといって発案者を実証することは不可能ではない。本書が試みたように、多くの傍証史料によって発案者を証明していく方法である。公式記録や証言を残さないようにした天皇については『昭和天皇実録』や側近の日誌などがあり、幣原については「平野文書」が決定的な傍証史料である。「平野文書」の史料的価値については、佐々木高雄『戦争放棄条項の成立経緯』の否定論に反論して詳述したとおりである。

6　種稲秀司『幣原喜重郎』

種稲書は「第七　内閣総理大臣への就任と日本国憲法の誕生」の「三　一月二十四日、幣原・マッカーサー会談――憲法神話再考」と「四　日本国憲法の誕生――天皇を守る戦い」で憲法九条発案者は誰かについて論じている。

種稲書は、本書が憲法九条幣原発案の証明として重視した『マッカーサー大戦回顧録』は、

「マッカーサーの回想は『演出がすぎる』と酷評され、信憑性に問題がある」として否定（二一五頁）、「平野文書」については、すでに批判した佐々木高雄『戦争放棄条項の成立経緯』に依拠して、「文書の内容も杜撰極まりない、平野は憲法調査会から求められた文書の原本の提出を拒んだとの指摘もあり、本書では平野文書を用いない」と断言している（二一八頁）。しかし、『マッカーサー大戦回顧録』と「平野文書」が、四六年一月二四日のマッカーサーと幣原の会談において、幣原が憲法九条となる戦争放棄、軍備全廃を憲法に入れることを提案し、マッカーサーがそれに共感して同意した経緯の証言が一致していることについては無視している。史料として「演出がすぎる」とか「杜撰極まりない」とレッテルを貼って否定するのではなく、一月二四日の会談について、マッカーサーと幣原の一致した証言がなぜ事実ではないのか、裏付け史料をあげて否定すべきである。

種稲書は、最初に「平野文書」は否定して、「幣原がマッカーサーに戦争放棄を提案したとされる一月二十四日の会談について、『羽室メモ』を手がかりに真相に迫る」と述べる（二一五頁）。「羽室メモ」については、服部龍二書の批判のところですでに触れた。

種稲書は最初に、幣原とマッカーサーとの会談のメインテーマは天皇制維持と公職追放であったとして、「戦争放棄で注意すべきは、第一に天皇制と『あれこれ話』のあとで提起したように、天皇制維持とは別問題で、日本国憲法第九条第二項にある戦力放棄に触れていないことである」と述べている（二一七頁）。

種稲書は、幣原がマッカーサーとの会談を決意したのは、天皇制維持をマッカーサーに請願するのが第一であったとする。本書が述べた、幣原が「予定された新憲法に憲法九条発案となる戦争放棄と軍備全廃の条文を入れるよう、マッカーサーに秘密裏に提案する決意を固めて」臨んだという記述（本書一六五頁）とは相反する見解である。

大平駒槌は幣原とは大阪中学校以来、生涯を通じて真心を持って全幅信頼しあえる親友であった。幣原は大平駒槌にたいして、他人には言えない自分の言動、言説について秘密にすることなく語り、長文の書簡も書き、その手紙約二〇〇通は国立国会図書館の憲政資料室にマイクロフィルムで保管されている。「羽室メモ」は三女の羽室ミチ子が、父が幣原に関して話したことをメモに記録したもので、憲法調査会事務局「戦争放棄条項と天皇制維持との関連について――大平駒槌氏の息女のメモ」として国会図書館憲政資料室に所蔵されている。

ここで「羽室メモ」を引用する際に注意が必要であることを指摘しておきたい。大平駒槌は外交官の幣原と違って実業界で重きをなした人物で、住友総本店支配人、南満州鉄道株式会社副総裁などを歴任し、当時は貴族院勅撰議員で四六年三月からは枢密院顧問になっている。そのような大平駒槌の経歴からして、天皇制支持者であったが、幣原の戦争放棄論には反対であった。「戦争放棄なんて幣原の理想主義だ、そんな事は出来んよ」と「父が強い声でいっていた」と「羽室メモ」には書かれている。さらに「当時父は戦争放棄の第九条は自衛もみとめられないと解釈していたので『戦争を放棄するなんて考えられない事だ、朝鮮人等が武器をもって九州でも入ってきてあばれたらどうするか』」と言っていたという。

大平駒槌が幣原の戦争放棄、軍備全廃論には同意していなかったので、幣原が大平に話す場合は、天皇制維持を語る場合よりはトーンが落ちたのは容易に想像できよう。あるいは父親の駒槌が娘に幣原の言説を語る場合、自分が同意できない幣原の戦争放棄、軍備全廃論については、バイアスがかかった可能性もある。したがって、それを書き留めた「羽室メモ」には、幣原は天皇制維持第一、戦争放棄は二の次というニュアンスが出てくるのは否めない。これが「平野文書」では逆になった（本書一七一頁参照）。

「羽室メモ」の場合、羽室ミチ子が幣原から直接聞いたことも記録されているが、多くは父が語ったことを記録しているので、父親のバイアスがかかっていることは注意する必要があろう。

種稲書は次に、憲法九条幣原発案を否定する理由として一月二四日の会談において、「幣原の戦争放棄提案は声明にすぎず、憲法に組み込んだのはマッカーサーだった」（二一七頁）、「マッカーサーが幣原の個人的な声明のアイディアを、極端な理想主義的憲法に作りかえるという根本的な改変を加えたのである」（二二二頁）、幣原の戦争放棄の声明を「マッカーサーは国家の戦争権（宣戦権も含む）と戦力の保持を否定して『崇高な理想』に国の安全を委ねる極端な平和主義を、法的拘束力を伴う憲法に組み込もうとした」と述べている（二二一頁）。つまり、幣原の戦争放棄提案は声明に過ぎなかったが、それを日本国憲法の九条に組み込んだのはマッカーサーだった、したがって憲法九条の発案者はマッカーサーであって幣原ではない、というのが種稲書の主旨のようである。その裏付けとして、一月二四日の会談の時点で、「幣原、マッカーサーともに改正憲法の内容について交渉できる状況になかった」ことをあげている(二二二頁)。

当時の連合国軍最高司令官のマッカーサーとアメリカ軍の占領下に置かれた日本の首相の立場の相違から、幣原が戦争放棄を声明し、それをマッカーサーが民政局の憲法草案に組み込ませたのは、権力関係からして当然であった。したがって、後に憲法九条となる戦争放棄を声明としてマッカーサーに提案した幣原が憲法九条の発案者であったとすることになんら違和感はないのではないか。種稲書は憲法九条発案者の意味を、憲法九条の条文の発案者と限定して理解しているように思える。憲法九条を憲法草案に組み込ませたのは「マッカーサー・ノート」を作成したマッカーサーであり、幣原には不可能であった。

種稲書は、幣原発案否定の根拠に、「憲法改正の発議権を持つ天皇の事前了解なくして、改正憲法の内容をマッカーサーに提案するなど考えられない」と述べている(二二二頁)。幣原は、一月二四日のマッカーサーとの会談の前に一月二二日に天皇に拝謁して、マッカーサーと会談して、憲法改正にかかわる話をすることを奏上、さらに会談の翌日一月二五日に天皇に拝謁し、マッカーサーと会見し、「天皇制維持の必要、及び戦争放棄などについて懇談を行った」ことを奏上して、天皇の「承認」を得ていたことは本書で述べたとおりである(本書一八七頁)。

種稲書は、二月二一日の幣原首相とマッカーサーとの二回目の会談について、『入江書』および『芦田均日記』にもない記述をしている。GHQ草案をめぐって紛糾した二月一九日の閣議の結果、『入江書』には幣原首相が「事ここに至ってはきわめて事態重大であるから、自分も至急マッカーサーに面会して話をしてみたい」と「二十一日に幣原総理がマッカーサーを訪問しようということとなったのであります」とあり（同書、二〇一頁）、『芦田均日記　第一巻』にも「総理が急速にScapを訪問されることを決定し、問題を如何に取扱うべきやは次の閣議で決することに発議して午前の閣議を終った」（同書、七八頁）と記されている。

ところが種稲書には「政党領袖や民間人を加えた憲法審議会を経て国民一致の改正案を議会に提出するとのラインで、幣原からマッカーサーに説得を試みることになった」という閣議決定により幣原がマッカーサーに説得を試みるために会談に行くことになったと述べている（二二八頁）。これにつづいて種稲書は二月二一日の幣原とマッカーサーの会談の内容を次のように記している（二二九、二三〇頁）。

幣原は、露骨に天皇の統治権を否定し、人民主権を明記しなくても、国務上の大権行使には議会と国務大臣の輔弼が必要とする松本案の通り、「すべての大権は実は議会にある」「主権は人民にありと言ふに異ならず」と反論した。特に戦争放棄の条文化は、「世界のどの国の憲法にもない異例な話で」「誰もfollowerとならない」、軍備を持たない現在の日本に「戦争なぞやれるものではない」、「開戦の如きすべて議会に於てキメルのであるから、殊更に明文にしなく共、連合国司令部を安心せしむる方法はイクラでもある」と抵抗した。しかし、マッカーサーは「中々承知しない」どころか、「followersが無くても日本は失ふ処はない。之を支持しないのは、しない者が悪い」、松本案では「日本の安泰を期すること不可能」で、基本形態である第一条と戦争放棄は「譲ることも変へることも出来ない」との立場を堅持した。

正面からの説得に困難を感じた幣原は、会談の後半には、得意の時間をかけた粘り強い交渉戦術に転換したようである。

種稲書は、右の出典は『芦田均日記　第一巻』であると注記しているが、芦田日記にはそのような記述はない。種稲書は、第二回のマッカーサーとの会談で幣原首相は松本私案に立って、GHQの憲法九条の条文に反対、抵抗したと述べる。幣原はGHQ草案の憲法九条の条文に抵抗、反対したのであるから、憲法九条発案は幣原によるものではない、という論理を主張したかったようである。しかし、幣原とマッカーサーの第二回会談は、本書で述べたように、日本国憲法草案について両者の「基本的合意」が成立し、その結果にもとづいて、幣原は翌日の閣議でGHQ草案を受け入れるように、天皇の地位が確保できることを強調し、マッカーサーが「主権在民と戦争放棄は交付案の眼目であり、特に戦争放棄は日本が将来世界における道徳的指導者となる規定であるといった」と報告したのである（『入江書』二〇一頁、本書二三四頁参照）。

種稲書は「憲法改正過程について、幣原は多くを主任大臣の松本烝治に任せ、松本委員会の審議も一任していたことが委員会議事録からわかる。実際、当時作成された史料からは、一月十六日に松本が求めた改正作業の促進と、二月二十一日のマッカーサーとの会談でGHQ草案に基本合意をした以外に、幣原が積極的に憲法改正をリードした跡を発見できなかった」と述べている（二三四、二三五頁）。

これは本書で述べたように、当時の幣原内閣は、日本国憲法制定以前の戦前の帝国憲法に規定されたままであり、国務大臣が単独で天皇を輔弼する国務大臣単独輔弼制を採用していた。松本国務大臣は、憲法改正問題を担当する国務大臣として単独で天皇を輔弼するという認識で、幣原内閣の閣議決定を得ることなく、単独で天皇に「松本私案」を上奏し、天皇の裁可を得れば、それを帝国議会の審議にかけ、採択されれば新たな日本国憲法に制定するつもりで行動していたことは本書で詳述したとおりである。それは帝国憲法第七三条に定められた憲法改正を天皇が勅命で発議して帝国議会の議に付すという「天皇の大権」にもとづいていた。ところが天皇は「松本私案」に反対し、憲法改正案とすることを「裁可」しなかった（本書二一、二二頁）。帝国憲法下においては、幣原首相は帝国憲法改正については松本国務大臣の天皇単独輔弼権限を尊重せざるを得なかった。

日本国憲法の「第五章　内閣」で、内閣総理大臣は内閣の首長としての地位が与えられ、総理大臣は閣内の統一性を保持するために、他の大臣の罷免権も認められているのと大違いである。しかし、帝国憲法と日本国憲法の相違を考慮せずに、幣原首相が閣議で憲法改正審議をリードしなかったことを、憲法九条発案否定に関連づけて論ずる著書は多い。

7　佐々木高雄『戦争放棄条項の成立経緯』

佐々木書はその執筆目的を、「『戦争放棄条項の発案者はマッカーサーである』との――積極的な――立場を当初から明らかにする本稿においては、『発案者』を捜し直そうとするわけではなく、マッカーサー以外を『発案者』とする諸説に検討を加え、どのような経緯でそうした見解が開陳されるに至ったか、その原因究明を目指したい」と掲げている（四六頁）。したがって、佐々木書は、戦争放棄条項（憲法九条）の発案者はマッカーサーであることを否定する諸説、とくに幣原発案説を取り上げて検討を加え、どのような経緯でそうした（誤った）見解が出されたのか、原因究明をすることを目的にしたものである。幣原発案否定説の誤った見解の原因究明を目的にした本書と真逆である。

佐々木書はマッカーサーがGHQ民政局に憲法草案作成を指示した「マッカーサー・ノート」を憲法九条の発案者がマッカーサーであると断定する根拠にしている。「マッカーサー・ノート」は第一項で天皇制の存続問題に決断を下し（九頁）、第二項の戦争の放棄は、「天皇制を残しても軍国主義化の危険などまったくないことを諸国に納得させるため、記された」とする（二二頁）。

佐々木書は、最初にマッカーサーの証言や記録が「幣原発案説の源」であるとして、マッカーサーの所説を順次取り上げて批判を展開していく。

ところで、なぜマッカーサーが「幣原発案説」を主張したのかについて、佐々木書は、「彼は、冷戦が厳しさを増すにつれ、『日本を非武装化した責任』を問われていたと伝えられる。マッカーサーは、自らの主張をより具体化して信憑性を高めなければならなかった。彼は『自分の発案ではないのだ』と強調しようとして、幣原の名を挙げたのではなかったか。すでに多くの人によって説かれているこの推論には、充分な根拠があるように思われる」と書いている（七五頁）。

この論法も佐々木書の特徴であるが、マッカーサーが責任を問われていたと「伝えられる」と根拠資料をあげずに推測し、マッカーサーが自分の責任回避のために「幣原の名を挙げたのではなかったか」と史料的裏付けもなしに推測で結論している。こうした史料的根拠を提示せずに、推論だけであたかも事実であるような論理を展開していくのである。

マッカーサーが、朝鮮戦争が始まって以降、警察予備隊、保安隊を発足させるにいたった自分の責任を回避するために憲法九条幣原発案説を主張するようになったというのは、否定論者からよくいわれているが、本書で引用した、一九五五年一月のロスアンゼルスの在郷軍人会主催の市民午餐会で、幣原ともどもマッカーサーも戦争放棄を人類共通の望みと考えている旨を演説しており（本書一八一頁）、自分が日本を再軍備させたことなどの弁明はしていない。したがって佐々木書の指摘は当たらない。

佐々木書は本書一七六頁で引用した『マッカーサー大戦回顧録』を取り上げて、「マッカーサーの『回想記』については、さまざまな批判が寄せられている。事実関係が正確でないという点は、すでに多くの人が指摘しているので繰り返す要はないだろう。ここでは、同書がはたしてマッカーサー自身の自叙伝なのか、という点に疑問を提示しておきたい」とマッカーサーの『回想記』が史料として信頼できないことを印象づけている（六七頁）。しかし、学問的には、「さまざまな批判」をしている書評や論評、「事実関係が正確でないと指摘している」書評や批判書のいくつかを例示すべきであろう。そうしないのは、いわゆる風評に近い批判であり、反論のしようがない。

ホイットニーは本書でも引用した『日本におけるマッカーサー――彼はわれわれに何を残したか』を書いているが、佐々木書は、「マッカーサーの『回想記』には、ホイットニーのマッカーサー伝からの引用―というよりも、出典など明示しない剽窃的な引用―が少なからず含まれる」（六七頁）と述べ、マッカーサーの『回想録』が信用できないことを強調している。さらにホイットニーは「自ら直接、幣原の演説を渉猟して」、「幣原の話」を充実させて、マッカーサー伝に書いたと推測を重ねたうえで、「このように、ホイットニーのマッカーサー伝には、少なからず創作が含まれるとすれば、それを典拠としたマッカーサーの自叙伝への信頼度は大幅に減ずる。しかも、そうした杜撰な情報が戦争放棄条項の成立事情を伝えた行に混入しているのであれば、本稿がマッカーサーの『回想記』に重きを置かない選択は、賢明な態度であると誇ってよいように思われる」と結論している（七一頁）。これも、「創作が含まれるとすれば」と仮定しておいて、その実証をしないまま「自叙伝への信頼度は大幅に減ずる」という結論を出している。

佐々木書のこうしたまわりくどい批判、否定のための叙述は、本書で引用した一月二四日の幣原とマッカーサーの会談についての『マッカーサー大戦回顧録』の記述が信用できないと思わせるためである。佐々木書はこうした手法で、本書が引用したマッカーサーの演説や証言をすべて信用性のないものと否定していく。前述した「平野文書」否定の論法も同じである。

「米国議会上院軍事・外交合同委員会におけるマッカーサー元帥の証言」（本書一八四頁）については、一月二四日のマッカーサーと幣原の会談について①～④の項目に分け、「結局、マッカーサーの上院証言中、信頼できるのは①のみに限られる」と断言している（五八～六〇頁）。①というのは、日本の内閣総理大臣がマッカーサーのところへやってきて、自分が長い間考えてきた問題の解決は唯一つ「戦争をなくすことです」と言ったということである。これも史料的根拠を提示せずにほとんどが推測によるものである。

本書で詳述したように、一月二四の幣原の会談による「秘密合意」については、マッカーサーの回想と証言、ホイットニーの回想録、「平野文書」「羽室メモ」の四つがほぼ一致している。否定するならば、これら四つの証言が「嘘」であることを史料で裏付けて証明する必要がある。

佐々木書はアメリカ側につづいて、憲法九条幣原発案説にたいする日本側の論説を「A　肯定的見解」と「B　否定的見解」に区分して論じている。

本書では幣原の「芝居」に気づいた者と気づかなかった閣僚をあげたが、佐々木書は気づかなかった松本烝治国務大臣、芦田均厚生大臣、吉田茂外務大臣を「否定的見解」として述べているが（九二〜九六頁）、気づかなかった閣僚の記録が「否定的」であるのは当然であろう。

しかし、佐々木書は「羽室メモ」の大平駒槌を「否定的見解」に入れ、「羽室メモは、幣原が天皇制の維持問題に一段落をつけた後に、別の話題として戦争放棄を採りあげた旨を伝えている。これは、幣原が『天皇制の維持』と『戦争放棄』とを『別のテーマ』と捉えていたことを物語り、両者を結びつけて捉えるマッカーサー・ノートの思想とは異なっている」と理由づけている（九一頁）。しかし、この解釈は誤っている。幣原はマッカーサーとの会談で、天皇制維持と戦争放棄、軍備全廃をセットにして提案し、それがそのまま「マッカーサー・ノート」に反映されたのである（本書二〇五頁参照）。「羽室メモ」が天皇制維持が主、戦争放棄が従、という印象を与えることは前述したが、大平駒槌を「否定的見解」に分類しているのは恣意的であり、誤っている。

ところで、佐々木書は、入江俊郎・佐藤達夫・佐藤功の三人の所説について「諸氏は、憲法起草作業に関与し、幣原の謦咳に接した人々である。（中略）しかし、諸氏の所説は、自らの経験を通じて得た情報を中心に据えて論ずる、というよりも、学術論文的な手法をとる。そのため、諸氏を『研究者の所説』に位置づけたうえで、肯定・否定各説の始祖的存在として検討を加えることこそ、最適であるように思われた。したがって、本稿では採りあげていない」と述べている（八五頁）。幣原内閣の法制局長官だった入江俊郎の『入江書』と法制局次長だった佐藤達夫の『日本国憲法成立史』をもっとも信頼できるとして本書では多用してきた。前章で述べたように二人とも幣原首相の「芝居」に気づいて憲法九条幣原発案説に立った人であった。（本書二七八、二八二頁）。「佐々木書」では、それを「肯定・否定各説の始祖的存在」という奇妙な論理で「採りあげない」というのである。

佐々木書は「幣原本人の所説」を列挙して、「幣原は、マッカーサーが『幣原発案説』を説いても、それを積極的に否定しないという形で『幣原発案説』の片棒を担いでしまったということであろう。幣原がマッカーサーの所説について『真実を伝えていない』と思っても、①占領された国の首相として、占領軍の最高司令官の面子を慮った、②長い外交官生活を送った者として、マッカーサーの『嘘をつかざるを得ない立場』を理解できた、あるいは③『平和の達成』という最終目標については、『嘘の内容』に共感できた、というようなさまざまな理由から、『マッカーサーの嘘』を聞き流したのであろう」と結論している（一二九頁）。

佐々木書はさらに「ホイットニーが幣原発案説を強調する司令塔となり、マッカーサーに対しても機会あるごとに、幣原発案を説くことの重要性を伝え、『それを強調するように』と助言していた、と仮定すると、納得のいくことが少なくない」（一三五頁）と、民政局長ホイットニーが「幣原発案説を強調する司令塔」になったと推測をさらに拡大している。もちろん史料的根拠はあげていない。

佐々木書の幣原発案否定説は、マッカーサーも幣原も「嘘」を言ったというものであるが、それは推測によるものであり、史料による裏付けがないものである。自説に都合の悪い史料にたいして、「嘘を言っている」と推測だけで断定するのは、歴史学的手法とはいえない。

8 西修『日本国憲法成立過程の研究』

西書は「第2部　憲法9条の成立経緯」の「2　発案者をめぐる謎」において、①幣原発案説　②マッカーサー発案説　③幣原・マッカーサー意気投合説　④ケーディス・ホイットニー共同発案説　⑤天皇発案説について代表的見解を整理し、最後に⑥幣原発案説の否定　となっている。

西書は、「9条を誰が発案したかについては、『ミステリアス』の面があるが、マッカーサーが上院で発言してから有力になった幣原発案説の根拠は、はなはだ乏しい」と述べて（三一七頁)、幣原発案を否定していく。西書があげる幣原発案否定の理由の第一は「マッカーサーが根拠としている1月24日の時点で、幣原・マッカーサー両者の間でそれほど深く憲法条項にまで立ち入った話し合いがおこなわれたとは考えられない」ということである（二二七頁）。

幣原発案を否定する論者は、一月二四日の幣原・マッカーサーの会談で「憲法九条の条文化まで幣原は提案していない」と述べるが、それは当然であろう。GHQ民政局で憲法草案の条文化の作業に入るのは、二月四日からである。二人の会談で憲法九条の条文化まで話すことはあり得なかった。それを、幣原発案否定論者は「憲法九条発案」の意味を「憲法九条条文の発案」とまで限定したうえで否定している。本書で詳述したように、一月二四日のマッカーサーとの会談では、いよいよ憲法改正草案の作業が始まった段階になったので（松本烝治国務大臣も松本私案を天皇に上奏していた）、その改正草案に日本の戦争放棄、軍備全廃を規定することを発案してマッカーサーに提案、マッカーサーが意気投合して同意し、それを「マッカーサー・ノート」としてGHQ民政局に指示し、憲法九条に条文化されたのだった。その経緯は、二人の会談の隣室にいた民政局長ホイットニーがマッカーサーが幣原との会談をふまえて「マッカーサー・ノート」を指示したことを回想録に書いていることから証明される（本書二〇三頁参照）。憲法改正草案に戦争放棄、軍備全廃を規定することを幣原が発案し、マッカーサーに提案したことは、マッカーサーの証言と回想録と「平野文書」の証言が一致し、会談翌日に幣原首相が天皇に謁見してそのことを奏上していたのである（本書一八七頁参照）。

それでも西書は「憲法条項にまで立ち入った話し合い」はおこなわれなかったと幣原発案を否定するのである。これはこれまで検討した否定論にも共通している。

西書があげる第二の理由は以下のとおりである（二二七、二二八頁）。

憲法草案の進行状況と幣原首相の態度との関連で、同首相が戦争放棄条項をみずから推進したと思われる言動がみられないということである。閣議において、幣原首相は、松本案のうち、軍備に関する条項をもうけることに消極的な発言をしているが（1月30日の閣議）、最終的に『憲法改正要綱』ができあがり、2月8日に軍の規定をおいたことについての説明書を総司令部に提出したとき、幣原首相は同意を与えている。また2月18日に松本大臣が再説明書（『憲法改正案説明補充』）を提出した際にも、同首相は特別の行動をとっていない。さらに、前述したように、2月22日の閣議で、マッカーサーの述言に対して、「追随者（フォロアーズ）はいないだろう」と発言している。このような幣原首相の一連の行動をみると、もし本当に同首相が戦争放棄条項の発案者ならば、もっと違った行動がとられていたのではなかろうか。

西書に二月八日に松本大臣が松本私案の要綱の説明書の英訳を司令部に使送（使いの者に持たせて送る）したのに「幣原首相は同意を与えている」、また二月一八日に松本大臣が再説明書を提出した際にも「特別の行動をとっていない」とあたかも幣原首相が松本私案に同意であったかのように述べているが、不正確である。幣原は「松本私案はもちろん内閣の確定案ではなく、一応日本側の仮案を示して、先方の意向を叩くつもりであった」（本書二三一頁）という意味で、松本国務大臣の天皇単独輔弼権限による行動に任せたのであって、幣原が松本私案に同意していたのではない。

幣原首相が閣議などにおいて、憲法九条発案者らしい言説を述べ、行動をとっていなかったというのは、他の否定論著と共通しているので、ここでは批判の重複を避けたい。ただし、このような否定論は、本書で詳述した、幣原首相が閣議において「芝居」を打たざるを得なかった政治状況に理解がおよんでいないことに起因していることを指摘しておきたい。

西書は第三の理由として「幣原首相が自著『外交50年』でなぜ自分が発案したように書いたのかという疑問が残る。この疑問に対して、実は同書が本心から書かれたものではなかったという証言がいくつかある」として幣原首相と親交のあったという柴垣隆の雑誌掲載の文章を引用する。それは、幣原が執筆中の原稿『外交五十年』を指して「この原稿も、僕の本心で書いているのでなく韓信が股をくぐる思いで書いているものだ。何れ出版予定のものだが、お手許にも送るつもりだから、読んでくだされば解る。これは勝者の根深い猜疑と弾圧を和らげる悲しき手段の一つなのだ」と懇々と語ったというのである（二二八頁）。そして「あえて本心でないことを書かなければならないほど、背後に何か大きな圧力なり事象があったのだろうか。

謎は深まるばかりである」と述べている（二二九頁）。

前掲の幣原道太郎「解題」（幣原喜重郎『外交五十年』）と同様に、幣原が最後に憲法九条を発案するにいたった思いを書いた『外交五十年』が、マッカーサー・GHQの大きな圧力を受け、「勝者の根深い猜疑と弾圧を和らげる悲しき手段」として書かれたものだというのである。

西書はさらに文芸評論家の江藤淳『落葉の掃き寄せ 一九四六年憲法——その拘束』（文藝春秋、一九八八年）の論稿をあげ、「総司令部によれば、日本国憲法は、日本人の頭で考え出され、日本人の手で作成されたものでなければならなかった。江藤は、幣原首相もこの神話に従わざるをえず、前述の幣原の公式発言および『外交50年』も、その一環のなかで検討されなければならないと主張している」とも述べている（二三二頁）。

幣原の『外交五十年』は、『読売新聞』に一九五〇年九月五日から一一月一四日にかけて六一回にわたって掲載された口述による回顧録である。西書のとおりだとすると、幣原はこれだけ長期にわたり、『読売新聞』編集者にたいして本心でないウソを語ったことになる。幣原道太郎の「解題」といい、西書といい、幣原が圧力に屈して本心ではないウソを口述して『外交五十年』を出版したと、幣原の人格を否定することを書いているのである。拙著『憲法九条と幣原喜重郎』に書いたように、協調外交を推進した幣原は、一九三二年の超国家主義者の井上日召が一人一殺主義を掲げた血盟団事件では、暗殺された井上準之助とともに暗殺のリストに入れられて生命を狙われ、一九三六年の二・二六事件では、反乱軍の襲撃リストに入れられ、駒込警察署長の要請で、鎌倉の別荘へ避難したのであった。右翼と軍による暗殺の脅迫にも屈することのなかった幣原が、マッカーサーやGHQの圧力に屈して本心ではないウソを語ったのではないかと西書は推論を立てているのである。

四六年三月二〇日の枢密院本会議の冒頭において、幣原首相が憲法改正要綱の説明をしたとき、憲法九条は幣原の発案であることを示唆したと本書で述べた（本書二五七頁）。幣原道太郎「解題」はこの三月二〇日から父幣原喜重郎は、アメリカ軍占領下の「牢名主」となって自分が憲法九条を発案したとウソを言わされるはめになったと決めつけたことは前述した（本書三二六頁）。

この当時から幣原が憲法九条の平和思想を積極的に語るようになった一番の理由は、天皇が憲法九条をふくむGHQ草案を「裁可」したことが大きかったことを指摘しておきたい。憲法九条をふくむ日本国憲法草案は帝国憲法に規定された天皇の憲法改正の大権にもとづき、帝国議会で審議するという手続きを踏んで公布されることになった以上、自分が憲法九条を発案したことを秘密にしておく必要がなくなったのである。

このことは、幣原発案否定論者が主張する、マッカーサー・GHQが押し付けたことをカモフラージュするために憲法九条幣原説をでっち上げたという偽装工作は必要なかったことを明らかにしている。本書が詳述したように日本国憲法草案は、帝国憲法第七三条に定められた天皇の憲法改正の大権どおりにGHQ草案を天皇が「裁可」し、勅命によって帝国議会で審議に付し、枢密院、衆議院、貴族院と帝国議会で審議、採択を経て公布したのである。形式的には日本政府が帝国憲法の憲法改正手続きを踏んで公布したのであったから、マッカーサー・GHQも日本政府が帝国憲法に則って主体的に日本国憲法を公布したと主張すれば、国際的には通用したのである。したがってマッカーサーは自己弁護のために、憲法九条幣原発案説をことさら偽造する必要はなかったのである。このことは、西書の次の理由への批判にもなる。

西書の第四の理由は、「朝鮮戦争勃発の時点あたりから、幣原発案説が総司令部内で意識的に作り上げられたという見方も成り立とう」というものである（二三一頁）。

一九五〇年六月二五日に朝鮮戦争が勃発すると、マッカーサーは八月一〇日に警察予備隊の創設をした。これにたいして「警察予備隊は平和主義憲法に反するのではないか、平和主義憲法を制定させたマッカーサーが軍隊の創設を唱道するとはどんな了見なのか、こんな批判が公然と起こってきた」が、こうした批判への対応として、「9条が『日本人みずから考え出したもの』であり、『対手側から仕掛けてきた攻撃に対する自己防衛の冒しがたい権利を全然否定したものとは絶対に解釈できない』と明確に論ずることにより、みずからに向けられた批判をかわそうと考えたとみられないでもない」と西書は述べている（二三〇頁）。

憲法九条を発案したマッカーサーが、朝鮮戦争勃発後に警察予備隊を創設させ、日本を再軍備させたことの批判をかわすために、幣原発案説を唱えるようになったという説は他の幣原発案否定論者によっても主張されている。

9　古関彰一『憲法九条はなぜ制定されたか』／『平和憲法の深層』／『日本国憲法の誕生 増補改訂版』

上記三冊の古関書はともに、憲法九条幣原発案を否定し、マッカーサーの発案によるという説で一貫している。

『憲法九条はなぜ制定されたか』（以下、古関書①）では、松本国務大臣がGHQから憲法草案を提示されたことを報告した二月一九日の閣議において、幣原首相がGHQ草案に反対したと記した『芦田均日記』に依拠して幣原発案否定説を述べている（一四頁）。『芦田均日記』の記述が誤っていることは、熊本史雄書の批判で述べたので（本書三四二頁）ここでは繰り返さない。さらに幣原首相が二月二一日にマッカーサーとの第二回目の会談をおこない、翌日の閣議で報告したときに、マッカーサーが「戦争放棄」と「軍備全廃」で日本が「Moral Leadership を握るべきだ」と言ったことに幣原が「誰も follower とならないだろう」と否定的に答えたとしている（一五頁）。ここも『芦田均日記』に依拠しているが、その誤りについては服部龍二書の批判で指摘したので（本書三三三頁）、省略する。

古関書①は、さらに吉田茂『回想十年』を引用して幣原発案説を否定しているが、これは本書第8章に書いた、幣原の「芝居」に気づかなかった幣原内閣閣僚の本に依拠しているので、当然といえよう。

古関書①には、かりに戦争放棄構想が幣原の発案だとしたら、閣議で「GHQ案が示された時に、『元帥は私の案を受け入れて下さったんですね』とか、閣議でも『実はねぇ』などと得意なセリフのひとつや二つ出ても不思議ではないように思えるのです」とまで書いている(一六頁)。本書で縷々述べた、幣原がマッカーサーと「秘密会談」を持って「秘密合意」に達したことを閣議において公言できなかった当時の政治状況を理解していないことがわかる。

『平和憲法の深層』(以下、古関書②)においては、「著者がマッカーサー説をとる」と断言したうえで「幣原説への疑問」を述べる(五九頁)。

まず、「幣原政権下の松本の憲法案には〝幣原の構想〟がまったくなかった……なぜ幣原は自己の『戦争放棄構想』を、松本の委員会で示さなかったのか」と述べている(六〇頁)。

これは本書で述べたように、当時は国務大臣単独輔弼責任制にあって、松本国務大臣が主催する委員会にたいして幣原首相は発言、提案する権限はなかったのである(本書一二〇頁)。古関書は、当時の帝国憲法下の内閣と日本国憲法下の内閣とでは首相の権限が全く異なっていたことへの理解がおよばなかったようである。ついで、二月一九日の閣議で「幣原はじめその他の閣僚も『吾々は之を受諾できぬ』と述べたという。幣原は、GHQ案に反対していたのである」(六一頁)、「幣原は閣議でGHQ案を『受諾できぬ』と九条が盛り込まれているGHQ案に『反対』すら述べているのである。こうした事実から考えると、著者は幣原説を採ることはできないのである」と古関書①と同じことを述べている（六二頁）。

また、もし、幣原がマッカーサーとの会談で戦争放棄について提案したのであれば、「松本らからＧＨＱ案を渡された幣原は、『マッカーサーは私の提案を受け入れたのですね』と満足顔でいたはずである。しかし現実には、閣議は深刻な雰囲気で始まり、その後幣原は再度マッカーサーを訪問し、直接ＧＨＱ案の真意を尋ねた」のである、と述べている（六一頁）。本書で述べたように、幣原首相が松本国務大臣に本当のことが言えない政治状況にあったことには思いいたらなかったのである。

古関書②に「憲法担当大臣を務めた金森徳次郎も幣原説には否定的であるようだ」と述べているが（六一頁）、本書で幣原の「芝居」に気づいていた閣僚として紹介したように（本書二八六頁）、金森は幣原発案説である。

『日本国憲法の誕生　増補改訂版』（以下、古関書③）は、古関書①と古関書②と同様に、提出されたＧＨＱ草案を論議した二月一九日と受け入れを決定した二月二二日の閣議について、『芦田均日記』の記述に、史料批判をすることなく全面的に依拠している。

古関書③は、二月一九日の閣議でＧＨＱ草案に反対であった幣原が、二月二二日にはＧＨＱ草案を受け入れたことについて、「天皇制を護ること、『国体の護持』以外に、思想らしい思想をたたかわす憲法論議はないままに、ＧＨＱ案の受け入れへと歴史の歯車は大きく回ったのであった。これは八月一五日につづく第二の敗戦であった。それは武力による敗戦に続く、政治理念、歴史認識の敗北であり、憲法思想の決定的敗北を意味した」と断言する（一九四頁）。

しかし、これは、幣原が二月一九日の閣議でGHQ草案に反対だと発言もしていないのに、反対したかのように記した『芦田均日記』に無批判に依拠した断言である。

古関書③はさらにつづけて、「それとともに右往左往を続けた幣原と、説得を続けたマッカーサーとが、のちに『戦争の放棄の発案者は幣原だ』と豹変したことも記憶に留めておきたい」とまで述べている（一九四頁）。古関書③の理解は、二月一九日の閣議でGHQ草案に反対した幣原にたいして、二月二一日の会談でマッカーサーが「説得を続け」た結果、幣原が受け入れに変じ、二月二二日の閣議でGHQ草案受け入れを決定したのに、のちにマッカーサー自身が「戦争の放棄の発案者は幣原だ」と公言するように豹変した、というものである。

古関書③の終章に幣原発案否定の根拠が総論的に書かれているので、少し長くなるが紹介する（四四〇、四四一頁）。

「戦争の放棄」は、マッカーサー＝GHQの発案であることは間違いなく、かりに幣原の発案であり、GHQ案が発せられる以前にマッカーサーに進言していたとすれば、GHQ案で「戦争の放棄」が示された時、幣原は首相として閣議で真っ先にGHQ案に賛成したであろう。あるいは、GHQ案を基礎にした政府案が閣議にかけられ、議会に上程された際に、九条に「戦争の放棄」はあるが肝心な「平和」が書かれていないと言ったに違いない。

しかし実際は、GHQ案が閣議に提出され、困惑している閣僚からの要請で幣原はわざわざGHQに出かけていって、マッカーサーに教えを請い、マッカーサーから「followersが無くても日本は失ふ処はない」などとなぜ諭されなくてはならなかったのか。加えて議会では九条についてなんの発言もしていないではないか。「九条の発案者は幣原だ」という発言をしているのは、日本が再軍備に踏み切った後のマッカーサーと幣原しかいない。あるいは、「マッカーサーが言った」、「幣原が言った」という回想記しか残っていないではないか。そういう陥穽に気づかないのであろうか。

古関書の問題は、『芦田均日記』の記述を史料批判することなく、書かれたことが事実であるという前提に立っていることである。日記には聞き間違い、勘違い、思い違いが書かれていることを考慮して、厳密な史料批判を加えたうえで利用しなければならないのは常識である。『芦田均日記』は幣原内閣での議論を書いているが、人が発言したことについて、その理解は聞き手によって異なることはわれわれが日常的に経験していることである。同じ話を聞いても人によって理解が異なる主観を書いたのが日記であるということである。

二月一九日の閣議で幣原がGHQ草案に反対したという『芦田均日記』の誤りについては、熊本史雄書の批判で述べたので（本書三四二頁）重複は避けたい。

二月二一日の会談で幣原がマッカーサーから「followersが無くても日本は失う処はない」

などと諭されたという『芦田均日記』の誤りについては、服部龍二書の批判で指摘したので（本書三三三頁）参照されたい。

芦田均厚相は、幣原内閣のなかで幣原の「芝居」に気づかなかった閣僚である。その『芦田均日記』に依拠すれば、幣原発案を否定するのは当然であろう。

古関書③「終章」の最後に「『マッカーサーが言った』、『幣原が言った』という回想記しか残っていないではないか。そういう陥穽に気づかないのであろうか」と述べているが、「回想記しか残っていない」という史料状況は、本書の「はじめに」で述べたように、幣原、マッカーサー、天皇の「三人の当事者」が当時、憲法九条発案と日本国憲法への条文化の経緯について、公言し、公式記録に残せない内外状況にあったのである。そのため、本書が採用した関係者の日誌、回想記などの傍証史料による、事実の解明という方法を採らざるを得なかったのである。裁判の判決でも傍証が採用されるように、歴史学においても傍証史料による事実の証明は可能であり、本書はその方法を採ったのである。

10　川村俊夫『日本国憲法はこうして生まれた――施行70年の歴史の原点を検証する』／『「戦争は違法」の世界の流れと日本国憲法９条』

川村俊夫『日本国憲法はこうして生まれた――施行70年の歴史の原点を検証する』（以下、川村書①）は、「九条発案者の『謎』」と題して幣原発案を否定し、「閣議の発言等に対する他の閣僚や側近などの証言の中には、幣原がそうした考えをもっていたとの証言はまったくありません。むしろ幣原が憲法改正そのものに否定的であり、マ〔マッカーサー〕草案が示されてからの動きも、他の閣僚とともに『受け入れられぬ』という姿勢であった」と述べている（一一四、一一五頁）。『芦田均日記』に依拠していることがわかる。

さらに「とくに注目されるのは、マ草案の報告によって紛糾した閣議後に行われた2月21日のマッカーサー・幣原会談です。同行した芦田均によると、幣原は戦争放棄の九条への不安を述べたといいます。これに対し、マッカーサーは『followers（あとに続く国々）が無くとも日本は失う処はない』と説得につとめたといいます（『芦田均日記』第一巻）」と幣原が憲法九条への不安を述べたと書いている（一一五頁）。しかし、出典としている『芦田均日記』には芦田が幣原とマッカーサーの会談に「同行した」などという記述はない。川村書①では、芦田が幣原に同行してマッカーサーとの会談に同席し、マッカーサーの幣原への説得を聞いたことになっている。

川村書①は、「マッカーサーがいっかんして発案者は幣原と主張しているのは、米本国や他の連合国、そして日本国民に対して、『おしつけ』の印象をやわらげるためではないでしょうか」と推測だけで述べている（一一六頁）。

川村俊夫『「戦争は違法」の世界の流れと日本国憲法9条』（以下、川村書②）は、「矛盾に満ちた〝憲法9条〟幣原発案説」と題して、こう述べている（六七頁）。

幣原が戦後、日本国憲法第9条の発案者とされる根拠は、そのほとんどがマッカーサーとの間でおこなわれた46年1月24日の「ペニシリン会談」です。それは幣原が肺炎にかかったときにペニシリンをわけてもらったお礼にマッカーサーを訪れた時の会談内容を、幣原の親友・大平駒槌が幣原から聞いた話として三女の羽室ミチ子に話した「大平口述メモ」と、マッカーサーが帰国後にまとめた『回想記』で紹介されていることがほとんどすべてです。この2人の会談には第3者の立会いはなく、その正確さの保障はありません。

つづいて川村書②は、「大平口述メモ」によると、「幣原が『この日はこちらから先に、頭からマッカーサーに、自分は年をとっているのでいつ死ぬかわからないから、どうか生きている間にどうしても天皇制を維持させておいてほしいと思うが協力してくれないか』とたずねたというのです。（中略）しかし、ここで憲法改正が話題になったと書かれているわけではありません」と書いている（六八頁）。

四六年一月二四日の幣原とマッカーサーとの会談を幣原が通訳も随員もつけずに「秘密」にした理由は本書で述べたとおりであるが（本書一七五頁）、「2人の会談には第3者の立会いはなく、その正確さの保障はありません」とだけ書かれると、なるほどと思う読者もいるかもしれない。しかし、本書で明らかにしたとおり、隣室にGHQ民政局長ホイットニーがいて、二人の会談の内容に感づいていたし、幣原首相は翌日、その会談の内容を天皇に奏上していた（本書一八七頁）。さらに本書で詳述してきたように、マッカーサーの証言、回顧録と「平野文書」に記された具体的な会談内容が一致している。

川村書②は「2人の会談には第3者の立会いはなく、その正確さの保障はありません」としているが、幣原首相はマッカーサーと二月二一日に第二回目の会談をしたときも、随員をつけずに会談をしている（川村書①では芦田均厚相が同行したことになっているが）。幣原首相はGHQ憲法草案についてマッカーサーの意向を確認したわけであるから、本来ならば憲法改正担当の松本国務大臣をともなって行くべきなのに、幣原がわざわざ単独で行ったのは、他の閣僚に知られては不都合なことを話し合うためだったからである（本書二三二頁参照）。

幣原は二月二二日に天皇にGHQ草案を説明しに参内したときも一人で行き、松本国務大臣を同行しなかった（本書二三七頁）。しかし三月五日に翌日発表する「憲法改正要綱」を奏上したときは、松本国務大臣を同伴したのであった（本書二四八頁）。このように、幣原首相は「芝居」を打つ都合上、マッカーサーと天皇と「第3者の立会い」はない状況で「2人の会談」をおこなっている。それを「正確さの保障はありません」で済ませるのではなく、傍証史料を収集して会談内容を考察するのが歴史研究の方法である。

川村書②は二月二一日の幣原とマッカーサーとの二回目の会談について、川村書①より詳しく、以下のように述べている（六九、七〇頁）。

マッカーサーが、戦争放棄を含む3原則にもとづいて民政局につくらせた占領軍案が手交されたとき、幣原はこれを「受けられない」といい、マッカーサーとの直談判にのぞみます（46年2月21日）。ここで、マッカーサーが「戦争を放棄すると声明して道徳的リーダーシップを握るべきだ」と説得したのにたいし、幣原は「リーダーシップといわれるが、誰もついてこないだろう」と食い下がっていることが同行した芦田均のメモで明らかになっています。マッカーサー自身も『回想録』で紹介した1月26日の「ペニシリン会話」の内容とはまったく立場が反対です。

川村書は『芦田均日記』のマッカーサーとの会談で幣原が「follower が無い」と反対したという記述の誤り（本書三三三頁参照）をさらに発展させ、芦田が会談に同行して「芦田均メモ」まで残し、マッカーサーは二月二一日には一月二四日の会談と正反対の立場に立ったとまで架空のストーリーを創作して、結論として憲法九条幣原発案説を否定しているのである。

11　塩田純『日本国憲法誕生——知られざる舞台裏』

塩田書は「第二部　GHQ vs.日本政府——憲法改正をめぐる攻防」において「マッカーサーか幣原か——戦争放棄条項はどちらから出たのか」という項を立てて、憲法九条幣原発案否定説を展開している。「戦争放棄条項はマッカーサーの発案であり、それは世界の戦争違法化の流れを受け継いだものであったが、古関彰一が指摘するように、同時にマッカーサーの政治的・軍事的戦略でもあった」が結論である（九五頁）。

塩田書は、幣原が二月二一日にマッカーサーと会談し、翌二二日の閣議で報告したのを「芦田厚相が記録している」として、マッカーサーの「日本がモラル・リーダーになるべきだという発言に、幣原首相は、疑問を差し挟んだ。『leadership と言はれるが、恐らく誰も follower（追随者）とならないだらう』」といったと『芦田均日記』を引用している（一三八、一三九頁）。『芦田均日記』が間違っていることは、服部龍二書の批判で指摘したのでここでは繰り返さない。

塩田書は、「政府の松本案が明治憲法の部分的修正に留まり、極東委員会の設置が迫るなか、結局、GHQ草案の作成に踏み切っていった。そして一九四六（昭和二一）年二月——憲法改正をめぐるGHQとの攻防は、日本政府の完敗に終わった」と結論している（一四三頁）。古関書③の幣原内閣のGHQ案の受け入れは「八月一五日につづく第二の敗戦であった」という位置づけ（古関書③の一九四頁）と同じである。

塩田書は「幣原はその後松本らの作成した『憲法草案要綱』で、軍の規定を設けた説明書をGHQに提出することに同意している」と述べ（八三頁）、「政府の松本案」がGHQに拒否され、GHQ草案を提示されたことを「日本政府の完敗」と捉えている。正確な理解ではない。閣議の記録を取っていた入江俊郎の記録には二月一九日の閣議の終わりに「幣原総理が発言して、『松本私案はもちろん内閣の確定案ではなく、一応日本側の仮案を示して、先方の意向を叩くつもりであったが、事ここに至ってはきわめて事態重大であるから、自分も至急マッカーサーに面会して話をしてみたい』と述べました。」となっている。[21]

つまり、幣原は、松本の「憲法草案要綱」は、内閣の確定案としてではなく、あくまでも松本私案として提出するのであるから反対はしない、という態度だった。幣原が松本案に同意していたのではない。

塩田書は古関書と同様に、幣原内閣がGHQ草案を受け入れたことを「日本政府の完敗」としているが、「平野文書」で幣原が語っているように、憲法九条をふくむ日本国憲法はGHQに「押しつけられたという形」をとらなければできなかったのである（本書一七二頁）。したがって幣原にとっては「完敗」どころか幣原の「芝居」が成功したのであった。

塩田書は、マッカーサーが憲法九条発案は幣原であるとした「この証言が、一九五〇（昭和二五）年六月、朝鮮戦争の勃発によって、ＧＨＱが『日本の再軍備化』へと大きく舵を切った後だったことである。敗戦直後、憲法改正に取り組んだときは『日本の非軍事化』がマッカーサーの最大目標だった。わずか四年後、一八〇度転換して、日本に再軍備を要求する立場に変わったマッカーサー。彼にとって、第九条の発案者が幣原である方が都合が良かったことは言うまでもない」と書いている（七九頁）。

いっぽう幣原については、一月二四日のマッカーサーとの会談で「『羽室メモ』から分かることは幣原の最大関心事は、天皇制の維持であり、この点についてマッカーサーから同意を取り付けることができたこと。そして幣原首相は戦争の放棄は提案しているが、戦力の不保持、そのことの憲法への規定は記録されていないことである。しかし、幣原自身の論調は晩年になると変化していく。幣原は一九五一（昭和二六）年三月一〇日に亡くなったが、その直前、回想録『外交五十年』を刊行している。それによれば、戦争放棄を考えるようになった経緯は次のようになっている。（中略）しかし、幣原が憲法の規定まで申し出たかどうかは再検討の必要がある。というのも、先述の羽室メモにはその言及がないからである。（中略）幣原はいったいどこまで発言したのか。少なくとも戦争放棄を提唱し、マッカーサーを感激させたのは事実と考えられる。（中略）しかし、幣原は、戦力の不保持や憲法への規定までは述べていないと推論される。幣原が第九条を発案したという証言は、冷戦激化と日本の再軍備が進むなかで初めて、語られるようになるのだ」（八一～八三頁）と書く。

塩田書の論旨は、憲法九条幣原発案説は、朝鮮戦争以後の冷戦激化により日本の再軍備化が進むなかで初めて語られるようになったというものである。しかし、マッカーサーが朝鮮戦争により日本の再軍備化を図った自分を弁解するために幣原発案説を持ち出したというのは、本書で紹介した、一九五五年一月二七日のロスアンゼルスの市民午餐会におけるマッカーサーの演説で人類の国際的手段としての戦争放棄を主張していることから明らかなように、日本を再軍備させたことにたいする自己弁護などではない。

塩田書のようにマッカーサーが日本再軍備の自己弁護に幣原発案説を唱えるようになったというならば、推測ではなく、それを裏付ける、マッカーサーが朝鮮戦争以後、憲法九条を制定したことを批判され、自己弁護するようになった証拠としての関連史料を提示する必要があろう。

塩田書は、冷戦激化にともなって幣原が憲法九条発案者と証言するようになったかのように述べているが、これも推測ではなく、幣原に関する裏付け史料を提示する必要があろう。

12 加藤典洋『9条入門』

加藤書は「第3章　二つの神話とその同型性」の「3　幣原の『戦争放棄』発言――二つの

『マッカーサー回想録』神話（2）」で憲法九条幣原発案問題を論じている。
加藤書は一月二四日の幣原とマッカーサーの会談で、戦争放棄が話題にされたが、それには「ただの戦争放棄」と「特別の戦争放棄」とに内容が区分されるとして、幣原がマッカーサーに語ったのは「ただの戦争放棄」に過ぎなかったと以下のように述べる（一四四、一四五頁）。

ここで、両者のあいだに、戦争放棄の話が出たのだろうと私は考えます。それでマッカーサーは『回想録』にそのことを記しているのです。このとき戦争放棄の話題が幣原の口から出たとしても、不思議ではありません。幣原は平和主義者として知られてきました。彼が外相を務めた1920年代の日本の国際協調路線は「幣原外交」の名で知られていま す。彼が1928年の不戦条約にいう戦争違法化の徹底こそが、今後の世界の平和のために望まれることだといったとしても、何の不思議もありませんし、それにマッカーサーが共感を示したということも、十分にありうることでしょう。
ただし、ここでのポイントは、おそらくそこで語られたのが「ただの戦争放棄」に関わる話だったということです。（中略）
幣原は、「ただの戦争放棄」について話したのですが、マッカーサーにかかると、そこに脚色が加えられ、「徹底した未曾有の戦争放棄」の憲法への書き込み、という提案になる。その時点で、意味が大きく変わってしまうのです。

加藤書にいう「ただの戦争放棄」というのは、戦前の日本も加盟した一九二八年八月に調印された「不戦条約」にうたわれた、国際紛争解決の手段としての戦争を放棄して、平和的手段によって紛争を解決するという、すでに関係者には知られていた戦争放棄論である。加藤書は「幣原は『ただの戦争放棄』を口にし、もしそこから一歩踏み出し、『同時に軍事機構を一切もたない』態勢へと全世界が抜け出ていくことができたら、どんなにすばらしいだろうか、と自分の長年の夢を語り、それが同様の夢をもってきたマッカーサーを感激させたのではないか。それをマッカーサーは、幣原が『軍事機構を一切持たない』態勢に、日本だけが世界に先がけて一歩踏み出す、といったとその発言をかさ上げし、脚色しているのです」とも書いている（一三一頁）。つまり、会談では幣原が「ただの戦争放棄」を語ったのにマッカーサーが幣原が「特別の戦争放棄」を提案したと脚色したというのである。加藤書にいう「特別の戦争放棄」は、「軍事機構を一切もたない」「日本だけが世界に先駆けて実行する」「『自己の安全を保持するための手段としての戦争』をも放棄する」というもので、これが憲法九条条項になったとする（一三一頁）。

加藤書は、「『ただの戦争放棄』ではない、『特別の戦争放棄』の発案者は、まちがいなくマッカーサーでした」と断定したうえで（一四九頁）、それをマッカーサーが幣原の発案、提案と脚色したのにたいし、「当時は、日本側もどのような方法でか、わかりませんが、おそらくそれに口裏を合わせることを要請されていたのでしょう」と述べたうえで、その理由を「天皇を人質に取られたかたちの東京裁判は、１９４６年５月に開廷し、１９４８年11月に結審します。そうした時期に政府の首脳たちが、右のような発言をくり返し述べていたことに、不思議はないのです。幣原もまた、他の日本政府要人と足並みを揃え、ひとえに天皇の助命だけを心にかけ、マッカーサーに口裏を合わせていたのでしょう」とまで推定している（二四九、一五〇頁）。

加藤書は、幣原首相が「特別の戦争放棄」を考えていなかった根拠に、すでに批判した古関彰一の著書を引用してこう述べる（一五四頁）。

憲法制定過程研究の第一人者、古関もまた、松本烝治（憲法改正担当国務大臣）をはじめ、吉田茂、白洲次郎など、当時幣原内閣での憲法改正案作成に関与していた人たち全員が、幣原がもしそのような提案をしていたなら、どこかで自分たちに対してもその意思表示があったはずだと述べていることなどから、幣原発案説は絶対にありえないと指摘しています。そもそもＧＨＱ草案を手渡された最初の閣議で、幣原自身がその受け入れについて反対し、その後、抵抗むなしく受け入れを決めた閣議でも、戦争放棄の規定について「全然このようなことなどは、そのときまで日本は考えたこともなかったといっていいと思う」と述べていたというのです。（古関、前掲）

政治的立場は大きく異なりますが、保守派の代表的な憲法制定過程研究者である西修（駒澤大学名誉教授）も、ほぼ同じ結論に達しています。

ここで、幣原内閣で憲法改正案作成に関与した人たちとして名前をあげられた松本烝治、吉田茂とも、本書で述べた幣原首相の「芝居」に気づかなかった閣僚である。加藤書が依拠した古関彰一、西修の著書については、すでに批判したので参照されたい。

加藤書はさらに、『芦田均日記』に依拠してこう述べている（一五三頁）。

［「ただの戦争放棄」について会談した」後日、それがGHQの草案として条文のかたちで差し出されたときには、憲法としてあまりに非現実的、冒険主義的、かつ強引な規定であると感じ、幣原が一転、閣議の席でこれに否定的な態度をとったということは十分に理解できます。それで閣議翌日、2月21日の会談では、マッカーサーのいう「精神的なリーダーシップ」論に対し、そのような「一方的な」提案には「フォロワー」がないだろう、非現実的だ、と答えたのに違いありません。

『芦田均日記』の誤りについて、二月一九日の記述は熊本史雄書への、二月二二日の記述は服部龍二書への批判でそれぞれ指摘したので参照されたい。

加藤書は、最後に、マッカーサーが脚色した「憲法九条・幣原発案説」に幣原が口裏を合わせたという「口裏合わせ論」をこう展開する（一五三頁）。

すべては天皇の安泰のため、というのが幣原の信条です。象徴天皇と戦争放棄を基本型とするマッカーサーの憲法改正を足場に、天皇の東京裁判不起訴をたしかなものとする作戦を成功させるためには、マッカーサーと共同戦線を張らなければなりません。日本政府がＧＨＱ草案を呑んだあと、彼はマッカーサーのウソの「憲法９条・幣原発案説」に口裏を合わせるのです。

加藤書は、東京裁判で天皇の戦争責任が免責された後に、冷戦が激化する国際環境のもとで、マッカーサーが、憲法九条幣原発案を明言するようになったとこう述べる（一四一頁）。

彼は、１９４９年末の新聞記者団との会見で、戦争放棄の発案者は日本の首相幣原であり、自分ではないと明言します。当時、冷戦が激化する国際環境のもとで、日本は逆コースのさなかにあり、憲法９条はお荷物視されていました。なぜ、このようなものをつくったのか、日本に「押しつけ」たのか、という声が本国でもあがっていました。そういうなか、これを考えたのは自分ではない、と釈明するのです。

加藤書はまた、朝鮮戦争の勃発により、マッカーサーが日本に警察予備隊を創設させた批判の矛先をかわすために憲法九条幣原発案説をさかんに主張するようになったと、以下のように述べる（一四〇頁）。

朝鮮戦争の勃発後、マッカーサーが、この「特別の戦争放棄」のアイディアは、最初、日本の首相である幣原が言い出したもので、それに賛同した自分が、これを憲法改正案に反映させたのだという意味のことを公開の場で語り始め、さらにはすでに見たように『回想録』でもその趣旨をくり返しました。

加藤書は以上のように、「ただの戦争放棄」「特別の戦争放棄」という二つの概念を設定し、一月二四日のマッカーサーとの会談では幣原は「ただの戦争放棄」を話題にしたのであって、憲法九条を発案したのではなかった。憲法九条の条項となった「特別の戦争放棄」はマッカーサーの発案によるものであった。ところが、天皇の安泰のため、天皇の東京裁判不起訴をたしかなものとするために、幣原はマッカーサーと共同戦線を張り、マッカーサーのウソの「憲法9条・幣原発案説」に口裏を合わせて、自分が発案したと唱えるようになった。いっぽうマッカーサーは、冷戦の激化、朝鮮戦争の勃発によって、憲法九条がお荷物と非難される内外情勢のなかで、ウソの「憲法9条・幣原発案説」を繰り返し公言し、『回顧録』にも書くようになったという論を展開する。そして、最後にはウソの「憲法9条・幣原発案説」に口裏合わせをさせられた幣原が、「冷戦が激化し、憲法9条がお荷物となり、マッカーサーへの風当たりが強くなり、東京裁判が終わったあともまだ、マッカーサーがみずからへの批判をかわすために幣原発案者説をいいつのるのを聞くと、幣原は、いつまでも非現実的な『特別の戦争放棄条項』の発案者とされ続けるのは、『迷惑』と感じるようになるのです」（一五三頁）、そして「当の幣原自身が、のちに、自分の先の発言をくつがえすような発言を行っている」（一四一頁）と幣原発案説を幣原自身が否定したとまで書いている。

以上、加藤書が「ただの戦争放棄」と「特別の戦争放棄」の概念設定をおこない、一月二四日の会談で、幣原が語ったのは「ただの戦争放棄」に過ぎなかったことを大前提にした幣原発案否定論を紹介してきた。しかし、加藤書の概念設定は、服部書批判のところで引用した、憲法調査会の高柳賢三会長の質問にたいするマッカーサーの回答によって否定される（本書三三一頁）。

高柳会長は、「幣原首相は、新憲法を起草するときに戦争および武力の保持を禁止する条項を入れるように提案しましたか、それとも、首相は、このような考え方を単に日本の将来の政策の問題として提示し、貴下がこの考えを新憲法に入れるよう日本政府に勧告したのですか」とマッカーサーに質問したのだった。質問の前半が加藤書にいう「特別の戦争放棄」で、後半が「ただの戦争放棄」に該当する。高柳会長は、幣原首相は一月二四日の会談でマッカーサーにたいして「特別の戦争放棄」を提案したのか、それとも「ただの戦争放棄」を提示しただけで、それを「特別の戦争放棄」として日本政府に勧告したのはマッカーサーであったかについて質問したのである。

これにたいするマッカーサーの回答は、「戦争を禁止する条項を憲法に入れるようにという提案は、幣原首相が行ったのです」と明快なものだった。幣原首相は、加藤書にいう「特別の戦争放棄」をマッカーサーに提案したことが証明されたのである。

加藤書は、「ただの戦争放棄」と「特別の戦争放棄」という二つの概念設定をおこない、幣原が憲法九条を発案したか否かを判定するキー概念にして、一月二四日のマッカーサーとの会談において、幣原が語ったのは、いずれかであったかを判定するという論理構成になっている。そして、幣原は「ただの戦争放棄」を語っただけで、「特別の戦争放棄」までは語っていないというのが結論で、憲法九条幣原発案を否定したのであった。しかし、加藤書の論理は上述のマッカーサーの回答によって否定され、成り立たないのである。

長尾書は２〜11にあげた憲法九条幣原発案否定論とは異なるが、マッカーサーを憲法九条の発案者としているので取り上げた。しかし、本書で考える「幣原発案説」に近いのではないかと考えられる。これは「発案」とはどこまでを指すのか、定義の問題にかかわるので、次の五百旗頭真『占領期――首相たちの新日本』とともに取り上げて検討してみたい。

長尾書は「第三章　戦争放棄」の冒頭に「(１) マッカーサーの感慨」という小項目を立てて、憲法九条の発案者はマッカーサーであったと論じている。

長尾書には、一月二四日のマッカーサーと幣原の会談で、「幣原が『戦争を根絶するためには、各国の武力放棄の他ないのではないか』という趣旨のことを述べ」、二人が意気投合して両手を握ったことが書かれ、会談一〇日後にマッカーサーが憲法起草指針の「マッカーサー・ノート」を提示したことが記されている（七二頁）。

長尾書は、四月五日の対日理事会でマッカーサーがおこなった挨拶が「憲法第九条の発案者としての基本思想を窺わせるものとして重要である」として、その概要を紹介している（七三頁）。このときのマッカーサーの挨拶は、マッカーサーが最初に憲法九条幣原発案を示唆したものとして重要なので、以下に紹介しておきたい。

連合国の極東委員会の対日理事会の第一回会合が四六年四月五日、東京・丸の内の明治生命ビルで開催された。極東委員会が正式に活動を開始し、対日理事会が東京で開催される前に、マッカーサーが連合国に秘密に、日本政府が主体的に憲法改正草案を作成したかたちにして、三月六日に幣原内閣に発表させたことはすでに述べた（本書二四七、二五〇頁）。議長たる連合国軍最高司令官マッカーサーのほか、イギリス連邦代表、中国、ソ連代表が参加した同会の冒頭の挨拶のなかで、マッカーサーは憲法九条について、次のように述べた。[22]

新しい憲法は自由と民主の線に沿って編成され、日本政府はこれをつぎにくる議会の討議に附する意向である。この新憲法草案は、日本国民の間に広く且つ自由に論議され、この全条項を新聞とラジオを通じて全国民の批判に委せようという傾向が見えている。（中略）

提案されたこの新憲法の条項はいずれも重要で、その各項、その全部が、ポツダムで表現された所期の目的に貢献するものであるが、私は特に戦争放棄を規定する条項について一言したいと思う。これはある意味においては、日本の戦力崩壊からきた論理的帰結に外ならないが、さらに一歩進んで、国際分野において、戦争に訴える国家の主権を放棄せんとするのである。日本はこれによって、正義と寛容と、社会的ならびに政治的道徳の厳律によって支配される国際集団への信任を表明し、かつ自国の安全をこれに委託したのである。（中略）

日本政府は、今や国家の政策としての戦争が、完全な失敗であることを知った人民を支配しているのであるが、この日本政府の提案は、事実上人類進化の道程における更にもう一歩の前進、すなわち国家は戦争防止の方法として、相互間に国際社会道徳上、または国際政治道徳上、さらに進んだ法律を発達させねばならぬということを認めたものである。

（中略）

私は、戦争放棄の日本の提案を、世界全国民の慎重なる考察のため提供するものである。これは途を——ただ一つの途を指し示すものである。連合国の安全保障機構は、その意図は賞賛すべきものであり、その目的は偉大かつ高貴であることは疑えないが、しかし日本が、その憲法によって一方的に達成しようと提案するもの、すなわち国家主権の戦争放棄ということを、もしすべての国家を通じて実現せしめ得るなら、国際連合の機構の永続的な意図と目的とを成就せしむるものであろう。戦争放棄は、同時かつ普遍的でなければならない。それは全部か、然らずんば無である。それは実行によってのみ効果づけられるのである。

右の挨拶で、マッカーサーは「新憲法草案」という言葉を使い、戦争放棄条項は日本政府の提案によることを強調し、日本が「国家主権の戦争放棄」を一方的に達成しようとして提案しているのは、「国際連合の機構の永続的な意図と目的とを成就せしむるものであろう」と意義づけた。

この段階でマッカーサーは「日本政府の提案」として幣原首相の発案であることを紹介した

のである。朝鮮戦争が開始されて以後、マッカーサーは憲法九条は幣原の発案であると明言するようになるが、それは、マッカーサーが朝鮮戦争に対応して警察予備隊を発足させ、日本の軍備復活を命令したことを弁明するためであったと、幣原発案否定論者が歪曲して論じていることは、本章で例示してきたとおりである。

マッカーサーは、朝鮮戦争がまだ予想もされていない（朝鮮半島には北朝鮮も韓国も建国されていない）段階において、憲法九条は日本政府の提案であると間接的ながら幣原発案を公にしたのである。

長尾書にもどると、同書は、一月二四日のマッカーサーと幣原の会談で、幣原から戦争放棄と軍備廃絶の発案を述べ、それをマッカーサーの権限によって憲法九条にした、とする。これを幣原が憲法九条を「発案」し、マッカーサーが憲法九条を「作成」したと言ってよいと思うが、長尾書は憲法九条条文を作成したマッカーサーを「発案者」としている。「事実」認識は同じであるが「解釈」が異なっている。歴史研究においては許容されることであろう。

14　五百旗頭真『占領期——首相たちの新日本』

五百旗頭書は「第三章　平和国家への転生——『幣原外交』の成就」の「6　憲法改正——

幣原内閣のおくりもの」において、憲法九条の発案者をめぐる論を展開している。

五百旗頭書は幣原がマッカーサーに憲法九条となる戦争放棄と軍備全廃を提案した「一月二四日のマッカーサー・幣原会見は、やはり流れを変える意味を持ったように思われる」（二三四頁）、「幣原との会見によって、マッカーサーには連合国をも納得させる改憲案を日本の首相が提案するという内容的骨格が見えた。（中略）二四日から流れは加速したように感じられる」（二三五、二三六頁）と本書で詳述した幣原とマッカーサーの「秘密会談」における「秘密合意」の意義を重視している。要は、この会談において幣原がマッカーサーに語ったことが憲法九条の発案といえるかどうかという解釈と評価の問題である。

五百旗頭書は「幣原首相が一月二四日の会談において、戦後日本の徹底した平和主義の立場を強調し、おそらくは侵略戦争放棄の立場を表明してマッカーサーに感銘を与えたであろうことも、ほとんどの論者が認めている」と述べながら、「のちにマッカーサーが回想録に劇的に描き出したように、幣原首相の方から憲法に戦争放棄と戦力不保持の規定を入れることを提案したと信じる研究者は皆無に等しい」と幣原発案に否定的である（二二二頁）。

否定の理由は「もし一月二四日時点で二人が合意していたとすれば、松本案の閣議了承も、二月一三日にマッカーサー草案の提示を内閣が受けた時の幣原の驚愕も、すべては古狸の芝居ということになる。やはり憲法の戦争放棄条項は、基本的にマッカーサーのイニシアティブであると、ほとんどの研究者が認めている」というものである（二二二頁）。

否定の根拠にしている「松本案の閣議了承」は誤りで、閣議決定でなく、幣原首相はあくまで「松本私案」として、GHQの意向を打診するという意味で、松本国務大臣の提出には反対しないというものであった（本書二一九頁）。「幣原の驚愕」というのも、「憲法改正に Bombshell」と書いた『芦田均日記』の影響を受けている（本書二三一頁参照）。しかし、それらを「すべては古狸の芝居」であったというのは、本書で述べてきたように幣原は閣議において「芝居」を打っていたので、的外れではない。

五百旗頭書は「憲法の条項にすべての戦争の放棄や戦力不保持を規定するような提案を幣原がしたとは考えられない。そうほとんどの論者が認めている。田中英夫が説いた二段階論、つまり幣原が政府の方針としての不戦を語り、マッカーサーがそれを憲法条文化したとの解釈が、ほぼ妥当な線として多数説をなしているといえよう」と書いている（二二四頁）。

しかし、「平野文書」に明らかなように、幣原は憲法改正案を前提にして、戦争放棄と軍備全廃についてその思想もふくめてマッカーサーに詳細に語っている。会談は通訳を介さずに二人だけで三時間にもおよんだのである。ただ、幣原が発案した戦争放棄と軍備全廃を憲法改正案に入れることを提案し、マッカーサーが彼の権限によってそれを憲法条文化したというのはそのとおりなので、「発案者」と憲法条文の「作成者」という二段階論を考えるのも可能であろう。その場合、憲法九条の「発案者」は幣原となる。

五百旗頭書は、多くの論者が一致しているのは「この会談において天皇制の維持と平和主義がパッケージ合意されたとの解釈である。幣原がまず天皇制存続についての支持をマッカーサーに求め、マッカーサーは積極的な同意を表明した。そのあと幣原が戦争放棄を表明し、マッカーサーを驚かせ感動させたとする」という解釈になる、と述べている（二二四頁）。

これは前掲の「羽室メモ」に依拠しているからであって、「平野文書」では、マッカーサーが天皇制存続を考えていて、それをアメリカ政府や連合国に認めさせる手段として日本国憲法に戦争放棄と軍備全廃を規定することが有効であると幣原が提案し、マッカーサーが渡りに舟と同意したことが書かれている。どちらを優先するかということでなく、象徴天皇制と戦争放棄・軍備全廃をセットにする提案であった（本書一七二頁）。

マッカーサーが天皇制存続を第一に考えていたのは、会談の当日の夜に電文を作成、深夜にアメリカ政府に、天皇制存続の建白を秘密電報で送っていることから明らかである（本書一八八頁）。五百旗頭書もそのことは認めていて「首相と日本政府が自主的に戦争放棄を決めるならば、連合国とワシントンの天皇制に対する許容度は一挙に高まるに違いない。幣原の提案はマッカーサーに霊感を与えるものたりえたのである」と、幣原が憲法九条発案者であったことをほぼ認めるようなことを書いている（二二六頁）。

五百旗頭書は、前掲の熊本書や古関書が、二月二一日のマッカーサーとの第二回目の会談で幣原がマッカーサーに説得されてGHQ草案受け入れに転向したと書いているのと異なり、「二月二一日の再び三時間に及んだマッカーサーとの会見は、幣原首相の立場を不動のものとした。（中略）私のように二段階説をとる者にとっては、幣原のすでに強まっていた平和主義志向の上に、それがマッカーサーの主張である憲法条文化にまで進む日としての意味を帯びる」（二四七頁）と述べている。本書に述べた、二月二一日の第二回会談の意義と変わらない評価である（本書二三三頁参照）。

さらに五百旗頭書は二月二二日の閣議でGHQ草案受け入れを決定し、「なお一人悲嘆にくれる松本国務相を他の全員で説得した感のあるこの閣議のあと、参内した幣原首相は、天皇から許可を与えられ励まされた。この日、戦後日本の基本方針は決まった。幣原内閣は戦後社会にマッカーサーの手で用意された憲法を植え木する決断をした」と述べる（二四九頁）。

二月二二日の閣議後に、幣原首相が松本国務大臣を伴わずに一人で参内し、天皇にGHQ草案を提示して説明、帝国憲法改正草案としての「裁可」を得たと本書で述べたことと同じである（本書二四〇頁参照）。

五百旗頭書は、幣原内閣のGHQ草案受け入れの決定の歴史的意義を以下のように評価している。

「幣原首相は病の床から再起して自らの望みであった『民主主義、平和主義、合理主義』の憲法を後に残すことによって……『野に叫ぶ民の声』が求めたものに応えたといえよう」（二五〇頁）。「野に叫ぶ民の声」というのは、本書に紹介した、幣原が憲法九条発案の原点となった八月一五日の体験のことである（本書一六六頁）。

五百旗頭書は、憲法九条をふくむ日本国憲法改正案作成に果たした幣原の貢献を、以下のように評価している。

「［幣原首相は］『ガンベッタの如くに』すべてを飲み込んで沈黙をもって耐える覚悟が、予感の自己実現に文字通りなってしまった。それは無念であったたか。たしかに日本の自主性とプライドからいえば無念であった。しかし、飲み込んだ内容は幣原自身の戦前来の外交路線に支えられ、その延長線上に開花する路線にほかならなかった。三〇年代に敗退したかに見えた幣原路線を、幣原自身の手で戦後に逆転勝利させ成就させることを意味したのである」と幣原の功績を評価している（二四九頁）。

拙著『憲法九条と幣原喜重郎』において、戦前の「幣原外交」を再評価するとともに、それが挫折させられた経緯を明らかにした。そして戦後首相となった幣原に戦前の「幣原外交」の理念が継承されていることを指摘した。五百旗頭書は幣原路線を「戦後に逆転勝利させた」と評価したのである。

さらに五百旗頭書が興味深いのは、幣原首相が「『ガンベッタの如くに』すべてを飲み込んで沈黙をもって耐え」たという指摘である。ガンベッタは、一九世紀半ばのフランス第二帝政下に反体制運動を展開した政治家で、共和制の確立を目指して首相となるも、左右両陣営の攻撃により短期間で辞職させられたのであった。

幣原首相が「すべてを飲み込んで沈黙をもって耐える覚悟」でいたことが「日本の自主性と

プライドからいえば無念であった」と述べていることは、幣原首相が、憲法九条を制定させるためにマッカーサー・GHQの権威に依拠しなければならなかったこと、そのために「すべてを飲み込んで沈黙をもって耐える覚悟」で閣議において「芝居」を打たざるを得なかったという本書の叙述に当てはまる解釈である。

五百旗頭書は「日本の自主性とプライドからいえば無念であった」と述べているが、幣原はもっと世界と未来を見据えて、「戦争抛棄は正義に基づく正しい道であって、日本は今日この大旗を掲げて国際社会の原野を単独に進んで行くのである」(本書二五八頁)という強い理念があり、「百年後には私たちは予言者と呼ばれますよ」(『マッカーサー大戦回顧録　下』)という未来への確信があった(本書一七八頁)。

終章　憲法九条に託した幣原の平和思想

本書の第Ⅱ部で批判をしたように、憲法学者を中心とした憲法九条幣原発案否定の著書が多く出版され、その影響も大きかったために、憲法九条を発案した幣原が憲法九条にこめ、託した平和思想が正面きって紹介される機会が失われてきた。そこで本書の終章として、憲法九条に託した幣原の平和思想を紹介したい。

前半は「平野文書」から引用する。本書で縷々述べてきたように、「平野文書」は改憲論者だけでなく護憲論者からも、その史料的価値が無視されてきた。「平野文書」を傍証史料としてまともに評価すれば、憲法九条発案者をめぐる「謎」が解けることは本書で明らかにしてきたとおりである。以下に、「平野文書」に記録された幣原が憲法九条にこめ、託した平和思想を紹介するが、すでに本書で引用したところは省略する（本書一七一～一七三頁参照）。

「平野文書」の問題点としては、前章の『「平野文書」』について」で指摘したように、一回のヒヤリングで聞き取ったものでなく、平野三郎が何回かにわたり、幣原に質問し、幣原が答えたことについて、おそらく簡単なメモはあったと思うが、思い出して記述したものである。しかし、読んでいただければわかるように、幣原でなくては、考えられない、語れない平和思想であり、平野三郎には創作（捏造）できない内容である。

わかりやすくするために〈 〉のタイトルを筆者がつけ、引用頁は、「平野文書」（憲法調査会事務局「幣原先生から聴取した戦争放棄条項等の生まれた事情について――平野三郎氏記」国立国会図書館憲政資料室所蔵）の頁を記した。「平野文書」では、二人のやりとりが「問」と「答」

と書かれていたが「平野」「幣原」とわかりやすいようにした。省略したり、質問と応答の順序を入れ替えたところもあるが、文章には手を入れていないので（一部、漢字をひら仮名にしたり送り仮名を変えた箇所はある）、史料的価値は変わらない。【　】は、幣原の平和思想にたいする筆者のコメントを補足した。

1　幣原が憲法九条にこめた核兵器廃絶の願い

〈憲法九条は長い間考えた末の最終的な結論〉（二頁）

平野　かねがね先生にお尋ねしたいと思っていましたが、幸い今日はお閑のようですから是非うけたまわり度いと存じます。

実は憲法のことですが、私には第九条の意味がよく分かりません。あれは現在占領下の暫定的な規定ですか、それなら了解できますが、そうすると何れ独立の暁には当然憲法の再改正をすることになる訳ですか。

幣原　いや、そうではない。あれは一時的なものではなく、長い間僕が考えた末の最終的な結論というようなものだ。

〈原子爆弾の登場により軍備全廃が人類の課題に〉（二～六頁）

平野　そうしますと一体どういうことになるのですか。軍隊のない丸裸のところへ敵が攻めてきたら、どうするという訳なのですか。

幣原　それは死中に活［を求める］だよ。一口に言えばそういうことになる。

平野　死中に活と言いますと……

幣原　たしかに今までの常識ではこれはおかしいことだ。しかし原子爆弾というものが出来た以上、世界の事情は根本的に変わって終ったと僕は思う。何故ならこの兵器は今後更に幾十幾百倍と発達するだろうからだ。恐らく次の戦争は短時間のうちに交戦国の大小都市が悉く灰燼に帰して終うことになるだろう。そうなれば世界は真剣に戦争をやめることを考えなければならない。そして戦争をやめるには武器を持たないことが一番の保証になる。

平野　しかし日本だけがやめても仕様がないのではありませんか。

幣原　そうだ。世界中がやめなければ、ほんとうの平和は実現できない。しかし実際問題として世界中が武器を持たないという真空状態を考えることはできない。

それについては僕の考えを少し話さなければならないが、僕は世界は結局一つにならなければならないと思う。つまり世界政府だ。世界政府と言っても、凡ての国がその主権を捨てて一つの政府の傘下に集まるようなことは空想だろう。だが何らかの形における世界の連合方式というものが絶対に必要になる。何故なら、世界政府とまでは行かなくとも、少なくも各国の交戦権を制限し得る集中した武力がなければ世界の平和は保たれないからである。凡そ人間と人間、国家と国家の間の紛争は最後は腕ずくで解決する外はないのだから、どうしても武力は必要である。しかしその武力は一個に統一されなければならない。二個以上の武力が存在し、その間に争いが発生する場合、一応は平和的交渉が行なわれるが、交渉の背後に武力が控えている以上、結局は武力が行使されるか、少なくとも武力が威嚇手段として行使される。したがって勝利を得んがためには、武力を強化しなければならなくなり、かくて二個以上の武力間には無限の軍拡競争が展開され、遂に武力衝突を引き起こす。すなわち戦争をなくするための基本的条件は武力の統一であって、例えばある協定の下で軍縮が達成され、その協定を有効ならしむるために必要な国々が進んで且つ誠意をもってそれに参加している状態、この条件の下で各国の軍備が国内治安を保つに必要な警察力の程度にまで縮小され、国際的に管理された武力が存在し、それに反対して結束するかも知れないいかなる武力の組み合わせよりも強力である、というような世界である。（中略）

要するに世界平和を可能にする姿は、何らかの国際的機関がやがて世界同盟とでも言うべきものに発展し、その同盟が国際的に統一された武力を所有して世界警察としての行為を行なう外はない。このことは理論的には昔から分かっていたことであるが、今まではやれなかった。しかし原子爆弾というものが出現した以上、いよいよこの理論を現実に移す秋がきたと僕は信じた訳だ。

平野　それは誠に結構な理想ですが、そのような大問題は大国同志が国際的に話し合って決めることで、日本のような敗戦国がそんな偉そうなことを言ってみたところでどうにもならぬのではないですか。

幣原　そこだよ、君。負けた国が負けたからそういうことを言うと人は言うだろう。君の言う通り、正にそうだ。しかし負けた日本だからこそ出来ることなのだ。

　恐らく世界にはもう大戦争はあるまい。もちろん、戦争の危険は今後むしろ増大すると思われるが、原子爆弾という異常に発達した武器が、戦争そのものを抑制するからである。第二次大戦が人類が全滅を避けて戦うことのできた最後の機会になると僕は思う。いかに各国がその権利の発展を理想として叫び合ったところで、第三次大戦が相互の破滅を意味するならば、いかなる理想主義も人類の生存には優先しないことを各国とも理解するからである。

　したがって各国はそれぞれ世界同盟の中へ溶け込む外はないが、そこで問題はどのような方法と時間を通じて世界がその最後の理想に到達するかということにある。人類は有史以来最大の危機を通過する訳だが、その間どんな事が起こるか、それはほとんど予想できない難しい問題だが、ただ一つ断言できることは、その成否は一に軍縮にかかっているということだ。もしも有効な軍縮協定ができなければ戦争は必然に起こるだろう。すでに言った通り、軍拡競争というものは際限のない悪循環を繰り返すからだ。常に相手より少しでも優越した状態に己れを位置しない限り安心できない。この心理は果てしなく拡がって行き何時かは破綻が起こる。すなわち協定なき世界は静かな戦争という状態であり、それは嵐の前の静けさでしかなく、その静けさがどれだけ持ちこたえるかは結局時間の問題に過ぎないと言う恐るべき不安状態の連続になるのである。

【幣原が戦争放棄と戦力不保持の憲法九条を発案し、マッカーサーに提案した最大の理由は、アメリカが原子爆弾を開発して広島と長崎に投下、その惨状を知ったことである。もしも第三次世界大戦がおこり、敵対国が相互に原子爆弾を使用すれば、人類は滅亡するという危機意識にあったことがわかる。その意味で憲法九条の理念は、現在のように核兵器保有国が増え、すでに人類を絶滅させるに十分な核兵器が製造、配備され、さらに核軍拡競争が歯止めなくつづいている世界においてこそ必要とされているのである。】

〈軍縮を可能にする突破口として日本が自発的戦争放棄国になる〉（七〜一〇頁）

幣原　そこで軍縮は可能か、どのようにして軍縮をするかということだが、僕は軍縮の困難さを身をもって体験してきた。世の中に軍縮ほど難しいものはない。交渉に当たる者に与えられる任務はいかにして相手を欺瞞するかにある。国家というものは極端なエゴイストであって、そのエゴイズムが最も狡猾で悪らつな狐狸となることを交渉者に要求する。（中略）軍縮交渉とは形を変えた戦争である。平和の名をもってする別個の戦争であって、円満な合意に達する可能性などは初めからないものなのだ。

原子爆弾が登場した以上、次の戦争が何を意味するか、各国とも分かるから、軍縮交渉は行なわれるだろう。だが交渉の行なわれている合間にも各国はその兵器の増強に狂奔するだろう。(中略)原子爆弾は世界中に拡がり、終りには大変なことになり、遂には身動きもできないような瀬戸際に追いつめられるだろう。

そのような瀬戸際に追いつめられても各国はなお異口同音に言うだろう。軍拡競争は一刻も早く止めなければならぬ。それは分かっている。分かってはいるがどうしたらいいのだ。自衛のためには力が必要だ。相手がやることは自分もやらねばならぬ。相手が持つものは自分も持たねばならぬ。その結果がどうなるか。そんなことは分からない。自分だけではない。誰にも分からないことである。とにかく自分は自分の言うべきことを言っているより仕方はないのだ。責任は自分にはない。どんなことが起ころうと、責任は凡て相手方にあるのだ。果てしない堂々巡りである。誰にも手のつけられないどうしようもないことである。集団自殺の先陣争いと知りつつも、一歩でも前へ出ずにはいられない鼠の大群と似た光景――それが軍拡競争の果ての姿であろう。

要するに軍縮は不可能である。絶望とはこのことであろう。ただもし軍縮を可能にする方法があるとすれば一つだけ道がある。それは世界が一せいに一切の軍備を廃止することである。一、二、三、の掛声もろとも凡ての国が兵器を海に投ずるならば、たちまち軍縮は完成するだろう。もちろん不可能である。それが不可能なら不可能なのだ。

ここまで考えを進めてきた時に、第九条というものが思い浮かんだのである。そうだ。もし誰かが自発的に武器を捨てるとしたら――。

最初それは脳裏をかすめたひらめきのようなものだった。次の瞬間、直ぐ僕は思い直した。自分は何を考えようとしているのだ。相手はピストルを持っている。その前に裸のからだをさらそうと言う。何と言う馬鹿げたことだ。恐ろしいことだ。自分はどうかしたのではないか。もしこんなことを人前で言ったら、幣原は気が狂ったと言われるだろう。正に狂気の沙汰である。

しかしそのひらめきは僕の頭の中でとまらなかった。どう考えてみても、これは誰かがやらなければならないことである。恐らくあのとき僕を決心させたものは僕の一生のさまざまな体験ではなかったかと思う。何のために戦争に反対し、何のために命を賭けて平和を守ろうとしてきたのか。今だ。今こそ平和だ。今こそ平和のために起つ秋ではないか。そのために生きてきたのではなかったか。そして僕は平和の鍵を握っていたのだ。何か僕は天命をさずかったような気がしていた。

非武装宣言ということは、従来の観念からすれば全く狂気の沙汰である。だが今では正気の沙汰とは何かということである。武装宣言が正気の沙汰か。それこそ狂気の沙汰だという結論は、考えに考え抜いた結果もう出ている。

要するに世界は今一人の狂人を必要としているということである。何人かが自ら買って出て狂人とならない限り、世界は軍拡競争の蟻地獄から抜け出すことができないのである。これは素晴らしい狂人である。世界史の扉を開く狂人である。その歴史的使命を日本が果たすのだ。

日本民族は幾世紀もの間戦争に勝ち続け、最も戦斗的に戦いを追求する神の民族と信じてきた。神の信条は武力である。その神は今や一挙に下界に墜落した訳だが、僕は第九条によって日本民族は依然として神の民族だと思う。何故なら武力は神でなくなったからである。神でないばかりか、原子爆弾という武力は悪魔である。日本人はその悪魔を投げ捨てることによって再び神の民族になるのだ。すなわち日本はこの神の声を世界に宣言するのだ。それが歴史の大道である。悠々とこの大道を行けばよい。死中に活というのはその意味である。

【幣原は憲法九条を発案するにいたった思いを熱く語っている。「僕を決心させたものは僕の一生のさまざまな体験ではなかったかと思う」と述べているように、拙著『憲法九条と幣原喜重郎』のI部で再評価をおこなった「幣原外交」において取り組んだワシントン会議とロンドン会議における海軍軍縮交渉の苦渋の体験もふくめ、戦争に反対してきた幣原の外交官人生の集大成として「平和のため」の憲法九条の構想にたどりついたということである。さらに「何か僕は天命をさずかったような気がしていた」というのは、本書にのべた憲法九条の原点となった八月一五日の体験（本書一六六頁）に紹介したように、幣原が感じた「一種の魔力」「見えざる力」と共通するものである。それらは、日中戦争、アジア太平洋戦争で悲惨で非業な犠牲を強いられた内外の民衆の怨念の力ではなかったかと筆者には思われる。幣原は「原子爆弾という武力は悪魔である。日本人はその悪魔を投げ捨てることによって再び神の民族になるのだ」と思いを語った。幣原の憲法九条に託した思いは、地球から核兵器を全廃する道を拓くために日本が「世界史の扉を開く狂人」となって非武装宣言して、それが先駆けとなって核保有国の核非武装宣言すなわち核兵器廃棄につながることにあった。】

〈第九条は日本の安全のためにも必要〉（一一、一二頁）

平野　お話の通りやがて世界はそうなると思いますが、それは遠い将来のことでしょう。しかしその日が来るまではどうする訳ですか。目下のところは差当り問題ないとしても、他日独立した場合、敵が口実を設けて侵略してきたらです。

幣原　その場合でもこの精神を貫くべきだと僕は信じている。そうでなければ今までの戦争の歴史を繰り返すだけである。しかも次の戦争は今までとは訳が違う。

僕は第九条を堅持することが日本の安全のためにも必要だと思う。もちろん軍隊を持たないと言っても警察は別である。警察のない社会は考えられない。殊に世界の一員として将来世界警察への分担責任は当然負わなければならない。しかし強大な武力と対抗する陸海空軍というものは有害無益だ。僕は我国の自衛は徹頭徹尾正義の力でなければならないと思う。その正義とは日本だけの主観的な独断ではなく、世界の公平な与論によって裏付けされたものでなければならない。そうした与論が国際的に形成されるように必ずなるだろう。何故なら世界の秩序を維持する必要があるからである。もしある国が日本を侵略しようとする。そのことが世界の秩序を破壊する恐れがあるとすれば、それによって脅威を受ける第三国は黙ってはいない。その第三国との特定の保護条約の有無にかかわらず、その第三国は当然日本の安全のために必要な努力をするだろう。要するにこれからは世界的視野に立った外交の力によって我国の安全を護るべきで、だからこそ死中に活があるという訳だ。

［つづいて一月二四日の会談で幣原がマッカーサーに話したことを平野に語ったことが書かれている（一二～一六頁）。本書一七一～一七三頁に掲載したのでここでは省略する。］

〈日本が自発的戦争放棄国となり世界史的任務を受け持つ〉（一六、一七頁）

幣原　日米親善は必ずしも軍事一体化ではない。日本がアメリカの尖兵となることが果たしてアメリカのためであろうか。原子爆弾はやがて他国にも波及するだろう。次の戦争は想像に絶する。世界は亡びるかも知れない。世界が亡びればアメリカも亡びる。問題は今やアメリカでもロシアでも日本でもない。問題は世界である。いかにして世界の運命を切り拓くかである。日本がアメリカと全く同じものになったら誰が世界の運命を切り拓くか。

好むと好まざるにかかわらず、世界は一つの世界に向かって進む外はない。来るべき戦争の終着駅は破滅的悲劇でしかないからである。その悲劇を救う唯一の手段は軍縮であるが、ほとんど不可能とも言うべき軍縮を可能にする突破口は自発的戦争放棄国の出現を期待する以外ないであろう。同時にそのような戦争放棄国の出現もまたほとんど空想に近いが、幸か不幸か、日本は今その役割を果たし得る位置にある。歴史の偶然はたまたま日本に世界史的任務を受け持つ機会を与えたのである。貴下［マッカーサー――引用者］さえ賛成するなら、現段階における日本の戦争放棄は、対外的にも対内的にも承認される可能性がある。歴史のこの偶然を今こそ利用する秋である。そして日本をして自主的に行動させることが世界を救い、したがってアメリカをも救うただ一つの道ではないか。

〈世界の共通の敵は戦争それ自体である〉（一七、一八頁）

幣原　また日本の戦争放棄が共産主義者に有利な口実を与えるという危険は実際あり得る。しかしより大きな危険から遠ざかる方が大切であろう。世界はここ当分資本主義と共産主義の宿敵の対立を続けるだろうが、イデオロギーは絶対的に不動のものではない。それを不動のものと考えることが世界を混乱させるのである。未来を約束するものは、絶えず新しい思想に向かって創造発展して行く道だけである。共産主義者は今のところはまだマルクスとレーニンの主義を絶対的真理であるかの如く考えているが、そのような論理や予言はやがて歴史の彼方に埋没して終うだろう。現にアメリカの資本主義が共産主義者の理論的攻撃にもかかわらずいささかの動揺も示さないのは、資本主義がそうした理論に先行して自らを創造発展せしめたからである。それと同様に共産主義のイデオロギーも何れ全く変貌して終うだろう。何れにせよ、ほんとうの敵はロシアでも共産主義でもない。このことはやがてロシア人も気づくだろう。彼らの敵もアメリカではなく資本主義でもないのである。世界の共通の敵は戦争それ自体である。

【「世界の共通の敵は戦争それ自体」で終わる幣原の語りは、憲法九条にこめた世界へのメッセージという内容になっている。それは、原子爆弾の製造、保有がアメリカだけでなく、他国にも広がり、核戦争になれば、アメリカも亡びる運命になるという警告である。さらに幣原の先見の明といえるのが、当時強まりつつあった資本主義陣営と社会主義（共産主義）陣営のイデオロギー対立を表面化させた冷戦体制もやがては共産主義イデオロギーの全くの変貌によって崩壊することを予見し、最終的には戦争、核戦争が「世界共通の敵」になるという指摘である。その世界核戦争を防止し、人類を滅亡から救うための唯一の道が、核兵器の全面禁止であり、その先駆となるのが、憲法九条による日本の軍備全廃であるというメッセージである。後述する九条の理念を「地球平和憲章」へというメッセージである。】

2　核兵器禁止条約が国際法に——「百年後には私たちは予言者と呼ばれますよ」

一九四六年一月二四日の会談で、憲法九条の「秘密合意」にいたったとき、幣原がマッカーサーに向かって「世界はわれわれを嘲笑し、非現実的な空想家であるといって、ばかにすることでしょうけれども、今から百年後には、われわれは予言者とよばれるに至るでありましょう」と語ったとマッカーサーは証言している。

世界の歴史の流れは、幣原が憲法九条にこめた核兵器廃絶の平和思想が紆余曲折を経ながらも現実味を帯びてきていることを証明している。幣原とマッカーサーの会談から七〇年余りを経た二〇一七年七月の国連で「核兵器禁止条約」が一二二カ国の賛成で採択され、二〇一七年度のノーベル平和賞には、核兵器禁止条約の国連での採択に大きな役割を果たした国際NGOネットワーク「ICAN」（核兵器廃絶国際キャンペーン）が選ばれた。同条約は批准国が規定数に達して二〇二一年一月二二日に発効した。幣原とマッカーサーが〝百年後には予言者とよばれますよ〟と語ってから七五年目である。

核兵器禁止条約は発効二年目の二〇二三年一月現在で、署名国九二カ国、締約国（批准国や加入国）六八カ国に達している。二〇二二年六月、核兵器禁止条約第一回締約国会議がウィーンで開催され、「ウィーン宣言」が採択された。同宣言は「核兵器は、……いまや国際法によって明示的かつ包括的に禁止された」と核兵器保有は国際法に違反すると規定したのである。同宣言は「一部の非核保有国が核抑止力を擁護し、核兵器の継続的な保有を奨励し続けていることに懸念を抱いている」と明らかに日本政府を批判している。「唯一の被爆国」を称しながら日本の安倍晋三政府は「アメリカの核の傘」の必要を理由にして、条約に反対したのである。さらに現在の日本政府は「核兵器の共有」まで公言するにいたっている。

幣原とマッカーサーが「百年後に予言者といわれる」と語った一〇〇年にはあと二五年である。それまでに人類は、ウィーン宣言にいう「最後の核弾頭が解体・破壊され、地球上から核兵器が完全に廃絶される」世界にするのか、それとも勃発的な核戦争によって亡びることになるのか。それは人類が、憲法九条を核兵器廃絶のための地球憲章とすることができるかどうかの課題でもある。

3　幣原が憲法九条にこめた日本国民へのメッセージ

貴族院において、帝国憲法改正草案すなわち日本国憲法草案が審議されたときに、幣原は国務大臣の任にあって、憲法九条に関連した質問にたいして何回か答弁している。これらの答弁において発案者である幣原が憲法九条にこめた平和思想と理念が語られている。幣原が憲法九条に託した平和思想を現在の日本国民がいかに継承、発展させるか。幣原が願ったように、核戦争による人類滅亡の危険からいかに世界を救うか。そのために日本が憲法九条で宣言した「戦争放棄」「軍備全廃」をいかに全世界に拡大していき、核兵器全面禁止の世界を実現していくのか。それは日本国憲法第九条を「地球憲章」にしていく道程でもある。「百年後には予言者とよばれる」ことを信じて憲法九条を発案した幣原の声を聞くようなつもりで、以下に、貴族院における幣原の発言を抜粋で紹介したい。それは、幣原が憲法九条にこめた日本国民へのメッセージである。

寺島俊穂抜粋・解説『復刻版　戦争放棄編　参議院事務局編『帝国憲法改正審議録　戦争放棄編』抜粋（1952年）』（三和書籍、二〇一七年）から引用するが、引用頁は同書の頁。〈〉で示された文中のタイトルは議事録に書かれたもの。議員の質問と幣原の応答の「××についての○○議員の質問にお答えします」という冒頭部分は省略し、段落を移した箇所もある。【】は筆者のコメントで、幣原が憲法九条にこめた戦争放棄、軍力不保持の平和思想と理念の現在的意味を考える意図で付した。

貴族院本会議（昭和二一年八月三〇日）

〈殺人的、破壊的闘争は何処迄も否認。その本能は矯《た》めなければならぬ〉（二二五頁）

昔と比べて見ますると、だんだんと武器の進歩、破壊的武器の進歩、発明というものに伴いまして、どうもこの戦争の惨憺たる残虐なる有様が心の内に映じて参りますると、始めて戦争抛棄という議論がおこなわれて来ているのであります。我々は今日、広い国際関係の原野におきまして、単独にこの戦争抛棄の旗を掲げて行くのでありますけれども、他日必ず我々の後に蹤いて来る者があると私は確信している者である。このことを、私は憲法の案が初めて発表されました時に、外国の新聞記者が参りましたので、私はこの確信をその当時、その新聞記者に説明をいたしたのであります。何年後のことか知らぬけれども、こういったような状況は、長く続けるものではない、原子爆弾というものが発見されただけでも、ある戦争論者に対して、余程再考を促すことになっている、こういったような状況は長く打っちゃって置くべきことでない、こういったようなことを私は言いまして、日本は今や、徹底的な平和運動の先頭に立って、この一つの大きな旗を担いで進んで行くものである、必ずこの後に蹤いて来るものがあるということを私は言ったことがあります。私は左様に信じております。

【日本は憲法九条という大きな旗を担いで、世界の平和運動の先頭に立って進めば、必ずそれについてくる者があると、憲法九条の世界平和における先駆性が確信を持って語られている。幣原の発言は、核戦争による人類滅亡の危機におちいらせないために、〝地球憲法第九条〟を掲げて「国際関係の原野」を進んでいかなければならないという、現在の日本国民へのメッセージになっている。

「必ず我々の後に蹤いて来る者がある」という確信にみちた言葉からは、本書で何度も言及してきたように、マッカーサーが幣原に「日本が Moral Leadership を握るべきだ」と言ったのにたいし、幣原が「Leadership と言われるが、恐らく誰も follower とならないだろう」と言っ

た」という憲法九条幣原発案を否定する論者が引用する『芦田均日記』の記述（本書三二三頁）が誤りであることは明白である。】

〈戦争抛棄は理念だけのことではない。もう少し私は現実の点も考えている〉（二二五頁）

単にこれは、先刻仰せられた理念だけのことではありませぬ。もう少し私は現実の点も考えているのであります。すなわち戦争を抛棄するということになりますというと、一切の軍備は不要になります。軍備が不要になりますれば、我々が従来軍備のために費やしておった費用というものはこれもまた当然不要になるのであります。

〈従来の軍事費を平和産業の発達、科学文化の振興に転用。国家の財源、国民の活動力を挙げてこの方面に邁進〉（二二六頁）

このように考えまするならば、軍事費のために、不生産的なる軍事費のために、歳出の重要なる部分を消費いたしている諸国に比べますというと、我が国は平和活動の上において極めて有利な立場に立つのであります。

国際間におきまして我が国際的地位を高くするものは、これはすなわち、我々のこれからして後の平和産業の発達、科学文化の振興、これにしくものはありませぬ。この平和的活動があってこそ、日本の将来はあるものと私は考えているのであります。これは数年の中にはまだ戦争の負け戦の跡始末のために、その善後策のために、いろいろ我々の活動力を奪われるでありましょうけれども、追ってこれが一度片付きますれば、我々の前途というものは大きな光でもって充ちていると思うのであります。どうか、我々は皆さまと共にこの理想を持って、かくのごとく我々が平和活動の上におきまして、すべての全力、国家の財源、国民の活動力を挙げて、この方面に進む日の一日も速やかに来たらんことを私は心から祈るものであります。（拍手）

【日本は憲法九条により、軍事力を保持せず、軍備を全廃し、それにより不生産的な軍事費に予算を消費するのではなく、平和産業、科学文化の振興、国民の生活向上に予算を充当するという幣原の「心からの祈り」のメッセージは、日本政府によって無残にも踏みにじられている。

今や日本は日米軍事同盟を基軸にした集団安全保障の名のもとに敵基地攻撃可能な世界有数の軍事力を有する国家になっている。さらに日本は「おもいやり予算」により膨大な在日米軍経費を負担している。いっぽう、憲法九条に反しての軍事費が増大するのと反比例して、社会保障関係の予算は年々削減され、教育、科学文化予算も減額されるいっぽうである。】

貴族院帝国憲法改正案特別委員会（昭和二一年九月五日）

〈国際問題、平和問題については、時勢の進歩に遅れないように、国民全体相率いて、真剣に研究したい〉

（二五二、二五三頁）

日本国民が、本当に国際問題に関して深い興味を持ってもらいたい。ことに平和を維持する問題について、とくに注意してもらいたい。どうすれば一緒に皆相率いてこの平和の方向に向かって進んで行くかということを真剣に研究してもらいたいということ、（中略）私もそう考えております。（中略）

今日の時勢というものは、最早戦争のことばかり考えている時期じゃないと思います。必ずその中には世界列国とも、戦争というものはいかにも惨憺たるもので、こういうものは、一つの組織として人類社会に存続して行くべからざるものであるということを、必ず自分の実験的に悟る時機が来ると思いますから、我々もその時勢の進歩に遅れないように、国民全体相率いて、この問題を真剣に研究するという気持ちになっていただきたいということは、本当に私も切望する所であります。どうかそういうふうに行きたいと思っております。

【憲法九条の「日本国民は、正義と秩序を基調とする国際平和を誠実に希求」するために、国際問題に関心を持ち、世界平和を維持するために、国民一丸となって、その方法を研究してもらいたい、という幣原の現在のわれわれに向けたメッセージでもある。憲法前文にある「平和を愛する諸国民の公正と信義に信頼して」「全世界の国民が……平和のうちに生存する権利を有することを確認」し、悲惨で惨憺たる戦争を人類社会からなくしていくための世界史の進歩に遅れないように、平和研究に取り組んでほしいというメッセージである。国際的な視野に立って、世界の人々と世界平和の実現を目指して、国際交流を進めていくようになれという、国際交流が苦手な日本国民にたいする期待をこめてのメッセージである。】

〈平和問題の研究、宣伝機関は官製は不可、民製でなければならぬ〉（二五六頁）

御承知のごとく、今や日本は、改正憲法第九条によりまして、徹底的な平和運動の大きな旗を担いで、広い国際社会の原野に歩み出したのであります。国民がこれに共鳴して同じく力を協せて、この目的を達成せしめることに尽してくれますということは、これはこれほど望ましいことはないと考えます。したがって民間におきまして、このような平和問題の研究、あるいは宣伝の機関が設けられますということは誠に私等の切望するところであります。これはなるべくならば、官製であってはいけない、民製でなければならぬと思います。政府もとより出来るだけのお世話いたしましょうけれども、その機関の本体というものは、民間の方から進んでこのような機関をつくるというような気持になってもらうことが、一番よろしいのでなかろうかと考えます。

【日本が憲法九条を掲げる平和国家となり、世界に戦争放棄、軍事力不保持の平和を訴えるために、平和問題を研究し、国際社会に平和を宣伝する平和研究所のような機関が必要であるという提言である。しかし、それは、政府は予算面で後援するが、研究は国民が主体とならなければならない、という重要な提案である。これは国や行政が主体となった研究は「平和研究」と称しても、政府や権力の戦争政策を正当化することになるからである。現在の日本において、悲惨な戦争の歴史を忘れず、反省する目的で、平和記念館が設立され、平和問題の研究もおこなっているが、国や行政が主体となって設立、運営されている平和記念館の展示内容について、日本の侵略戦争や植民地支配における加害の歴史を展示させまいとする政府側の意向が強くはたらき、たとえば、南京事件のように、いったん展示されたものが、右翼に迎合した行政の圧力で撤去された事例が発生している。これにたいして、民間が設立、運営している平和記念館は、悲惨な戦争を再び繰り返してはいけないという戦争観にしたがって、加害や植民地支配の歴史もしっかり展示されているが、一番の困難は資金がつづかないことである。

一番望ましいのは、「政府もとより出来るだけのお世話いたしましょう」と幣原が言っているように「政府、行政は金を出すが口は出さない」という、公立機関であるが研究は研究員の自由が完全に保障されるという平和研究所である。それにしても、憲法九条を持ちながら日本にはドイツ等と比べて平和研究所が少ない。】

貴族院帝国憲法改正案特別委員会（昭和二一年九月一三日）

〈「戦争抛棄の結果、中立国としての義務履行が出来なくなり、日本が戦場化する危険が濃厚ではないか」という高柳賢三議員の質問にたいして〉（三一五頁）

これから世界の将来を考えて見まするど、どうしても世界の輿論というものを、日本に有利な方に導入するより外仕方がない、これがすなわち日本の安全を守る唯一の良い方法であろうと思います。日本が袋叩きになって、世界の輿論が侵略国である、悪い国であるというような感じを持っております以上は、日本がいかに武力を持っておったって、実は役に立たないと思います。

〈軍備を、持たないこと、交戦権のないことは、日本の権利、自由を守る最良の方法〉（三二六頁）

兵隊のない、武力のない、交戦権のないということは、別に意とするに足りない。それが一番日本の権利、自由を守るのに良い方法である。私等はそういう信念から出発いたしているのでございますから、ちょっと一言付け加えておきます。

［質問者の高柳賢三議員は、後に憲法調査会会長となり、本書の「はじめに」で述べた、平野三郎に「平野文書」の作成を依頼した人物である。当時貴族院議員で、幣原国務大臣と憲法九条について討論をおこなったのである。高柳賢三は本書三〇三頁の「表1　憲法九条幣原発案説」の冒頭に記したように、憲法九条幣原発案説に立つ憲法学者である。］

【日本はすでに日米軍事同盟下に世界有数の軍事国家になってしまっているが、幣原が発案した憲法九条は、軍備全廃した非武装中立の日本を目指すものであった。日本国憲法前文にあるように「平和を愛する諸国民の公正と信義に信頼して、われらの安全と生存を保持しようと決意した」のである。右の幣原の「世界の輿論」に依拠して日本の安全を守るという言説はそのことを指している。「平野文書」で語ったように、幣原がもっとも恐れたのは、とめどもない核軍拡競争のはての核戦争による人類の破滅であった。それを防ぐために日本が非武装宣言をして、それを先駆けとして、核保有国の核兵器廃絶へとつなげようとした。

それは、現在の世界において、日本の安全を守るための国際的な安全保障体制をどう構築していくかについて、われわれが考えるべき課題である。

伊藤真・神原元・布施祐仁『9条の挑戦――非軍事中立戦略のリアリズム』（大月書店、二〇一八年）は、軍事力にたよらない、非軍事中立戦略こそが、安全保障環境の変化に対応したもっとも現実的な道であることを提示している。同書は、非武装の日本が「世界史的視野に立った外交の力で我国の安全を守る」という戦略が現実的に可能であることを、論理的、説得的に展開している。

以上、幣原喜重郎の貴族院における憲法九条に関連した答弁を貴族院の議事速記録を編集した『復刻版　戦争放棄編』から紹介した。これによって、幣原喜重郎が憲法九条を発案した事実は一層裏付けられたのではないか。

4　九条の理念を「地球平和憲章」へ

「世界の共通の敵は戦争それ自体」と「平野文書」で語った幣原の平和思想は、憲法九条にこめた世界平和へのメッセージという内容になっている。それは、原子爆弾の製造、保有がアメリカだけでなく、他国にも広がり、核戦争になれば、アメリカも亡びる運命になるという警告である。さらに幣原の先見の明といえるが、当時強まりつつあった資本主義陣営と社会主義（共産主義）陣営のイデオロギー対立を表面化させた冷戦体制もやがては共産主義イデオロギーの全くの変貌によって崩壊することを予見し、最終的には戦争、核戦争が「世界共通の敵」になるという指摘である。その世界核戦争を阻止し、人類を滅亡から救うための唯一の道が、核兵器の全面禁止であり、その先駆となるのが、憲法九条による日本の軍備全廃であるというメッセージである。

幣原が憲法九条にこめた核兵器廃絶の世界へのメッセージは、人類にとってますます重要な意味を持ってきている。オハイオ大学名誉教授のチャールズ・M・オーバービー氏が、湾岸戦争終結直後の一九九一年三月に「第9条の会」をアメリカに設立し、『地球憲法第九条　対訳（A CALL FOR PEACE—The Implications of Japan's War-Renouncing Constitution）』（國弘正雄訳、講談社、一九九七年）を出版し、「日本国憲法第9条」を世界中の人々に伝える運動を展開しているのはその一つである。

アメリカ人のジャーナリスト・映画監督のジャン・ユンカーマンも二〇〇五年に「映画　日本国憲法」を製作、日本で「九条の会」また「9条世界会議」(二〇〇八年、国際法律家協会が呼びかけの軸となって、東京と大阪で開催)へも参加して、憲法九条の価値を世界に広める活動をしている。

幣原が憲法九条に託した平和思想は、現在の日本では、たとえば「憲法9条をノーベル平和賞に推す神戸の会」の活動や、ケン・ジョセフ・ジュニア、荒井潤『憲法シミュレーションノベル　KENが「日本は特別な国」っていうんだけど……』(トランスワールドジャパン、二〇一七年)に紹介されている「平野文書をユネスコ世界記憶遺産」に登録して「シデハラさんを世界に知らせよう」という運動に継承されてきている。

お笑いコンビ「爆笑問題」の太田光は、太田光・中沢新一『憲法九条を世界遺産に』(集英社新書、二〇〇六年)を出版し、「僕は、日本国憲法の誕生というのは、あの血塗られた時代に人類が行った一つの奇蹟だと思っているんです。この憲法は、アメリカによって押しつけられたもので、日本人自身のものではないといいうけれど、僕はそう思わない。この憲法は、敗戦後の日本人が自ら選んだ思想であり、生き方なんだと思います」(五六頁)といい、「この憲法を世界遺産にするということは、僕はけっこう本気で考えているんです」(五三頁)と語っている。

自由民主党元幹事長で一〇年間日本遺族会会長であった古賀誠も『憲法九条は世界遺産』

（かもがわ出版、二〇一九年）を出版し、「あの大東亜戦争で、多くの人が無念の思いで命をなくし、その結果として、子どものために人生のすべての幸せを捨てた戦争未亡人はじめ多くの戦争遺族の血と汗と涙が流されました。その血と汗と涙が、憲法九条には込められています」（四二頁）、「平和憲法は、日本の国が再びああいう戦争を起こしてはいけないということと同時に、世界の国々に与えた戦争の傷跡に対するお詫びをも世界の国々に対して発信をしているのです。だから私は世界遺産だと言っているし、なくしてはならないものだと申し上げているのです」（四四頁）と述べている。

幣原喜重郎の出身地は大阪府の門真市（誕生当時は堺県茨田《まった》郡門真一番下村）であった。本書で詳述してきたように、敗戦の年に首相をつとめ、憲法九条を発案し、日本国憲法草案作成に重要な貢献をした政治家でありながら、門真市には幣原喜重郎記念館はない。本書で述べたように、幣原と親しい協力関係にあった戦前最後の首相だった鈴木貫太郎の立派な記念館が千葉県野田市関宿町に建てられ、野田市が運営しているのとは対照的である。門真市や大阪府などの行政側には幣原喜重郎の功績を顕彰し、後世にそれを伝え広めようとする姿勢はうかがえない。

そうしたなかで、門真市民の側から「門真市が生んだ、平和を願う総理大臣がいた」と幣原喜重郎の平和思想を継承し、発展させようという運動が組織された。市民有志が「幣原喜重郎生誕150年記念事業実行委員会（実行委員長酒井則行、事務局長戸田伸夫、以下、記念事業実行委員会）を立ち上げて、二〇二二年の幣原喜重郎生誕一五〇周年に向けて早くから記念事業に取り組んだ。その一つが、二〇二〇年に製作されたドキュメンタリーDVD映像作品『しではら――かどま市が生んだ日本の総理』（脚本・監督：齋藤勝、監修・解説：堀尾輝久）である。文部科学省選定作品に選ばれている。「戦前・戦後、日本の平和外交に尽力した幣原喜重郎。門真市出身の総理大臣が憲法に託した想いとは」と題したDVD解説文には、その製作目的が以下のように書かれている。

幣原喜重郎の秘書であった平野三郎氏の「平野文書」には、「幣原は、終戦後、首相として当時のGHQの元帥マッカーサーと会談し、平和主義の重要性・戦争放棄などを主張し、日本国憲法の草案にはその考えが反映されることとなった」と記されています。世界中にはさまざまな憲法がありますが、戦争の否定だけでなく戦力の不保持までも明確に定めている憲法は多くはありません。憲法成立の過程については、さまざまな文書や考えがあり、マッカーサー元帥の発案でGHQから押しつけられた、との説も根強くあります。当委員会の製作している映画では、独自の調査や、「平野文書」などを参考にしながら史実を追い、憲法制定に直接関わった幣原喜重郎の実像と、幣原がどんな想いをもち、どういう形で憲法制定に結びつけたのかをドキュメンタリー的にまとめています。「日本や世界、人類がこの先を生き延びていくためには、世界中から武器をなくし、戦争をしない世の中にしなければならない」と訴えた幣原の意志を、いまこそ伝え、広めたいと思っているのです。

右の解説で本書が重要傍証史料とした「平野文書」を参考にしていることに注目したい。記念事業実行委員会は、学校の副教材向けに『戦前・戦後　平和に人生をかけた第44代内閣総理大臣　大阪・門真出身　幣原喜重郎《しではらきじゅうろう》』と題するパンフレットも発行した。同パンフレットには、四六年一月二四日の幣原とマッカーサーとの会談がこう書かれている。

喜重郎「新しい日本をどうするおつもりですか？天皇を守ってくれますか。」
マッカーサー「もちろんそのつもりです。」
喜重郎はホッとひと安心。そして思いのたけを話し出しました。
喜重郎「原子爆弾ができた今、戦争そのものを無くさないと世界の文明が滅びます。世界中が戦争を放棄しないといけません。戦争を無くすには武器を持たないことが一番の保証になります。日本はもう戦争はしないとハッキリ世界に声明するつもりです。」
マッカーサー「おお、シデハラ、素晴らしい考えだ！」
意気投合した二人は、3時間も新しい日本の再建について語り合ったのでした。

記念事業実行委員会は二〇二二年九月二四日（幣原の誕生日は九月一三日）に幣原喜重郎生誕一五〇年を記念して「平和への願い　門真市が生んだ、平和を願う総理大臣がいた――演劇＆クラシック音楽で語るその生涯」を成功裏に開催した。

なお、記念事業実行委員会実行委員長の酒井則行は『幣原喜重郎とその時代を探る――新しい「不戦の道」を提案した「公直無私」の宰相』（清風堂書店、二〇二二年）を出版している（本書三〇四頁）。

幣原が憲法九条に託した、日本国民へのメッセージは、世界の平和運動に参加し、世界平和の実現に貢献するようにということだった。その幣原のメッセージを誠実に実行している「9条地球憲章の会」について最後に紹介しておきたい。以下は同会代表の堀尾輝久東京大学名誉教授が執筆した「いま、憲法を考える――9条の精神で地球憲章を！」（『季論21』二〇一七年夏号）による。

同会は、二〇一五年九月、安倍晋三政権が安全保障関連法の成立を強行、憲法九条を解釈改憲して、集団安全保障の名のもとに自衛隊の海外派兵と戦闘を可能にしたことに危機感を抱いた東京の調布・仙川の有識者や市民が集まり、日本の危機、世界の危機のなかで、何を為すべきか、何ができるかを考えたことがきっかけとなった。九条を守るためには海外からの支援が必要であり、九条の本来の精神からしても、その精神を国際的に広げることが求められていることが語り合われ、先人たちの努力を受け継ぎながら、九条の精神で地球憲章を創る、市民に根差した国際的思想運動がやれないか、という思いから二〇一七年三月に結成された。結成に際して記者会見を開き、「9条の理念で地球憲章を！——非戦・非武装・非核の世界を実現するために」と題する「9条地球憲章の会」設立趣意書を発表した。呼びかけ人には法学者や教育関係者とともに、美術や音楽関係者、そして多くの市民も参加し、日本の呼びかけ・賛同人は一八六名、海外からはアジア、アフリカ、ラテンアメリカそして欧米から、一三カ国・五一名から賛同が寄せられた。趣意書にもとづき、次のような会の目標と活動計画が掲げられた。

①日本国憲法の前文と9条の理念に基づく「地球平和憲章」（日本発モデル案）づくり
②世界中の各国、各地域での「地球平和憲章」（案）づくりと情報交換
③それらを持ち寄っての「地球平和憲章」の完成
④国連での決議・採択に向けての取り組み

同会を立ち上げた思いについて、堀尾輝久代表はこう述べている。

わたしたちはその先人たちの思いと努力に学び、それらを引き継ぎ、国際的な動きに励まされながら、9条の理念、非戦・非武装・非核の思想で人類と地球を救う地球憲章を創ろう、そのために国際的アピールをだし、さらに運動を市民的・国際的思想運動としてすすめたい。それは世界と地球に平和と共生の種を蒔く活動の一つだと考えたのです。

9条をモニュメントに終わらせることなく、戦争で犠牲を与えたアジアの人々への国際

公約として心に刻み、足下の生活の中に平和の文化を根付かせ、民間交流を活発にし、世界の平和に貢献するための具体的な方策と手だてを作りだしていかねばならない。憲法前文と9条を結び付けて地球時代にふさわしい平和の思想として世界に発信し、外交政策の軸に据えて国際的にアピールする。これは憲法9条を守るためにも不可欠な運動課題ではないか。9条の精神で地球憲章を創ろう！　非戦・非武装・非核の精神を世界に！

そこでその趣意書を創り、各国語版で、世界に呼びかけようということになったのです。

写真9　「9条地球憲章の会」が刊行した『地球平和憲章日本発モデル案』（花伝社発行）

「9条地球憲章の会」は二〇二〇年四月に「地球平和憲章　地球上のすべての人びとに平和に生きる権利を　地球時代の視点から9条理念の発展を」を「日本発モデル案」と題して日本語版を発表した。そして英訳や他の外国語に翻訳して発信するとともに、各国の賛同者に独自の地球平和憲章を作ってもらうことを呼びかけている。

同会は、9条地球憲章の会編『地球平和憲章　日本発モデル案――地球時代の視点から9条理念の発展を』（花伝社、二〇二一年）をブックレットとして発行した。同書は日本発モデル案を英訳文とともに収め、さらに「人類の宝、憲法9条の理念を世界へ――『地球時代』の視点から9条をとらえ直し、人類と地球の危機に対峙する『地球平和憲章』を、いま日本から世界へ！」（同書表紙より）という視点からの解説論稿を掲載している。

二〇二一年一二月現在で同会の国内の賛同者は約一三〇〇名、外国からの賛同者も八〇名を超えている。

「9条地球憲章の会」は幣原の「今や日本は、改正憲法第九条によりまして、徹底的な平和運動の大きな旗を担いで、広い国際社会の原野に歩み出したのであります。国民がこれに共鳴して同じく力を協せて、この目的を達成せしめることに尽してくれますということは、これはこれほど望ましいことはないと考えます」という日本国民へのメッセージを誠実に、着実に実践しているといえよう。心強いかぎりである。

おわりに

本書で証明した、大日本帝国憲法（以下、帝国憲法）の改正草案作成時の総理大臣であった幣原喜重郎による戦争放棄・軍備全廃条項（憲法九条）の発案は、日本がポツダム宣言を受諾して連合国に無条件降伏し、アメリカ軍主体の連合国軍の占領下に置かれ、マッカーサー連合国軍最高司令官ならびに連合国軍総司令部（GHQ）による占領政策、戦後改革が推進された過程においてなされたものであった。マッカーサー、GHQは占領政策と戦後改革をスムーズに推進するため、また将来日本に共産主義革命が発生するのを防止するために、天皇と天皇制の利用を考えるようになった。そのために、大日本帝国憲法下の軍国主義国家の天皇制から国民主権国家の象徴天皇制へと移行させる政治的シナリオが考案され、天皇も「国体（天皇制）」護持のために積極的にその役割を演ずるようになった。こうした戦前の絶対天皇制から戦後の象徴天皇制へ大きく歴史が変動していく過程において、幣原は外交官の生涯で育んできた平和思想の集大成として、敗戦日本の憲法に戦争放棄・軍備全廃条項を象徴天皇制とセットにして、予定される帝国憲法改正案に盛り込むことを発案、これを四六年一月二四日にマッカーサーと二人だけの「秘密会談」を持って提案した。東京裁判における天皇の戦争責任免責を考えていたマッカーサーは幣原の発案と提案に「渡りに舟」と同意、二人の間に「秘密合意」が成立した。マッカーサーは同日深夜に天皇に戦争責任がないことと天皇制継続が必要であるという極秘緊急電報をアメリカ政府へ打電した。いっぽう幣原首相は翌日に皇居に参内して「秘密合意」について天皇に奏上して「内諾」を得たのであった。

マッカーサーは、マッカーサーの占領政策を監督する権限を持った連合国一三カ国からなる極東委員会および対日理事会が正式に活動を開始する前に、マッカーサー・GHQ主導で帝国憲法改正草案、すなわち新憲法草案を作成する方針を決定し、二月三日にホイットニーGHQ民政局長に憲法改正草案の作成を指示する「マッカーサー・ノート」を渡した。それは憲法改正の「三つの基本的な点」として次の三点(概略)を必ず新憲法に定めよとの指示であった。

1　天皇は、国の元首の地位にある。天皇の職務および権能は、憲法に基づき行使され、憲法に示された国民の基本的意思に応えるものとする。

2　国権の発動たる戦争は、廃止する。日本は、紛争解決のための手段としての戦争、さらに自己の安全を保持するための手段としての戦争をも、放棄する。日本は、その防衛と保護を、今や世界を動かしつつある崇高な理想に委ねる。

日本が陸海空軍をもつ権能は、将来も与えられることはなく、交戦権が日本軍に与えられることもない。

3　日本の封建制度は廃止される。

1と2は一月二四日の幣原との「秘密会談」の「秘密合意」にもとづくものであり、日本国憲法の「第一章　天皇」「第二章　戦争の放棄」の「第九条【戦争の放棄、戦力及び交戦権の否認】」となった。

ホイットニーは二月四日にGHQ民政局の憲法改正草案作成のスタッフの初会合を召集、二月一二日までの九日間に「新憲法草案」を作成してマッカーサーに提出していったん承認を受け、それを日本政府に受け入れさせ、日本側からマッカーサーに提出するという手続きを踏んで、それを承認したマッカーサーが「日本人の作ったもの」として全世界に公表するというシナリオを指示し、事実、そのように実行された。

当時まだ帝国憲法下にあった総理大臣は、天皇の政治を輔弼する大臣であり、帝国憲法により、帝国憲法改正の大権を持つ天皇の「裁可」なくして帝国憲法の改正はできなかった。

民政局が作成した新憲法草案の受け入れを二月二二日の幣原内閣で決定、ついで幣原首相がGHQ憲法草案を天皇に上奏し、天皇は全面的支持を表明した。すなわち、帝国憲法改正の大権を持つ天皇がGHQ憲法草案を「裁可」したことを意味した。

三月六日、天皇は幣原内閣が作成した「憲法改正要綱」を帝国憲法改正案とする勅語を発した。以後、日本国の元首である天皇が、帝国憲法改正を発議、帝国憲法改正案の審議を帝国議会に付し、枢密院、衆議院、貴族院それぞれの審議を経て採択された改正案を日本国憲法として公布するという手続きが踏まれ、一一月三日、貴族院において天皇臨席のもと日本国憲法公布式典がおこなわれた。式典で天皇は、「本日、日本国憲法を公布せしめた」で始まる勅語を奉読したのである。形式的には「欽定憲法」というかたちになった。

天皇にとってGHQ憲法草案は、「最終的の日本国政府の形態は『ポツダム』宣言に遵い日本国民の自由に表明せる意思により決定せらるべきものとす」と、「バーンズ回答」にいう「最終的の日本国政府の形態」を象徴天皇制として確立するものだった。天皇が執着した「国体護持」が象徴天皇制となって保証されることになるので、天皇にとって歓迎すべきだったのである。

以上のように、憲法九条幣原発案を証明するためには、マッカーサー・GHQの占領下に、戦前の絶対天皇制から戦後の象徴天皇制へと大きく変動していった歴史経緯が背景にあったことの理解が必要になる。本書第Ⅰ部の第1章から第7章において、その歴史変動過程を叙述した。

本書の第Ⅱ部においては、憲法九条発案論争にかかわって幣原発案否定説を取り上げ、その誤りを指摘した。拙著『増補　南京事件論争史――日本人は史実をどう認識してきたか』(平凡社ライブラリー、二〇一八年)においては、南京事件の存在を肯定する論著と否定する論著の双方を取り上げて論じたが、本書においては、幣原発案の肯定論、否定論の両論の比較ではなく、憲法九条発案者は誰かという歴史事実の解明を第一の課題にして、第Ⅰ部でそれをおこなった。日本という国の憲法の九条発案者が「謎」のまま放置されていてよいはずがないからである。さらに「どっちもどっち」的な論争の受け取りが許されるべき問題ではないからである。

本書において、公的記録や公的証言を残さなかった「三人の当事者」（マッカーサー、天皇、幣原）についての可能な傍証史料、証言を集めて、「憲法九条は幣原の発案による」事実を明らかにした。

公式記録、公式証言をむしろ残さないようにした昭和天皇については、傍証史料として、天皇側近が残した日誌、日記類を多用した。なかでもそれらを宮内庁が総合して編集した『昭和天皇実録』は、昭和天皇の政治的行動、言説を知るうえで、大変有益であった。宮内庁書陵部編修課の約二〇人のスタッフを軸に、一九九〇年から二四年以上の歳月をかけてまとめ上げられた『昭和天皇実録』は、一日一日の昭和天皇の行動が記述されており、昭和天皇が憲法九条をふくむ日本国憲法作成の「三人の当事者」のある意味でキーパーソンであったことを明らかにすることができた。豊下楢彦『昭和天皇の戦後日本』が「資料の宝庫としての『昭和天皇実録』」と評価しているとおりである。[1]

いっぽう、「憲法九条幣原発案」について幣原自身は、時代状況から公的記録や公的証言を残さなかったために、その証明は困難であった。現在にいたるも「幣原発案」が通説、定説になっていないのはそのためである。

マッカーサーは幣原の死後、アメリカ議会において、市民集会での講演において、さらに回想録において、「憲法九条は幣原の発案」であることを証言している。しかし、天皇との関係で、天皇が「憲法九条幣原発案」に「内諾」を与えていたことについては、「秘密」を守りとおした。

公的記録や公的証言を残さなかった幣原側の憲法九条発案を裏付けるのが、傍証史料である「平野文書」であった。自民党内閣の憲法調査会会長の高柳賢三が、幣原に私淑して秘書役をしていた新人国会議員の平野三郎にたいして、「憲法九条幣原発案」を証明する日本側の史料が必要であると、幣原から聞いたことを報告にまとめるよう依頼したのであった。その結果、平野が憲法調査会に提出した「幣原先生から聴取した戦争放棄条項等の生まれた事情について」が「平野文書」である。

幣原がなぜ憲法九条を発案し、それをマッカーサーとの「秘密会談」で提案し、マッカーサーも意気投合して同意、二人の間に「秘密合意」が成立したかについて幣原が語ったことを詳細に書き留めたのは「平野文書」だけであった。「平野文書」には、幣原が平野三郎に語った、憲法九条にこめた幣原の平和思想が多岐にわたって記録されている。

これまで、憲法九条の発案者は誰かを論じた憲法学者や政治学者、さらには国際関係論、国際政治史の学者の著作において、「平野文書」の価値はほとんど無視されてきたと言ってよい。[2]

「平野文書」の史料的価値を全面的に否定する佐々木高雄『戦争放棄条項の成立経緯』もあった。同書に反論するかたちで、本書第9章において、「平野文書」の傍証史料としての価値をあらためて論じた。

「平野文書」の一番の史料的価値は、幣原が当時公表、公言できなかったことの多くを平野に「口外するな」という条件で語り、それを平野の理解という限界があることは避けられないが、記憶していて、記述したことである。幣原でなければ語れなかったこと、平野には知ることができなかった天皇やマッカーサーの言説について、幣原が語ったこととして記録されている。「平野文書」には、勘違いや記憶違いと思われるところも散見するが、重要なのは、「平野文書」に書かれていることを他の史料と照合しながら利用することである。本書が「平野文書」を引用して記述してきた歴史事実の経緯の辻褄が合って、論理の一貫性、整合性があり、矛盾がなかったのではないかと筆者は思っている。

本書の終章において、幣原が憲法九条に託した平和思想を「平野文書」から紹介した。憲法九条幣原発案を否定する憲法学者、政治学者の著作の影響もあって、肝心な発案者幣原が憲法九条にこめた平和思想がこれまで注目されてこなかったのは残念であった。

それは、現在の核軍備拡張競争を阻止し、核兵器を禁止し、核戦争による人類の滅亡を回避するための平和思想であり、二〇二一年一月に発効した核兵器禁止条約につながる平和思想であった。

終章においては、「平野文書」からだけではなく、日本国憲法草案を審議した貴族院での幣原国務大臣の答弁における、幣原の国際的な平和思想を紹介し、それが日本だけでなく世界においても、憲法九条を「地球憲章へ」という運動として継承されていることを紹介した。

憲法九条発案者は永遠に謎であるなどと言われているが、一国の憲法の、人類史における平和のための宝といえる条項の発案者が謎であるはずはない。幣原発案を証明する決定的な証拠である「平野文書」を無視してきたことが「謎」たらしめているのである。本書のように「平野文書」を根拠にすれば、マッカーサーの証言、回想録さらに幣原の発案とマッカーサーへの提案に「内諾」を与えたことを記した『昭和天皇実録』とセットになって、憲法九条発案者はもはや「謎」でないことは証明されたのではないか。

なお、幣原が憲法九条を発案しても、幣原の提案に共感を持って同意した連合国軍最高司令官マッカーサーのＧＨＱ民政局への命令と指示がなければ、憲法九条となって日本国憲法の条項とされることはなかった。その意味で、広義には憲法九条は幣原とマッカーサーの合作であったといえることも確認しておきたい。

日本国憲法は、拙著『憲法九条と幣原喜重郎』で詳述したように、日本の敗戦と敗戦直後の内外の時代状況において、軍国主義国、侵略国の日本にも与えられた「民主主義の器」であった。欧米の市民革命の歴史を経て獲得された国民主権（民主）と基本的人権（自由の原理）という人間の尊厳を基本的な原理とした日本国憲法を、市民革命の歴史をもたない日本の政府と国民が自主的に制定することは困難であった。

前掲拙著では、日本国憲法は、時代の幸運によって日本国民に与えられた「民主主義の器」であると評価した。「民主主義の器」を内実化させて、日本を真の民主主義国家とすることが戦後の日本国民に課せられた課題であった。しかし、自民党政権は「押しつけられた憲法」を主張して憲法改正を党是とし、「民主主義の器」を放棄する策動をつづけている。

渡辺治『日本国憲法「改正」史』[3]は、自民党政権により繰り返される憲法改正の策動にたいして、「憲法を守れ」と憲法改正反対運動を展開した国民運動によって、「民主主義の器」としての日本国憲法が国民の間に定着してきた歴史過程を説得的に整理していて示唆に富む。さらに渡辺治『憲法9条と25条・その力と可能性』[4]は一九五〇年代に展開された朝日訴訟が憲法二五条【生存権、国の社会的使命】の意義を社会に認識させ、基本的人権としての生存権を保障するために社会福祉行政が問われることになった経緯を明らかにしている。朝日訴訟は、重度の結核性療養患者であった朝日茂が、生活保護費の削減にたいして二五条を武器に起こした裁判であった。

一九六〇年代に展開された自衛隊基地反対闘争のなかでも「自衛隊は憲法違反」を主張する裁判闘争が展開され、日米安保反対運動においても憲法九条にたいする国民の認識が深まった。伊藤真『やっぱり九条が戦争を止めていた』[5]は、朝鮮戦争、ベトナム戦争にも参戦せず、日本が戦争しないでできたのは憲法九条が歯止めとなったことを明らかにした。

しかし、「民主主義の器」である日本国憲法は、象徴天皇制を定めた憲法でもあった。本書で述べてきたように、マッカーサー・GHQは東京裁判で天皇の戦争責任を問わない象徴天皇制へのシナリオを進めて、それが成功をおさめた。その結果「民主主義の器」である日本国憲法により、大元帥昭和天皇の戦争責任が問われないまま象徴天皇となった。大日本帝国の「元首」であり、「陸海軍の統帥権」を持ち、「戦いを宣し和を議す」大権を有した天皇でありながら、結局その戦争責任は問われなかった。そのため、戦後日本の侵略戦争の反省と克服を阻害する「負の遺産」になっていることも指摘しておきたい。

憲法学者でもなく、日本史専門の研究者でもなく、中国近現代史研究から始めて、近現代日中関係史、さらには東アジア近現代史へと研究領域を広げてきた筆者ではあるが、なぜ専門外と思われる『憲法九条と幣原喜重郎』を書き、このたび本書を書いたのか、という疑問を持たれる読者も多いかと思われる。

日本史とか中国史とかアメリカ史、ドイツ史、フランス史とかの一国史研究は、大学の学科制度、講座制度、研究室制度を基盤として、歴史研究者を養成し、研究業績を作らせるために維持されてきたが、歴史そのものはとくに近現代、さらに同時代史ともなれば一国史の枠内で展開するものではない。世界史、国際関係史として研究しなければならなくなっている。

現に日本国憲法成立史には日本史の枠だけでは不十分で、アメリカ史さらには世界史をふまえた研究が必要である。

筆者の最近の研究は、『日中全面戦争と海軍——パナイ号事件の真相』『南京事件』『日本軍の治安戦——日中戦争の実相』『海軍の日中戦争——アジア太平洋戦争への自滅のシナリオ』『日中戦争全史　上・下』『通州事件——憎しみの連鎖を絶つ』など、日中戦争史に集中しているが、それは半分は日本史研究になっている。筆者の日中戦争史研究では「パナイ号事件」（一九三七年一二月一二日）や「大山事件」（一九三七年八月九日）、「通州事件」（一九三七年七月二九日）など、従来の研究では明らかにされなかった事件の真相を解明してきた。

これまで「永遠の謎」とまで言う研究者もいた憲法九条の発案者は誰かという問題に挑んだのも、従来の通説にとらわれずに、歴史の真実を解明してみたいという筆者の研究意識によるものだった。それには歴史の真実を解明するために日本史、中国史などという専門研究領域にこだわらないという筆者の思いがある。日本国憲法第九条の発案者は誰かという大切な事実が解明されないまま、「永遠の謎」であるなどと放置しておいていいのかという思いが本書を執筆する動機であった。

日本国憲法成立史については、多くの憲法学や憲法史、法制史の専門家による優れた研究成果が公刊されており、筆者はそれらから大いに学ばせていただいた。しかし、本書においてはこれらの先行研究の成果に依拠して引用するかたちを取らなかった。先行研究無視、軽視の批判を受けざるを得ないが、本書では、歴史研究者の一人として、一般読者を対象にした歴史書として、憲法九条の発案者は誰かを解明するために、これまで注目されなかった傍証史料にもとづいて、発案者は幣原であることの証明を試みたものである。

発案者の幣原喜重郎が、憲法九条に託した平和思想を再認識し、ウクライナ危機が地球規模の核戦争へと発展しかねない現実の逼迫した世界情勢にあって、人類の滅亡を阻止するためには、「九条の理念を『地球平和憲章』」とすることが人類世界の喫緊な課題になっている。多くの人がそう認識する契機に本書がなればと切に願っている。

なお、本書は拙著『憲法九条と幣原喜重郎』をもとに新書版にまとめたところがあり、前掲拙著で引用した重要史料について、本書に再び掲載している。それは本書において幣原発案を証明するために必要であったので、読者のご了解を得たいと思う。また、筆者は、「史料をして語らしめる」という史料中心主義をとっているので、引用史料が多くかつ長くなり、新書としては異例の大部になったこともお断りしておきたい。

本書を執筆するそもそものきっかけは、荒井潤さんから「平野文書」を教えてもらい、「憲法九条は誰が発案したのか——幣原喜重郎と『平野文書』」(『世界』二〇一八年六月号、岩波書店)を執筆したことにあった。潤さんからは平野三郎に関する史料について貴重なご教示をいただいた。潤さんとの出会いがなければ、筆者が憲法九条発案論争の研究をすることはなかったと思われる。衷心より感謝申し上げる。

本書の終章に紹介させていただいた「9条地球憲章の会」代表の堀尾輝久東京大学名誉教授

からは、憲法九条幣原発案の先駆的研究者として、本書を執筆するにあたって、研究史的なご教示をいただいた。記して感謝申し上げたい。

本書が平凡社新書として出版できることになったのは、編集を担当して下さった土居秀夫さんのご助力のお陰である。土居さんには、『南京事件論争史――日本人は史実をどう認識してきたか』（平凡社新書、二〇〇七年、現在は平凡社ライブラリーとなって刊行）、さらに『海軍の日中戦争――アジア太平洋戦争への自滅のシナリオ』（平凡社、二〇一五年）と大変お世話をいただいてきた。土居さんのように誠実かつ堅実に助力を惜しまない編集者に巡り会えた幸運を感謝し、あらためてお礼申し上げたい。

岸本洋和平凡社新書編集長は、本書の執筆意図をご理解下さり、新書としては異例の大部の出版を認めて下さった。衷心より感謝申し上げたい。

注

各章の中で再出の文献については副題を省略した。

はじめに

1 西修『日本国憲法成立過程の研究』（成文堂、二〇〇四年）は、憲法九条「発案者をめぐる謎」と題して「幣原発案説」「マッカーサー発案説」「幣原・マッカーサー意気投合説」「ケーディス・ホイットニー共同発案説」「天皇発案説」をあげている（二一九〜二二七頁）。

2 一九四五年九月二七日の第一回から一九五〇年四月一八日の第一〇回までの天皇とマッカーサーの会見と話題について、加藤陽子『昭和天皇と戦争の世紀』（講談社学術文庫、二〇一八年）の四一〇〜四一一頁に一覧表になって整理されている。

3 徳川義寛・岩井克己『侍従長の遺言――昭和天皇との50年』朝日新聞社、一九九七年、一三九頁。同書は、朝日新聞記者の岩井克己が一九九四年一月から九五年暮にかけて、聞き取りをおこなった記録である。高橋紘・鈴木邦彦『天皇家の密使たち――占領と皇室』（文春文庫、一九八九年）には、通訳の奥村勝蔵は、外務省の記者クラブで会見についてオフレコで話した中身がワシントン発という形で報道されたため、マッカーサーの怒りに触れ、外務省を懲戒免職（講和後復職）されたと記されている（同書、二六四頁）。

4 通訳を担当した寺崎英成の『昭和天皇独白録　寺崎英成御用掛日記』（文藝春秋、一九九一年）にも会見記録の記載はなく、注記に『サンケイ新聞』が発掘したものとして、一問一答の一部が紹介されているだけである。『サンケイ』（一九七五年八月一五日）に掲載されたことがあるが、政治的発言二カ所が削除されていたという。『サンケイ新聞』は寺崎英成が一九五一年に逝去して後に、どこかから入手したと思われる。いずれにしても貴重な資料である。

5 徳川義寛・岩井克己『侍従長の遺言』前掲、一三〇頁。

6 「第三回天皇・マッカーサー元帥会談記録」一九四六年一〇月一六日（山極晃・中村政則編、岡田良之助訳『資料 日本占領 1 天皇制』大月書店、一九九〇年、五七二〜五七四頁）。

7 憲法調査会事務局「昭和三十九年二月 幣原先生から聴取した戦争放棄条項等の生まれた事情について――平野三郎氏記」（国立国会図書館憲政資料室所蔵）、一八、一九頁。以下、本書では「平野文書」と称する。

8 高橋紘・鈴木邦彦『天皇家の密使たち』前掲、六七頁。

9 藤樫準二『天皇とともに五十年――宮内記者の目』毎日新聞社、一九七七年、一四六頁。

10 木下道雄『側近日誌』文藝春秋、一九九〇年、三八五〜三八六頁。

11 堀尾輝久「憲法9条と幣原喜重郎――憲法調査会会長高柳賢三・マッカーサー元帥の往復書簡を中心に」（『世界』第八八二号、二〇一六年五月号、一〇〇頁）に高柳賢三の訪米調査と高柳らがマッカーサー、ホイットニーとの会見を切望したがかなわず、マッカーサーから往復書簡のかたちで質問の回答が寄せられ、「戦争を禁止する条項を憲法に入れるようにという提案は、幣原首相が行ったのです」とはっきりと記されていたことが紹介されている。

12 平野三郎『平和憲法の水源――昭和天皇の決断』講談社出版サービスセンター、一九九三年、一一七、一一八頁。

13 同前、一一四、一一六頁。

14 幣原平和財団『幣原喜重郎』非売品、一九五五年、六九一頁。

15 平野三郎『天皇と象の肉』けやき出版、一九八三年、一三八頁。

16 笠原十九司『海軍の日中戦争――アジア太平洋戦争への自滅のシナリオ』（平凡社、二〇一五年）において、一九三七年八月九日の大山事件が上海の現地海軍が仕掛けた謀略事件であったことを明らかにした。大山事件は上海海軍陸戦隊の西部派遣隊長の大山勇夫が上海特別陸戦隊司令官大川内伝七司令官から「お国のために死んでくれ」と「口頭密命」（口頭による秘密命令）を受けて、中国軍の紅橋飛行場へ陸戦隊の車で突進、中国保安隊に射殺された事件であった。海軍は大山事件を利用して第二次上海事変を開始、さらには八月一五日に海軍航空隊が南京への渡洋爆撃を敢行、日本は海軍の謀略事件によって日中全面戦争に突入したのであった。拙著では、大山が上官から「口頭密命」つまり記録を残さない命令により事件を起こしたことをいくつかの傍証史料を使って明らかにした。

17 「平野文書」を「制憲史解明上、利用すべきではない文書である」とまで疑問視し、憲法九条幣原発案を否定する佐々木高雄『戦争放棄条項の成立経緯』（成文堂、一九九七年）は、「平野三郎議員が幣原喜重郎衆議院議長から『秘話』を聞き得た日」として、平野三郎が「制憲の真実と思想――幣原首相と憲法第9条」（『世界』第二二〇号、一九六四年四月）に書いた文章にある「日向ぼっこをしながら」話を聞いたという天候はなかったことを天気概況のデータから調べ、幣原衆議院議長の会議日程からそのような日程はなかったことを確認したと記しているが（同書、二二〇、二二一頁）、そもそもそのような日に聞き取りをしたのではなかった。

18 平野三郎『天皇と象の肉』前掲、一四三頁。

19 平野三郎『平和憲法の水源』前掲、一一八、一一九頁。

20 平野三郎『平和憲法秘話――幣原喜重郎その人と思想』講談社、一九七二年。平野三郎『笑わぬ象徴――天皇評伝』中央公論事業出版、一九八二年。平野三郎『天皇と象の肉』前掲。平野三郎『昭

和を支えた天皇物語』すばる書房、一九八六年。平野三郎『昭和の天皇――帝王学の神髄』鳥影社、一九八七年。平野三郎『平和憲法の水源』前掲。

21 平野三郎『昭和を支えた天皇物語』前掲、一二頁。

22 平野力三は、農民運動家・政治家で、一九三三年当時は日本大衆党の書記長で、一九三四年には日本農民組合会長となった。戦後は日本社会党の結成に参加、一九四七年五月片山哲内閣の農林大臣になった。

23 平野三郎『昭和を支えた天皇物語』前掲、二〇五～二〇八頁。

24 同前、二一一～二一三頁。

25 同前、二二五、二三一頁。

26 中村信夫『至誠の政治家　平野三郎の実像』メイン・スタンプ社、非売品、二〇〇三年、四頁。著者については注34を参照されたい。

27 同前、一一頁。

28 大正時代、岐阜・富山の県境から富山県に流れる庄川のダム建設をめぐる争議事件。平野増吉は岐阜県木材連合会会長をつとめていたが、庄川に発電用のダムを建設する計画にたいして、木材を川に流して運搬することができなくなるため、ダム建設に反対する訴訟の中心になった。

29 平野三郎『平和憲法秘話』前掲、五二頁。

30 同前、五二頁。ここで、平野は幣原の「秘書役」と書いているが、平野三郎『天皇と象の肉』(前掲)に「私は秘書官ということになり」(同書、六〇頁)と書いているのは不正確である。「平野文書」の資料的価値を全面的に否定する佐々木高雄『戦争放棄条項の成立経緯』(前掲)は、「幣原の在職中の秘書官は、岸倉松・福島慎太郎・武藤文男の三氏である」として、平野が「秘書官」と書いているのは「外形上」からも疑義があると否定の根拠にしている（同書、二〇九頁）。

31 平野三郎『平和憲法の水源』前掲、三九頁。

32 石橋と平野の親交はつづき、晩年の石橋がかねて構想していた日中米ソ平和同盟構想を書き上げ、六一年六月一五日に東京の第一ホテルで同構想の発表会をおこなったが、このとき、石橋が招待状を送った二〇名のなかに平野三郎の名があった。平野は、「宇都宮大兄（徳馬）と共に……微力の限りを捧げて、先生の御信念の一助の役を果たし度い念願です」と直ちに返書を送った（中川眞一郎「幣原喜重郎と石橋湛山――憲法9条の発案者は誰か?」『自由思想』第一五八号・二〇二〇年一〇月、石橋湛山記念財団、四六、四七頁）。

33 平野三郎『天皇と象の肉』前掲、二〇頁。

34 収賄事件については、平野知事の秘書課長であった中村信夫が『至誠の政治家　平野三郎の実像』（前掲）に詳しく書いている。七六年に岐阜県の工事の競争入札における指名などに便宜を図り、建設会社二社からそれぞれ三〇〇万円を受け取ったという収賄罪で起訴された。これを受けて同年一二月一四日の県議会で平野知事の不信任決議を可決し、平野は即日辞任し、一〇年におよんだ知事時代は幕を閉じた。裁判も八〇年に、平野が土木業者からの収賄に連座した罪で「追徴金三百万、懲役二年、執行猶予四年」の判決が出されたが、平野は執行猶予を大事に考えて控訴しなかった。平野知事は県参事の和田達男を直属の部下として重用、土木業者との対応は和田に任せ、各業者の思い思いの政治献金は和田が全部扱い、知事へは報告したが現金は和田が全部管理した。平野には「善きに計らえ」という親分的なところがあり、和田に一切をまかせていたことが裏目に出た。和田は自分が国会議員選挙に出馬することも考えて、収賄した金を政治資金に蓄えていたのである。和中村書は平野の人物について、「平野さんは、哲学知事とか文人政治家と言われながら、地方の民主主義政治を確実に進めた人で、この地味な功績を私たちは大いに評価していた。県下のいろいろな組合の運営者たちからも、平野政治への賛辞をよく聞いたものである」と書いている（二一頁）。

第1章

1 油井大三郎『未完の占領改革――アメリカ知識人と捨てられた日本民主化構想』東京大学出版会、一九八九年、二〇一頁。
2 加藤聖文『「大日本帝国」崩壊――東アジアの1945年』中公新書、二〇〇九年、五頁。
3 荒井信一『原爆投下への道』東京大学出版会、一九八五年、一九二頁。
4 「資料81［ポツダム宣言］」（山際晃・中村政則編『資料 日本占領 1 天皇制』大月書店、一九九〇年、三六四頁）。
5 鈴木一編『鈴木貫太郎自伝』（時事通信社、一九六八年、二九二頁）には「この宣言にたいしては意思表示をしないことに決定し、新聞紙にも帝国政府該宣言を黙殺するという意味を報道した」が、世論と軍部の強硬派の圧力で心ならずも「この宣言は重視する要なきものと思う」との意味を記者会見で答弁したのであるが、「余の談話はたちまち外国に報道され、我が方の宣言拒絶を外字紙は大々的に取り扱ったのである。そしてこのことはまた、後日ソ連をして参戦せしめる絶好の理由をも作ったのであった」「この一言は後々に至るまで、余の誠に遺憾と思う点であり、この一言を余に無理強いに答弁させたところに、当時の軍部の極端なところの抗戦意識が、いかに冷静なる判断を欠いていたかが判るのである」と回想されている。
6 加藤聖文『「大日本帝国」崩壊』前掲、一三頁。
7 同前、二六頁。

8 宮内庁『昭和天皇実録　第九』東京書籍、二〇一六年、七五四、七五五頁。
9 藤原彰編著『沖縄戦と天皇制』立風書房、一九八七年、三〇〜三三頁。
10 荒井信一『原爆投下への道』前掲、二四〇、二四一頁。
11 宮内庁『昭和天皇実録　第九』前掲、七五九頁。
12 同前、七六二頁。
13 同前、七六三頁。
14 荒井信一『原爆投下への道』前掲、二六四、二六五頁。
15 鈴木貫太郎傳記編纂委員会編集『鈴木貫太郎傳』非売品、一九六〇年、四六五頁。
16 宮内庁『昭和天皇実録　第九』前掲、七六六〜七七〇頁。
17 防衛庁防衛研修所戦史室『戦史叢書　関東軍〈2〉』朝雲新聞社、一九七四年、三六八頁。
18 笠原十九司『日中戦争全史　下』高文研、二〇一七年、三三七、三三八頁。
19 宮内庁『昭和天皇実録　第九』前掲、七七五頁。
20 伊藤隆・渡辺行男編、重光葵『重光葵手記』中央公論社、一九八六年、五四一頁。
21 宮内庁『昭和天皇実録　第九』前掲、七七五、七七六頁。
22 同前、七九六頁。
23 同前、七八一、七八二、七八六頁。
24 同前、八〇六頁。
25 伊藤隆・渡辺行男編、重光葵『重光葵手記』前掲、五四一、五四二頁。
26 山際晃・中村政則編、岡田良之助訳『資料 日本占領 1 天皇制』前掲、五一五頁。
27 伊藤隆・渡辺行男編、重光葵『重光葵手記』前掲、五四四頁。

28 宮内庁『昭和天皇実録　第九』前掲、八〇九頁。
29 伊藤隆・渡辺行男編、重光葵『重光葵手記』前掲、五四七頁。宮内庁『昭和天皇実録　第九』前掲、八〇九頁。
30 宮内庁『昭和天皇実録　第九』前掲、八〇七頁。

第2章

1 伊藤隆・渡辺行男編、重光葵『重光葵手記』中央公論社、一九八六年、五五二頁。宮内庁『昭和天皇実録　第九』東京書籍、二〇一六年、八一四頁。木戸日記研究会校訂『木戸幸一日記　下巻』東京大学出版会、一九六六年、一二三四頁。
2 宮内庁『昭和天皇実録　第九』前掲、八二〇頁。
3 伊藤隆・渡辺行男編、重光葵『重光葵手記』前掲、五五五頁。
4 宮内庁『昭和天皇実録　第九』前掲、八二〇頁。伊藤隆・渡辺行男編、重光葵『重光葵手記』前掲、五五六頁。
5 宮内庁『昭和天皇実録　第九』前掲、八二〇頁。木戸日記研究会校訂『木戸幸一日記　下巻』前掲、一二三五頁。
6 伊藤隆・渡辺行男編、重光葵『重光葵手記』前掲、五五三頁。
7 吉田茂『回想十年　第一巻』新潮社、一九五七年、九七頁。
8 宮内庁『昭和天皇実録　第九』前掲、八三〇〜八三六頁。
9 ダグラス・マッカーサー著・津島一夫訳『マッカーサー大戦回顧録　下』中公文庫、二〇〇三年、二〇二頁。天皇のこの発言は『昭和天皇実録』には記載がなく、マッカーサーがそう語ったという紹介になっている。

10　吉田茂『回想十年　第一巻』前掲、九七頁。

11　ダグラス・マッカーサー著・津島一夫訳『マッカーサー大戦回顧録　下』前掲、二〇三頁。

12　吉田茂『回想十年　第一巻』前掲所収の奥村勝蔵「陛下とマ元帥」による、一〇六頁。

13　山際晃・中村政則編、岡田良之助訳『資料 日本占領1　天皇制』大月書店、一九九〇年、五一五頁。

14　木戸日記研究会校訂『木戸幸一日記　下巻』前掲、一二四〇頁。

15　吉田茂『回想十年　第一巻』前掲、一二八頁。

16　木戸日記研究会校訂『木戸幸一日記　下巻』前掲、一二四〇頁。

17　同前、一二四〇～四一頁。

18　幣原喜重郎『外交五十年』読売新聞社、一九五一年、二〇九頁。同書は一九八七年に中公文庫で出版された。

19　スティムソンの日記と『極東の危機』ともに岡崎久彦『幣原喜重郎とその時代』PHP文庫、二〇〇三年、四四二頁。

20　由井大三郎『避けられた戦争――一九二〇年代・日本の選択』ちくま新書、二〇二〇年、二七五、二七六頁。同書は第一次・第二次幣原外交を本格的に再評価した好書である。

21　宮内庁『昭和天皇実録　第五』東京書籍、二〇一六年、七八六頁。なお、ロンドン海軍条約の調印と批准を進めた浜口雄幸民政党内閣にたいして、森恪《つとむ》、鳩山一郎、犬養毅ら政友会が天皇の「統帥権干犯」を持ち出して攻撃、それが軍部、右翼が政党政治、議会政治を葬ることになった歴史を、拙著『海軍の日中戦争――アジア太平洋戦争への自滅のシナリオ』（平凡社、二〇一五年）に「悲劇のロンドン会議」として詳述したので、参照されたい。

22 『昭和天皇実録　第九』前掲、八四五頁。
23 同前、八四六頁。
24 同前、八四九頁。
25 幣原平和財団『幣原喜重郎』非売品、一九五五年、五六九〜五七一頁、六一九頁。
26 高橋紘・鈴木邦彦『天皇家の密使たち――占領と皇室』文春文庫、一九八九年、二六五頁。
27 藤田尚徳『侍従長の回想』講談社学術文庫、二〇一五年、二一八頁。
28 防衛庁防衛研究所戦史部監修、中尾裕次編『昭和天皇発言記録集成　下巻』芙蓉書房出版、二〇〇三年、四四九頁。
29 宮内庁『昭和天皇実録　第九』前掲、八二三頁。『木戸幸一日記　下巻』にも「松平秘書官長に憲法改正問題につき調査を依頼す」と記されているだけで（一二三六頁）、なぜかという理由は書いていない。
30 「近衛国務相、マックアーサー元帥会談録」（昭和二〇年一〇月四日）（外務省編纂『日本外交文書　占領期第二巻（外交権の停止・日本国憲法の制定・中間賠償・他）』六一書房、二〇一七年、九八三〜九八六頁）。
31 山際晃・中村政則編、岡田良之助訳『資料　日本占領1　天皇制』前掲、五二四頁。
32 奥村勝蔵「近衛公爵とマッカーサー元帥」（林正義編『秘められた昭和史――戦雲の中の東奔西走記』鹿島研究所出版会、一九六五年、所収）。
33 パナイ号事件は日本ではあまり知られていないが、アメリカでは海軍機による不意打ち爆撃を〝真珠湾攻撃への序曲 Prelude to Pearl Harbor〟として〝パナイ号を忘れるな Remember PANAY〟というスローガンとともに知られている。当時パナイ号には、日本軍の南京攻略にたいして南京市内のアメリカ大使館員を避難させてパナイ号に臨時大使館を設置していた。そのためアチソンら四名の大使館員がパナイ号に乗船していて海軍機に爆沈されたのである。アメリカではアメリカ政府を代表する大使館が不意打ちの爆撃で沈没させられたことに政府、国民とも激昂、一時は日米開戦の危機とまでいわれたのであった。それがアメリカで〝真珠湾攻撃への序曲〟といわれる所以である。現にパナイ号を撃沈したのが、真珠湾攻撃の先陣を切って戦艦ウェストバージニアを魚雷攻撃で撃破した村田重治であった。さらにパナイ号撃沈を「誤爆」としてアメリカに謝罪して、日米開戦までにいたらせなかったのが、山本五十六海軍次官であった。いっぽうハワイ軍港攻撃で村田重治に感状を授与したのが山本五十六連合艦隊司令長官であった。詳細は前掲『海軍の日中戦争』の「第4章　パナイ号事件――〝真珠湾攻撃への序曲〟」を参照されたい。

34 奥村勝蔵「近衛公爵とマッカーサー元帥」前掲、二七九頁。

35 古関彰一『日本国憲法の誕生　増補改訂版』（岩波現代文庫、二〇一七年）では、「近衛に憲法改正をやらせるという判断が誤っていたことを知ったアチソンは、その責任を通訳の誤訳のせいにしてしまったのである。通訳の奥村にとってはなんとも不名誉な、とんだ濡衣であったことがわかる」と誤訳説を否定している（同書、二九頁）。しかし、アチソンは近衛に憲法改正をやらせた判断が誤っていたとは言っていない。アチソンはトルーマンに「天皇から信頼され、そしてまた、自らも封建貴族であるがゆえに、反動主義者の間に重きをなしている人物がそのようにかかわることにこの時点で干渉するのは賢明ではなさそうに思えます」（前掲『資料 日本占領 1 天皇制』、五二五頁）と、近衛の憲法改正の努力を「黙認」するよう提言しているのであって、アチソンが自分の誤りを通訳の誤訳に転嫁したという古関の批判は当たっていない。

36 宮内庁『昭和天皇実録　第九』前掲、八四七頁。

37 同前、八四八頁。
38 同前、八五九頁。
39 同前、八六〇頁。
40 原秀成『日本国憲法制定の系譜 Ⅲ 戦後日本で』日本評論社、二〇〇六年、四九四、五〇三頁。
41 油井大三郎『未完の占領改革――アメリカ知識人と捨てられた日本民主化構想』東京大学出版会、一九八九年、二二一頁。
42 木下道雄『側近日誌』文藝春秋、一九九〇年、二三頁。宮内庁『昭和天皇実録 第九』前掲、八六七頁。
43 宮内庁『昭和天皇実録 第九』前掲、八九六頁。
44 同前、八九〇頁。
45 同前、八九四頁。
46 第七五回帝国議会（一九四〇年二月）において民政党を代表して「支那事変処理を中心とする質問演説」をおこなって軍部の戦争政策を批判、「反軍演説」として陸軍の強い圧力で議員を除名された。
47 篠原昌人『非凡なる凡人将軍 下村定――最後の陸軍大臣の葛藤』芙蓉書房出版、二〇一九年、二〇五、二〇六頁。
48 宮内庁『昭和天皇実録 第九』前掲、九〇六、九〇七頁。
49 同前、九〇九頁。
50 木下道雄『側近日誌』前掲、七〇頁。宮内庁『昭和天皇実録 第九』前掲、九一三頁。
51 宮内庁『昭和天皇実録 第九』前掲、九二二頁。
52 木下道雄『側近日誌』前掲、七一頁。宮内庁『昭和天皇実録 第九』前掲、九一四頁。

53　宮内庁『昭和天皇実録　第九』前掲、九二一、九二二頁。

54　同前、九二五頁。木下道雄『側近日誌』前掲、七七頁。

第3章

1　宮内庁『昭和天皇実録　第九』東京書籍、二〇一六年、八九九頁。

2　「松本烝治氏に聞く（一九五〇年一一月二三日東京大学占領体制研究会による聞き取り）」憲法調査会事務局、一九六〇年六月。

3　佐藤達夫『日本国憲法誕生記』中公文庫、一九九九年、二三頁。

4　佐藤達夫『日本国憲法成立史　第一巻』有斐閣、一九六二年、二五二、二五四頁。

5　入江俊郎『日本国憲法成立の経緯』（憲法調査会事務局、憲資・総第四十六号　昭和三十五年七月）は、東京大学占領体制研究会において、入江俊郎が昭和二九年夏に口述し、同三一年秋に修補したものを同研究会が作成し、憲法調査会事務局が印刷に付したものである。同書は、『憲法成立の経緯と憲法上の諸問題――入江俊郎論集』（入江俊郎論集刊行会、第一法規出版発売、一九七六年）に「第一編　憲法成立の経緯」として収録されている。

佐藤達夫『日本国憲法成立史　第一巻』（前掲）、同『日本国憲法成立史　第二巻』（一九六四年）ならびに、佐藤達夫著・佐藤功補訂『日本国憲法成立史　第三巻』（一九九四年）、『日本国憲法成立史　第四巻』（一九九四年）はいずれも有斐閣から出版されたもので、三、四巻の補訂者の佐藤功は、補助員として憲法問題調査委員会の作業に最初から参加した人物である。全四巻からなる同書は、日本国憲法の成立の経緯について、アメリカ政府とマッカーサーとGHQの占領政策をふまえながら、憲法問題調査委員会の議論、さらにマッカーサー草案の提示と幣原内閣の閣議での議論、そして幣原内閣としての憲法改正草案（日本国憲法草案）の発表と帝国議会における審議まで、憲法作成にたずさわった当事者がまとめた記録であり、前掲の入江俊郎の記録とともに、日本国憲法成立についての基本文献資料である。本書は入江と佐藤の文献資料に全面的に依拠しながら、幣原喜重郎の憲法九条発案を証明するものである。なお、佐藤達夫『日本国憲法誕生記』（前掲）は、全四巻からなる佐藤前掲書をふまえて、日本国憲法成立の経緯をわかりやすくまとめている。

6　鳥海靖編『歴代内閣・首相事典』吉川弘文館、二〇〇九年、七、九頁。

7　第八九回臨時帝国議会における論議については、佐藤達夫『日本国憲法成立史　第一巻』（前掲）第五章の「第七節　第八九議会における憲法論議」による。

8　「松本烝治氏に聞く（一九五〇年一一月二三日東京大学占領体制研究会による聞き取り）」前掲、一四、一五頁。

9　鈴木安蔵『憲法制定前後——新憲法をめぐる激動期の記録』（青木書店、一九七七年）の「Ⅲ　憲法研究会の憲法草案起草」。

10　高柳賢三・大友一郎・田中英夫編著『日本国憲法制定の過程——連合国総司令部側の記録によるⅠ　原文と翻訳』有斐閣、一九七二年、二七頁。

11　鈴木安蔵『憲法制定前後』前掲、一〇二頁。

12　大島清『高野岩三郎伝』岩波書店、一九六八年、三九〇〜四〇〇頁。

13　松本烝治国務大臣が作成した憲法改正草案について、入江俊郎前掲書は「松本私案」と記し、佐藤達夫前掲書は「松本試案」と記している。松本は自分の作成した改正案を天皇にも提出、ＧＨＱにも提出しているが、閣議で議論・決定していないので、松本の「私案」という性格が強い。したがって本書では入江俊郎の「あくまでも松本個人の草案」という指摘が相応しいので「松本私案」という用語を使う。
14 「憲法改正私案（一月四日稿）松本烝治」（外務省編纂『日本外交文書』占領期第二巻、六一書房、二〇一七年、九九七頁）。
15 宮内庁『昭和天皇実録 第十』東京書籍、二〇一七年、一〇頁。
16 岡義武『近衛文麿――「運命」の政治家』岩波新書、一九七二年、二二五頁。
17 入江俊郎『憲法成立の経緯と憲法上の諸問題』前掲、四六頁。
18 外務省編纂『日本外交文書』占領期第二巻、前掲、九九二～一〇〇八頁。

第4章

1 「資料116 SWNCC―五五／1／D 国務・陸軍・海軍三省調整委員会・指令 一九四五年九月二五日」（山際晃・中村政則編、岡田良之助訳『資料 日本占領 1 天皇制』大月書店、一九九〇年、四一六頁）。
2 「資料145 WARX第八五八一一号 マッカーサーあて統合参謀本部極秘通達 一九四五年一一月二九日」（同前、四六〇、四六一頁）。
3 「資料156 PR三四予備 天皇制の取り扱い 一九四五年一二月一一日 国務・陸軍・海軍三省調整委員会極東小委員会報告」（同前、四七六～四七九頁）。
4 「資料158 PR三四予備a 天皇制の取り扱い 一九四五年一二月一八日 国務・陸軍・海軍三省調整委員会極東小委員会報告」（同前、四八二頁）。
5 「資料157 第二四二回国務省部局間極東地域委員会議事録 一九四五年一二月一八日」（同前、

四七九〜四八一頁）。資料は「検討事項—天皇制の取り扱い」について検討した会議の議事録で、この会議には表記の研究者が参加して、SWNCC—二二八（文書）の作成にかかわった議論をしている。ヒュー・ボートンは、絶対的な平和主義者、平等主義者として知られるアメリカのクエーカー教徒で、日本に留学、東京帝国大学で日本近世史を学び、日本学のメッカであるオランダのライデン大学で博士号を取得、コロンビア大学教授となって日本学を教えた。SWNCC—二二八を書いたのはボートンであった。ジョージ・ブレイクスリーはアメリカにおける極東問題の第一人者でクラーク大学教授。エドウィン・O・ライシャワーは東京で生まれ、一六歳まで日本で生活、ハーバード大学を卒業して同大学の日本研究者となった。一九六一年から六六年までアメリカの駐日大使をつとめた。

6 拙著『憲法九条と幣原喜重郎——日本国憲法の原点の解明』（大月書店、二〇二〇年）では「第3章 アメリカの日本占領政策」の「5 象徴天皇制への道」において、アメリカの対日占領政策、戦後民主化政策の立案にかかわった知日派の研究者や政治家を紹介したので、参照されたい。

7 高橋紘・鈴木邦彦『天皇家の密使たち——占領と皇室』文春文庫、一九八九年、三九頁。

8 寺崎英成・マリコ・テラサキ・ミラー編著『昭和天皇独白録 寺崎英成・御用掛日記』文藝春秋、一九九一年。

9 同前、一九頁、二〇二頁。

10 竹前栄治『GHQ』岩波新書、一九八三年、一一六頁。

11 同前、一一八頁。

拙著『海軍の日中戦争——アジア太平洋戦争への自滅のシナリオ』（平凡社、二〇一五年）において「『海軍良識派』を追放し大海軍主義へ」という節を立てて詳述している。

12 「資料182　詔書　一九四六年一月一日」（山際晃・中村政則編、岡田良之助訳『資料 日本占領 1 天皇制』前掲、五二七頁）。

13 木下道雄『側近日誌』文藝春秋、一九九〇年、高橋紘による解説、三四一頁。

14 宮内庁『昭和天皇実録　第十』東京書籍、二〇一七年、一四、一五頁。木下道雄『側近日誌』前掲、一一一〜一一四頁。

15 木下道雄『側近日誌』前掲、一一四、一一五頁。

16 寺崎英成・マリコ・テラサキ・ミラー編著『昭和天皇独白録　寺崎英成・御用掛日記』前掲、二〇八頁。木下道雄『側近日誌』前掲、二二二頁。

17 神奈川新聞社『反骨七十七年――内山岩太郎の人生』神奈川新聞社、一九六八年、一一六〜一三二頁。

18 木下道雄『側近日誌』前掲、一一四頁。

19 日本の象徴天皇制については現在の問題でもあるが、象徴天皇制は、戦前のアメリカにおいて構想され、アメリカ政府の対日占領政策の柱になったことについては、拙著『憲法九条と幣原喜重郎』（前掲）の「第3章　アメリカの日本占領政策」の「5　象徴天皇制への道」において述べた。研究書では、中村政則『象徴天皇制への道――米国大使グルーとその周辺』（岩波新書、一九八九年）の先駆的業績があり、アメリカでは比較的早くから象徴天皇制の構想があったことを、加藤哲郎『象徴天皇制の起源――アメリカの心理戦「日本計画」』（平凡社新書、二〇〇五年）が明らかにした。茶谷誠一『象徴天皇制の成立――昭和天皇と宮中の「葛藤」』（NHKブックス、二〇一七年）は、本書と問題意識が重なるが、昭和天皇と宮中が敗戦後のアメリカの対日占領政策において、ある意味で主体的に象徴天皇制成立への道を選択し、その実現を目指した経緯を、その過程における政治的葛藤をふくめて実証的に解明しており、本書でも大いに参照させていただいた。さらに、日本国憲法に規定された象徴天皇制の実態は、日本の戦後史において、国民の総意により形成されてきていることを考えさせてくれる。

第5章

1 西修『日本国憲法成立過程の研究』成文堂、二〇〇四年、三二頁。
2 憲法改正をめぐる極東委員会とマッカーサー・GHQとの確執については、西修『日本国憲法成立過程の研究』（前掲）を参照した。
3 SWNCC―二二八が日本国憲法の骨格となったことについては、高柳賢三・大友一郎・田中英夫編著『日本国憲法制定の過程――連合国総司令部側の記録によるⅡ 解説』（有斐閣、一九七二年）が詳細に明らかにしている。さらに、原秀成『日本国憲法制定の系譜Ⅱ 戦後米国で』（日本評論社、二〇〇五年）も「第8章 最終決定した『SWNCC228』」において、同文書が日本国憲法の基本になったことを検証している。
4 コートニー・ホイットニー著、毎日新聞社外信部訳『日本におけるマッカーサー――彼はわれわれに何を残したか』毎日新聞社、一九五七年、六九頁。
5 幣原喜重郎『外交五十年』読売新聞社、一九五一年、二一三頁。
6 同前、二一一、二一二頁。
7 同前、二一三、二一四頁。
8 伊藤真・神原元・布施祐仁『9条の挑戦――非軍事中立戦略のリアリズム』（大月書店、二〇一八年）の「第1章 憲法9条の防衛戦略（伊藤真）」において、憲法9条2項の「戦力の不保持」と「交戦権の否認」は、「世界の憲法に類を見ない先進性」を持ち、「積極的非暴力平和主義」は世界のどの国もやったことのない、「壮大な挑戦」であると述べている（同書、六二、六七頁）。

9 幣原喜重郎『外交五十年』前掲、二一六頁。

10 憲法調査会事務局「昭和三十九年二月　幣原先生から聴取した戦争放棄条項等の生まれた事情について——平野三郎氏記」（国立国会図書館憲政資料室所蔵）、一二〜一六頁。

11 『昭和天皇実録　第十』東京書籍、二〇一七年、二二頁。

12 ダグラス・マッカーサー著、津島一夫訳『マッカーサー大戦回顧録　下』中公文庫、二〇〇三年、二三八〜二四二頁。

13 “M' Arthur Urges Abolition of War And Warns of a Nuclear Conflict” The New York Times, January 27, 1955.

14 マッカーサーの演説原稿の訳文が「ロスアンジェルス正餐会におけるマッカーサーの演説——ニューヨーク・タイムズ」（一九五五年一月二七日付）として国立国会図書館憲政資料室の「憲法調査会資料（MF：国立公文書館蔵）」資料番号39／R9に収録されている。

15 国立国会図書館憲政資料室の「憲法調査会資料（MF：国立公文書館蔵）」資料番号38／R9。

16 『昭和天皇実録　第十』前掲、二三頁。この日の幣原首相の天皇への奏上の意義については、豊下楢彦『昭和天皇の戦後日本——〈憲法・安保体制〉にいたる道』（岩波書店、二〇一五年、一五頁）が早くから指摘していた。

17 「資料147　CA第五七二三五号　ダグラス・マッカーサー元帥から米国陸軍参謀総長（アイゼンハワー）宛」一九四六年一月二五日付　機密緊急（『資料　日本占領　1　天皇制』大月書店、一九九〇年、四六三頁）。

18 「資料146 WX第九三八七一号 統合参謀本部からマッカーサーあて 一九四六年一月二二日」（『資料 日本占領1 天皇制』前掲、四六一頁）。

19 コートニー・ホイットニー著、毎日新聞社外信部訳『日本におけるマッカーサー』前掲、九一、九二頁。

第6章

1 ダグラス・マッカーサー著、津島一夫訳『マッカーサー大戦回顧録 下』中公文庫、二〇〇三年、二三八頁。

2 Charles L. Kades, The American Role in Revising Japan's Imperial Constitution, Political Science Quarterly, Summer 1989, p. 221. 西修『日本国憲法成立過程の研究』（成文堂、二〇〇四年）、三七頁による。

3 高柳賢三・大友一郎・田中英夫編著『日本国憲法制定の過程——連合国総司令部側の記録による I 原文と翻訳』有斐閣、一九七二年、九一頁。Political Reorientation of Japan, September 1945 to September 1948, Report of GOVERNMENT SECTION Supreme Commander for the Allied Powers, Republished, 1968. SCHOLALY PRESS. Vol. II, p. 622.

4 佐藤達夫『日本国憲法成立史 第二巻』有斐閣、一九六四年、六四八、六五五頁。

5 鈴木昭典『日本国憲法を生んだ密室の九日間』角川ソフィア文庫、二〇一四年、一九七～二〇三頁。

6 高柳賢三・大友一郎・田中英夫編著『日本国憲法制定の過程 I 原文と翻訳』前掲、四一、四三頁。

7 「一九四六年二月四日の民政局の会合の要録」（高柳賢三・大友一郎・田中英夫編著『日本国憲法制定の過程 I 原文と翻訳』前掲、一〇一～一〇三頁）。

8　「最高司令官から憲法改正の『必須要件』として示された三つの基本的な点」（同前、九九頁）。
9　「一九五八年一二月一五日付ダグラス・マッカーサーより高柳博士宛書簡」（憲法調査会「高柳会長とマッカーサー元帥及びホイットニー準将との間に交わされた書簡」）国立国会図書館憲政資料室所蔵、憲法調査会資料、資料番号207／R20。
10　「一九五八年一二月一八日付コートニー・ホイットニーより高柳賢三会長宛書簡」（憲法調査会「高柳会長とマッカーサー元帥及びホイットニー準将との間に交わされた書簡」）国立国会図書館憲政資料室所蔵、憲法調査会資料、資料番号207／R20。
11　ベアテ・シロタ・ゴードン、平岡磨紀子構成・文『1945年のクリスマス――日本国憲法に「男女平等」を書いた女性の自伝』朝日文庫、二〇一六年、一六三頁。
12　同前、一六二頁。
13　各委員会のメンバーの名前は、「憲法草案の準備のために民政局行政内部の数個の委員会を編成した際の組織を示すメモ」として、高柳賢三・大友一郎・田中英夫編著『日本国憲法制定の過程　Ⅰ　原文と翻訳』（前掲）に掲載されている（一一一頁）。
14　高柳賢三・大友一郎・田中英夫編著『日本国憲法制定の過程　Ⅰ　原文と翻訳』前掲、一二七～一三一頁。
15　同前、一〇五頁。
16　同前、一二七頁。
17　Political Reorientation of Japan, September 1945 to September 1948, Report of GOVERNMENT SECTION Supreme Commander for the Allied Powers, Vol. I,' Vol. II, Republished, 1968. SCHOLALY PRESS.

18 Political Reorientation of Japan, September 1945 to September 1948, Report of GOVERNMENT SECTION Supreme Commander for the Allied Powers, Republished, 1968. SCHOLALY PRESS. Vol. II, p. 622.
19 ベアテ・シロタ・ゴードン、平岡磨紀子構成・文『1945年のクリスマス』前掲、五三頁。
20 鈴木昭典『日本国憲法を生んだ密室の九日間』前掲、三六八頁。
21 入江俊郎『憲法成立の経緯と憲法上の諸問題――入江俊郎論集』（入江俊郎論集刊行会、第一法規出版発売、一九七六年）の第一編に収録。
22 入江俊郎『憲法成立の経緯と憲法上の諸問題』前掲、七二、七三頁。
23 宮内庁『昭和天皇実録　第十』東京書籍、二〇一七年、三二、三三頁。
24 木下道雄『側近日誌』文藝春秋、一九九〇年、一四一頁。
25 同前、一四五頁。
26 外務省編纂『日本外交文書』占領期第二巻、六一書房、二〇一七年、九九二〜一〇〇六頁。
27 憲法調査会事務局「憲資・総第二十八号　昭和三十三年十月　松本烝治口述　日本国憲法の草案について」（国立国会図書館憲政資料室所蔵）、三二頁。
28 憲法調査会事務局「松本烝治氏に聞く」前掲、二七頁。
29 佐藤達夫著・佐藤功補訂『日本国憲法成立史　第三巻』有斐閣、一九九四年、五一頁。憲法調査会『憲法制定の経過に関する小委員会報告書』一九六四年、三四八頁。『日本外交文書』にも「憲法草案が総司令部側から提示された際の松本・吉田・ホイットニー会談」（昭和二十一年二月十三日（水）午前十時　外務大臣室に於いて）と題して会談内容が掲載されている。ホイットニーは「『マッカーサー』元帥は米国内部の強い反対を押し切り天皇を擁護する為に非常なる苦心と慎重の考慮を以って之ならば大丈夫と思う案を作成せるものにしてまた、最近の日本の情勢を見るに本案は日本民衆の要望にも合するものなりと信ず」と言ったと記録されている（外務省編纂『日本外交文書』占領期第二巻、前掲、一〇〇七頁）。

30 佐藤達夫著・佐藤功補訂『日本国憲法成立史　第三巻』前掲、四七頁。

31 憲法調査会事務局「憲資・総第二十八号　昭和三十三年十月　松本烝治口述　日本国憲法の草案について」前掲、一六頁。

32 宮内庁『昭和天皇実録　第十』前掲、四一頁。

33 入江俊郎『憲法成立の経緯と憲法上の諸問題』前掲、一九八〜二〇一頁。

34 進藤栄一・下河辺元春編纂『芦田均日記　第一巻』岩波書店、一九八六年、七七頁。

35 入江俊郎『憲法成立の経緯と憲法上の諸問題』前掲、七七頁。

36 同前、二〇一、二〇二頁。

37 進藤栄一・下河辺元春編纂『芦田均日記　第一巻』岩波書店、一九八六年、七九頁。

38 入江俊郎『憲法成立の経緯と憲法上の諸問題』前掲、二五〇〜二五三頁。佐藤達夫著・佐藤功補訂『日本国憲法成立史　第三巻』前掲、六一〜六四頁。

39 宮内庁『昭和天皇実録　第十』前掲、四六頁。

40 憲法調査会事務局「昭和三十九年二月　幣原先生から聴取した戦争放棄条項等の生まれた事情について——平野三郎氏記」（国立国会図書館憲政資料室所蔵）、一八、一九頁。

41 入江俊郎『憲法成立の経緯と憲法上の諸問題』前掲、二〇三頁。

42 Political Reorientation of Japan, September 1945 to September 1948, Report of GOVERNMENT SECTION Supreme Commander for the Allied Powers, Vol.I, Republished, 1968. SCHOLALY

PRESS, p. 106.
43 徳川義寛・岩井克己『侍従長の遺言――昭和天皇との50年』朝日新聞社、一九九七年、一四六頁。
44 同前、一四六、一四七頁。
45 吉田茂『回想十年　第二巻』新潮社、一九五七年、二七、二八頁。
46 同前、三二頁。

第7章

1 憲法調査会事務局「松本烝治氏に聞く」(昭和三十五年六月)(国立国会図書館憲政資料室所蔵)、三七～四〇頁。
2 佐藤達夫『日本国憲法誕生記』中公文庫、一九九九年、六〇頁、七〇頁、七四頁。
3 入江俊郎『憲法成立の経緯と憲法上の諸問題――入江俊郎論集』入江俊郎論集刊行会、第一法規出版発売、一九七六年、二一五頁。
4 同前、二一五～二一七頁。
5 宮内庁『昭和天皇実録　第十』東京書籍、二〇一七年、六二、六三頁。
6 同前、六二頁。佐藤達夫著・佐藤功補訂『日本国憲法成立史　第三巻』有斐閣、一九九四年、二〇〇頁。
7 佐藤達夫著・佐藤功補訂『日本国憲法成立史　第三巻』前掲、二〇二頁。
8 同前、二〇一頁。
9 外務省『日本外交文書　占領期第二巻(外交権の停止・日本国憲法の制定・中間賠償・他)』六一書房、二〇一七年、一〇六三～一〇六五頁。

10 入江俊郎『憲法成立の経緯と憲法上の諸問題』前掲、三一七頁。
11 鈴木貫太郎傳記編纂委員会『鈴木貫太郎傳』非売品、一九六〇年、五二九頁。
12 宮内庁『昭和天皇実録　第十』前掲、一四九頁。
13 同前、一四九頁。
14 塩田純『日本国憲法誕生——知られざる舞台裏』日本放送出版協会、二〇〇八年、二一八〜二二一頁。古関彰一『日本国憲法の誕生　増補改訂版』岩波現代文庫、二〇一七年、三三一〜三三六頁。
15 寺島俊穂抜粋・解説『復刻版　戦争放棄編　参議院事務局編『帝国憲法改正審議録　戦争放棄編』抜粋（１９５２年）』三和書籍、二〇一七年、一六六頁。
16 芦田均『制定の立場で省みる日本国憲法入門　第一集』書肆心水、二〇一三年、五〇、五一頁。
17 宮内庁『昭和天皇実録　第十』前掲、二二三〜二二六頁。佐藤達夫著・佐藤功補訂『日本国憲法成立史　第四巻』有斐閣、一九九四年、一〇一七頁。
18 宮内庁『昭和天皇実録　第十』前掲、二二八頁。
19 佐藤達夫著・佐藤功補訂『日本国憲法成立史　第四巻』前掲、一〇一六頁。
20 同前、一〇一六頁。
21 宮内庁『昭和天皇実録　第十』前掲、二二九頁。
22 同前、二三〇頁。
23 同前、二三一頁。

第8章

1 入江俊郎『憲法成立の経緯と憲法上の諸問題——入江俊郎論集』入江俊郎論集刊行会、第一法規出版発売、一九七六年、九七～九九頁。
2 佐藤達夫『日本国憲法成立史 第一巻』有斐閣、一九六二年。同『日本国憲法成立史 第二巻』有斐閣、一九六四年。佐藤達夫著・佐藤功補訂『日本国憲法成立史 第三巻』有斐閣、一九九四年。同『日本国憲法成立史 第四巻』有斐閣、一九九四年。
3 佐藤達夫『日本国憲法誕生記』中公文庫、一九九九年。
4 自由党憲法調査会編『日本国憲法制定の事情』自由党憲法調査会、一九五四年（金森徳次郎『制定の立場で省みる日本国憲法入門 第二集』書肆心水、二〇一三年、に収録）。引用は同書の三三～三五頁より。
5 憲法調査会事務局「松本烝治氏に聞く」（昭和三十五年六月）（国立国会図書館憲政資料室所蔵）、四二頁。
6 憲法調査会事務局「憲資・総第二十八号 昭和三十三年十月 松本烝治口述 日本国憲法の草案について」（国立国会図書館憲政資料室所蔵）、一頁。
7 同前、七、九頁。
8 吉田茂『回想十年 第一巻』新潮社、一九五七年、一～三頁。
9 吉田茂『回想十年 第二巻』新潮社、一九五七年、三三頁。

第9章

1 平野三郎『天皇と象の肉』けやき出版、一九八三年、一三頁。
2 平野三郎「制憲の真実と思想――幣原首相と憲法第9条」（『世界』第二二〇号、一九六四年四月号）、二六五頁。

3 平野三郎『昭和の天皇——帝王学の神髄』鳥影社、一九八七年、一一七頁。
4 平野三郎『天皇と象の肉』前掲、一三頁。
5 平野三郎『昭和を支えた天皇物語』すばる書房、一九八六年、一九七頁。
6 平野三郎『昭和の天皇』前掲、一一七〜一一九頁。
7 平野三郎『平和憲法秘話——幣原喜重郎その人と思想』講談社、一九七二年、五二頁。
8 平野三郎『天皇と象の肉』前掲、一四三頁。
9 平野三郎『平和憲法の水源——昭和天皇の決断』講談社出版サービスセンター、一九九三年、三九、四〇頁。
10 平野三郎『平和憲法秘話』前掲、一三九頁。
11 平野三郎『天皇と象の肉』前掲、一四三頁。
12 平野三郎『平和憲法秘話』前掲、五三頁。
13 平野三郎『昭和の天皇』前掲、一一七、一一八頁。
14 「一九五八年一二月一五日付ダグラス・マッカーサーより高柳博士宛書簡」(憲法調査会「高柳会長とマッカーサー元帥及びホイットニー准将との間に交わされた書簡」)国立国会図書館憲政資料室所蔵、憲法調査会資料、資料番号207/R20。
15 進藤栄一・下河辺元春編纂『芦田均日記 第一巻』岩波書店、一九八六年、七九頁。
16 寺島俊穂抜粋・解説『復刻版 戦争放棄編 参議院事務局編『帝国憲法改正審議録戦争放棄編』抜粋(1952年)』三和書籍、二〇一七年、二二五頁。
17 憲法調査会事務局「憲資・総第二十八号 昭和三十三年十月 松本烝治口述 日本国憲法の草案について」(国立国会図書館憲政資料室所蔵)、一二頁、一六頁。

18 憲法調査会事務局「昭和三十五年六月　松本烝治氏に聞く」（国立国会図書館憲政資料室所蔵）、二六頁。

19 進藤栄一・下河辺元春編纂『芦田均日記　第一巻』前掲、七七頁。

20 入江俊郎『憲法成立の経緯と憲法上の諸問題――入江俊郎論集』入江俊郎論集刊行会、第一法規出版発売、一九七六年、二〇〇頁。

21 同前、二〇一頁。

22 国会図書館憲政資料室の「憲法調査会資料（MF：国立公文書館蔵）一九四六年四月五日の連合国対日理事会におけるマッカーサー元帥の挨拶」資料番号37／R9。

おわりに

1 豊下楢彦『昭和天皇の戦後日本――〈憲法・安保体制〉にいたる道』岩波書店、二〇一五年、序。

2 大越哲仁『マッカーサーと幣原総理――憲法九条の発案者はどちらか』（大学教育出版、二〇一八年）は「平野文書」を評価して「信ぴょう性が高いというよりも信ずべきものなのである」と書いている（同書、一五四頁）。

3 渡辺治『日本国憲法「改正」史』日本評論社、一九八七年。

4 渡辺治『憲法9条と25条・その力と可能性』かもがわ出版、二〇〇九年。

5 伊藤真『やっぱり九条が戦争を止めていた』毎日新聞社、二〇一四年。

【著者】
笠原十九司（かさはら　とくし）
1944年、群馬県生まれ。東京教育大学大学院文学研究科修士課程東洋史学専攻中退。学術博士（東京大学）。都留文科大学名誉教授。専門は中国近現代史、日中関係史、東アジア近現代史。主著に『南京事件』（岩波新書）、『第一次世界大戦期の中国民族運動』（汲古書院）、『日本軍の治安戦』（岩波書店）、『憲法九条と幣原喜重郎』（大月書店）、『日中戦争全史（上・下）』『通州事件』（以上、高文研）、『海軍の日中戦争』（平凡社）、『増補　南京事件論争史』（平凡社ライブラリー）などがある。

平凡社新書1027

憲法九条論争
幣原喜重郎発案の証明

発行日——2023年4月14日　初版第1刷

著者——笠原十九司
発行者——下中美都
発行所——株式会社平凡社
〒101-0051　東京都千代田区神田神保町3-29
電話　(03) 3230-6580［編集］
(03) 3230-6573［営業］
印刷・製本—株式会社東京印書館
装幀——菊地信義

ISBN978-4-582-86027-6
平凡社ホームページ　https://www.heibonsha.co.jp/